「鎖国」と資本主義

川勝平太
Kawakatsu Heita

藤原書店

はしがき

はじめに、本書の論じるテーマを三点に絞《しぼ》って述べておこう。

一、世界史において最初に資本主義を確立させたのは、西洋ではイギリスであり、東洋では日本である。イギリスと日本とは、広大なユーラシア大陸をはさんで遠く離れており、無縁なもの同士に見える。しかし、双方の資本主義はともにアジアの海（Asian Seas）という共通の母胎《ぼたい》から生まれたのである。私は共通の母胎を「大陸アジア」と区別して「海洋アジア Maritime Asia」と呼んでいる。日本とイギリスの資本主義は濫觴《らんしょう》期に同じ時空「中世から近世への移行期における海洋アジア」を共有した。いわば母親が同じである。資本主義が育っていった時代も重なる。西洋史の時代区分では近世《early modern》（十七―十八世紀）であり、日本史上では江戸時代である。

二、「物事の本質は始まりにある」という格言がある。なぜイギリスと日本の資本主義は異なる相貌をもつものになったのかというと、誕生の事情に由来する。母胎は同じながら、外からの作用が異なった。いわば父親が相異したのである。イギリス資本主義を孕《はら》ませた父親はイスラム文明である。イギリスはイスラム教徒の操《あやつ》るダウ船のゆきかう海洋アジアで養育されたのである。イギリスはやがて両親から自立して西に向かって離れ、大西洋に出て大西洋経済圏をつくった。一方、日本資本主義を孕ませた父親は中国文明である。日本は中国人の操るジャンク船のゆきかう南シナ海・東シナ海のアジアの海で養育され、やがて親から自立して東に向かって離れてゆき、外からみれば「鎖国」と見える自己を確立した。

　母胎は海洋アジアながら、イギリスはイスラム文明の影響の印を深く刻みこみ、日本は中国文明に感化された。イギリスと日本の資本主義は、母親は同じで父親が異なり、それぞれ養育された環境を体内にしみこませて成長し、やがて東西方向に離れて「脱アジア」した。つまり自立した。イギリスは環大西洋に「近代世界システム」という自給圏を築き、日本は反対に海に背をむけ「鎖国」（「海《かい》禁《きん》」ともいわれる）の自給圏を確立した。一見したところ大分岐《グレイトダイヴァージェンス》に見えるが、その実は、同じく「脱亜」して自立したのであり、それぞれ自給圏を形成したのである。

　三、資本主義の発展に必要なのは資本家と経営者である。イギリス資本主義では資本家が経営をしたが、日本資本主義では経営者が資本を運用した。ここは彼我《ひが》の資本主義の相異《そうい》がもっとも際立つところである。その背景には彼我の理想とする人間類型の相異がある。イギリスでは紳士《ジェントルマン》であり、日本では武士《サムライ》である。イギリスには「ジェントルマン資本主義」という理想型があり、日本には自覚されていないが「サムライ資本主義」という理想型がある。それは彼我の精神文化の基礎にある宗教の相異の反映でもある。

　経営史学では、企業経営における「所有と経営」は古くて新しいテーマである。日本資本主義は、その初期に武士道が確立し、今日の言葉でいうマネジメントの「経世済民」が職分になり、所有から経営が分離し、経営者が育った。一方、イギリス資本主義は、その初期に絶海の孤島でも自立して生きてゆけるロビンソン・クルーソー的な個人主義が確立し、所有に経営が埋めこまれ、資本家が育った。イギリスで経営が所有から分離するのは日本よりも三世紀あまりも遅れ、二十世紀になってからである。

以上から導かれる含意の一つは、「鎖国」は日本資本主義の成立の基盤であったというものである。鎖国と大西洋経済圏（最近では「近代世界システム」といわれる）とは同等の文明史的意義をもっている。これらの点を本書で詳しく論じていくが、まず事始めに「鎖国は日本資本主義の原因か？」というテーマでインタヴューに答えたことがあり、聞き手の質問を省き、私の回答だけをつなぎ合わせた文章をもって本書の序としよう。

#「鎖国」と資本主義　目次

III 江戸日本と清代中国の比較文明考 …… 237

「鎖国」と資本主義

序　「鎖国」と資本主義

「江戸時代の鎖国と日本資本主義との関係はどういうものか」という質問に答えます。一言でいえば、日本は「鎖国」によってアジア最初の資本主義をはぐくんだ、ということです。

これまで江戸時代の鎖国の是非や功罪をめぐってさまざまな議論がありました。第二次世界大戦の敗戦後、日本の学界では「日本は鎖国をして長く西洋との交通を遮断したので近代化が遅れたのだ」という論法で鎖国はマイナス評価を受けました。和辻《わつじ》哲郎『鎖国――日本の悲劇』はその代表格です。他方、高度成長を成し遂げると、今度は、鎖国のなかの安定した社会の「成熟」が日本の経済発展の下地にあったといった鎖国肯定論が台頭してきました。

鎖国を肯定するにせよ否定するにせよ、いずれも近代西洋を価値基準にして鎖国を評価しているという点では同列です。すなわち、日本は「遅れていた」とするか、「追いつく力が蓄えられた」とするかの違いはありますが、近代西洋が先進国の基準にされています。

しかし、西洋が日本の鎖国期に先進地域であったのかと言えば疑わしいのです。史実や統計に照らせば、アジアよりも西洋が優位に立ったのは一八〇〇年頃以降のことにすぎません。

それにもまして、これまでの「鎖国」の評価では、鎖国が投げかけている最大の疑問に答えられません。それは鎖国と日本の近代化との関係にかかわりますが、「アジア諸国のなかで日本だけがなぜ早くも明治期に欧米列強に伍していく近代化ができたのか」という問いかけです。アジア最初の工業国家である近代日本の誕生をめぐる謎について、後進国はその「後進性」の利点を生かして工業化できる、つまり後進国であった日本は欧米先進国の進んだ技術を開発の手間をはぶいていきなり摂取できたのでスピードが加速して工業化できたのだという説明があります。しかし、このモデル（ガーシェンクロンの後発性の利益説）では、同じように後進国である日本以外のアジア諸国はなぜ後進性の利点を生かせなかったのか、という疑問に答えられません。

売るものがなかったヨーロッパ諸国

今は故人になられましたが、ロンドン大学で活躍された経済学者の森嶋通夫《みちお》氏のユニークな鎖国肯定論があります。私がまだ大学院生としてオックスフォード大学に留学していた一九八一年、ニッサン日本研究所がオックスフォード大学に設立されることになり、開設の記念講演を森嶋氏がなさいました。森嶋氏はその講演を後に敷衍して一書（*Why Has Japan Succeeded?*）にまとめましたが、それはイギリスをふくむ英語圏で影響を与えることになった書物です。私はその最初の発表の機会に居合わせたのです。

森嶋氏は、一五四三（天文《てんぶん》十二）年の日本への鉄砲伝来から話を始められました。「鉄砲に象徴されるウェスタン・テクノロジーは圧倒的に先進的であった」と切り出されたのです。そして、もし日本が鎖国をしないで西洋から優れた技術で作られた製品をどんどん受け入れていたならば、農業中心の日本は原料供給地になり、ヨーロッパ製品の市場になってしまっていたはずだ。そうならなかったのは、日本が「鎖国という保護政策」で貿易を制限したからだ。鎖国のなかで国内産業が保護されている間に、国内の手工業が成熟して、それが明治維新以降の経済発展の基礎になったのだ、と論じられたのです。森嶋氏は経済学者ですから、立論の基礎にはイギリスの経済学者のリカードの「比較生産費説」があります。

講演がひととおり終わって、司会者が「質問は？」と聴衆にたずねました。当時の森嶋氏はノーベル経済学賞のジョン・ヒックス教授の後任としてロンドン大学教授をつとめ経済学の泰斗《たいと》としてイギリスでも令名は高く、しかも日本史の知識も豊富な学者として尊敬されていたので、イギリス人は遠慮してだれも手を挙げません。気まずい沈黙が支配したとき、司会者と目があって、日本人として場をもりあげなければという思いで、つい手を挙げて、「大変おもしろいお話でしたが、もし日本が鎖国をしていなかったとしたならば、当時の日本は西洋からどのような製品を輸入して、どのような農産物を輸出したことになったのでしょうか？」と質問しました。すると、今度は森嶋先生が答えに窮されてしまい、もっと気まずいことになりました。私も困った。司会者はリチャード・ストーリーというオックスフォード大学の日本研究者でしたが、ストーリーさんが、「日本に伝来した鉄砲を、鎖国時代の日本は捨てたという本が出ました」といって、その話は打ち切りになりました（その本はノエル・ペリン『鉄砲を捨てた日本人』で、それが縁で後に私が訳しました）。

実際のところ、当時のヨーロッパは、日本をふくむアジアに輸出する製品を持っていなかったのです。アメリカ大陸での木綿のプランテーションはまだ始まっておらず、イギリスがアメリカ綿を原料にした綿製品を作れるようになったのは、鉄砲伝来から二百年以上もたった十九世紀になってからです。

鉄砲についていえば、なるほどヨーロッパで作られていましたが、日本の種子島に火縄銃が伝来するや、はやくも一年後に模倣した火縄銃を生産したうえに改良を加え、どの国よりもたくさんの鉄砲を製造するようになりました。織田信長が鉄砲で武田軍を壊滅させた長篠合戦（一五七五年）は有名ですが、そのころには、日本は世界でも図抜けた鉄砲生産国になって、日本の方がヨーロッパにまさる鉄砲の先進国になっていたのです。

ヨーロッパ人が危険を冒しアジアの海に進出してきた動機は、アジアの征服ではなく、製品を売りに来たのでもありません。アメリカで発見された金・銀をたずさえてスパイス（香辛料《こうしんりょう》・香料）・ペッパー（胡椒《こしょう》）を買いにやってきたのです。当時のヨーロッパでは疫病が流行し、スパイス・ペッパーは薬として貴重品でした。今日それが「薬味」といわれるのはその名残です。胡椒・香辛料はどんなに高くても、ヨーロッパに持ち帰れば、持ってきた金銀の量よりももっと多くの量の金銀を手にできるぼろ儲けができたのです。ところが、アジアにやって来ると、胡椒・香辛料だけでなく、彼らにとってはじつに魅力的な物産があふれていました。それを手にいれるのに、イギリスは最初は国産の毛織物と交換しようとしたのですが、まったく相手にされません。アジア地域では、胡椒・香辛料を産する熱帯の南アジア・東南アジアでは毛織物は使い道がゾウの背に載せるくらいで、ほとんど用途がなかったからで、東アジアでも売れなかったのです。

そういうわけで、当時のヨーロッパにはアジアで売れる商品がなかったというのが実情です。ヨーロッパ人が危険を冒し、インド洋をはるばる越えてやってきたのは、実際のところは、自分たちの製品が売れないので、アメリカの原住民から奪い取った金銀でアジアの物産を買うためであったのです。鎖国の始まる前の時点で日本がヨーロッパから買ったものはごく限られており、彼らから買ったものの多くは、彼らが仲介してもってきた他のアジアの物産でした。ヨーロッパ人はアジアにふんだんにあった木綿、絹織物、染料、茶、コーヒー、砂糖、陶磁器といった多彩な物産を、金銀を支払って、買って帰りました。物の流れを見ると、西洋が後進的で、アジアが先進的です。ヨーロッパ人は東洋にやってきた一五〇〇年ごろから一八〇〇年ころまでの三百年間ほどは、アジア物産を輸入する赤字国の地位に甘んじていたのです。

森嶋氏の話は、そもそも前提の事実認識が誤っていました。また森嶋氏が立論の根拠にしたリカードの比較生産費説は、類似の文化・物産複合をもつ社会同士の間で成り立つもので、文化・物産複合が異なれば成立しないのです。

これとのかかわりでもっと興味深い事実があります。じつは日本も、ヨーロッパと同じく、自国産の金銀銅で他のアジアの物産を購入していました。この点はオランダ、ポルトガル、スペイン、イギリスのアジアとのかかわりの仕方と同様です。日本が後進的であったのは、ヨーロッパに対してではなく、他のアジア地域に対してでした。こうして日本とアジアとの貿易の構成は、ヨーロッパとアジアとの貿易構成ときわめて似たものになりました。

日本はなぜアジアで最初の資本主義国になったのか？

森嶋氏の話にもどります。幕末に日本は西洋列強に強いられて開国したのですが、森嶋氏は、開国時点では鎖国政策のおかげで日本は手工業の防衛と育成に成功していたから、欧米製品に押しまくられることはなかったと論じました。しかし、これもおかしいのです。話の筋が通りません。

というのも、鎖国は二百年以上つづきましたが、その間に、ヨーロッパではイギリスが一八〇〇年ころに産業革命を経験しました。イギリス産業革命の波はヨーロッパやアメリカに波及して西洋の資本主義体制——「近代世界システム」ともいわれます——を確立しました。日本との技術差を問題にするとすれば、日本が鎖国をしている間に、産業革命を経験したイギリスの技術は格段に高くなっており、鎖国が開始する前よりも比較にならないほど開いてしまったと言わねばなりません。安政の開国で日本が欧米の強要した自由貿易体制に組み込まれたときにこそ、森嶋氏が想定したような、日本が第一次産品の輸出国、イギリス工業製品の輸入国に転落して、列強の植民地になる危機は、鎖国当初と比べ物にならないくらい増大していたことになります。しかし、日本はそうはならなかった。森嶋氏の議論は破たんしています。

事実として日本はアジアで最初の工業化を成し遂げました。なぜ、そんな偉業をアジアのなかで日本だけができたのでしょうか。それを説明するために、識字率が高かったとか、儒教的エートスのおかげだとかをあげて、文化的に説明する人もあります。森嶋氏も後に儒教に遠因をもとめました。日本儒教が中国とくらべたときに特殊だと論じたのです。ウェーバーが、カソリック教に対してプロテスタンティズムの特殊な役割を重んじたやりかたを真似したのです。

しかし、日本は明治維新期に儒学を明確に否定して学制を整えて「洋学」に乗り換えたので、その議論も成立しません。また儒教で論じたのでは、経済学者らしくありません。経済学で身を立てているなら経済の論理で日本の資本主義の条件を説明しなければなりません。

では、経済的にはどのように説明すればよいのでしょうか。ことは貿易の問題ですから、その中身を見ていけばよいでしょう。東インド会社の貿易統計を見れば（その詳細はK. N. Chaudhuri, *The Trading World of Asia and the English East India Company 1660-1760*, Cambridge University Press, 1978）、ヨーロッパはアジアの魅力的な物産を輸入するために金銀を払い続けて、一八〇〇年くらいまでは対アジア貿易は赤字です。ヨーロッパは金銀のほかに交換財を持っていなかったのです。

それでは日本はどうだったのでしょうか。日本が海外との交易をさかんにおこなったのは一三五〇年代に倭寇《わこう》が跳梁し始めたころから、一六三九（寛永《かんえい》十六）年の鎖国策がでそろうまでの間です。この期間の大半は室町時代ですが、安土桃山時代を含めて、今日流に言えば「自由貿易の時代」です。ヨーロッパ人と同じく日本人も金銀銅のような貨幣素材を支払ってアジアの製品を買っていました。ヨーロッパ人のアジアとの関係とそっくりなのです。

ヨーロッパがアジア進出した十六世紀はおもにポルトガル人・スペイン人が活躍しました。江戸時代になると東アジアの主役に踊りでるヨーロッパの国はオランダです。オランダのおこなった東アジア交易をみると、ヨーロッパの物産をアジアにもちこむことに主眼があるのではなく、アジア域内で三角貿易の形をとった中継貿易に従事していたことがわかります。貴金属をもってアジア特に中国の物産を買い付け、それを日本に運んで売りつけ、その日本では金・銀・銅を手にいれるという三角貿易に従事していたのです。その前のポルトガルもスペインも同じでした。

日本は、鎖国の江戸時代になっても、長崎や対馬を介して中国・朝鮮と貿易することによって貨幣素材が流出していました。一八〇〇年くらいまでこの状態が続きます。木綿、茶道具、生糸、絹織物、朝鮮人参などが主に買いつけていたものですが、それらはいずれもヨーロッパの製品ではなく、他のアジアの物産です。

拡張主義を選択したヨーロッパ諸国

江戸時代の前半期は、金・銀・銅の貨幣素材の産出量は、日本が当時の世界のトップクラスであり、アジアへの貨幣素材の供給国でした。アジア最大の貨幣素材の供給源が日本だったのです。当時のアジアの国際通貨は中国が鋳造する銅銭でした。その材料を日本が一手に供給し、あまつさえ寛永通宝という日本独自の銅銭をつくって、その一部がアジアの貨幣市場に登場していました。それはアジア経済史では画期的な出来事です。ちなみに、日本の銅がオランダ商人によってアムステルダムに運ばれるという噂が流れただけで、ヨーロッパの銅相場に深刻な影響を及ぼしていました。鎖国体制下にあってさえ、日本の存在感はヨーロッパに及んでいました。「鎖国」という用語を使っていますが、ヨーロッパから見れば、オランダが日本との貿易を独占しているということであり、我々がイメージするヨーロッパ諸国との断絶という意味での「鎖国」ではなかったのです。貨幣素材を通して海外市場とつながっていたことを見逃してはなりません。

ヨーロッパも日本もこのように一八〇〇年くらいまでは対アジア貿易で赤字を出し続けていました。しかし両者は、示し合わせたかのように、奇しくも同じ時期に黒字への大転換に成功しています。ユーラシア大陸の西端にあるイギリスと東端にある日本のふたつの国が同時期に生産革命を成し遂げて、アジア物産の自給化に成功したからです。そして、一八〇〇年ころからはユーラシア大陸の両端に生産志向の社会が出現しました。この事実は世界史的に注目に値します。

しかし、両者の社会システムの編成のしかたは対照的なものでした。イギリスを筆頭にしたヨーロッパ諸国は、軍事力を背景にした拡張主義をとりました。イギリスは新大陸を植民地化し、産業革命後にはインドをはじめアジア地域を征服し、イギリス製品を、それらの地域に売りつけて市場にしました。

他方、日本は、鎖国に入るころには東南アジアに日本人町をたくさん建設し、その数はどのヨーロッパのアジア基地よりも多く、フロンティアをさらに広げる実力をもっていたにもかかわらず、「海禁の令」によって「鎖国」をしました。「鎖国」という用語はずっと後世のもので一八〇一（享和《きょうわ》元）

年に日本に登場しました。軍事力を背景にフロンティアをどんどん拡大して近代世界システムを構築する方向に進んだヨーロッパ諸国とは逆に、日本は当時世界に類を見ないほど鉄砲が普及していましたが、それをも放棄して、言わば武装解除するかたちで国を閉じました。

イギリスがどのようにしてヘゲモニーを確立したのか、その経緯は、木綿、砂糖、生糸、茶という主要な国際商品のうち木綿を話の軸にして要点をかいつまんで述べます。

イギリスはインドから綿製品を買っていました。それが金銀の流出を招くので輸入禁止・使用禁止の挙にでますが、それが他のヨーロッパ諸国やアフリカへの転売を促進しました。一方しかし、国内での木綿への需要はおさまらず、アメリカで自生していたワタのプランテーションに乗り出し、アメリカ棉花を利用して、それを紡ぐ紡績機械を発明して、資本集約型・労働節約型の生産革命＝産業革命で国産化に成功しました。それがインド木綿を転売していたヨーロッパやアフリカにも輸出され、原料供給地から製品販売まで、環大西洋圏で「自給圏」をつくりあげるのです。大西洋という大海をまたにかけているので海洋に拡張しているように見えますが、「大西洋をまたにかけた自給圏」という観点でみれば、一種の封鎖体系でもあります。ちなみに砂糖もアジア物産でしたが、イギリス人はアメリカに移植し西インド諸島で自給化に成功しました。茶と生糸の自給化はついにできず、十九世紀なかばまでは中国、それ以後はインドとセイロンのプランテーションで栽培、生糸は中国から手に入れていました。

日本では、木綿は戦国時代には朝鮮・中国からの輸入品でしたが、江戸時代に自給に成功し、木綿は普段着になります。茶も茶碗も、生糸や砂糖も自給生産しました。日本がいかに金・銀・銅の資源に恵まれていても、大量に流出し続ければ、やがて枯渇するので、自給政策を意図的に実行し、輸入品をなくし、自給圏を形成したのです。

アジア物産の国産化に成功した日本

日本は金・銀・銅の流出をくい止めるために、十九世紀に西洋で確立した「近代世界システム」の主要貿易商品となる四品（木綿、砂糖、絹織物、茶）を、元禄期《げんろく》（一六八八―一七〇四年）ごろから国内で自給化します。

最も重要なのは木綿ですが、日本で棉作が始まるのは戦国時代です。元禄期までに近畿を中心に栽培が進み完全自給に成功します。室町時代には輸入高級品だった砂糖も、寛政期《かんせい》（一七八九―一八〇一年）には讃岐《さぬき》や紀伊《きい》で国産化に成功しました。生糸・絹織物も十八世紀になると国内で自給できるようになります。茶道具についても同じことが言えます。朝鮮侵略の際に陶工を朝鮮から拉致してきたことで、陶磁器の国内生産もさかんになり特産地が出来上がりました。朝鮮出兵は「焼きもの戦争」と呼ばれたくらいです。

ヨーロッパ人が木綿、砂糖、絹織物、茶のような国際貿易商品を調達したのは、海洋アジアからでしたが、日本も海洋アジアからこれらを輸入しており、しかも両者とも貨幣素材には事欠かなかったのです。このため、ヨーロッパと日本のアジア交易における商品構成は類似したものになったことが大事なところです。つまり、ヨーロッパからも日本からも金・銀・銅を吸い込む巨大な海洋アジア交易圏の存在が、イギリスと日本に、ものづくりを基礎とする近代工業社会が出現する不可欠の前提であった、ということです。

自給化には、流出する金銀銅の枯渇をおそれたというだけでなく、日本人が中国の「華夷秩序《かいちつじょ》」という世界観を受けいれたことも関係しています。近世以前の日本人に圧倒的な影響を与えたのは中国ですが、中国はどういう国づくりを理想としていたかと言えば自給自足体制です。十八世紀末にイギリス人が中国と交易をしたいという国王ジェームズ三世の手紙を携えて中国を訪問したとき、清の乾隆《けんりゅう》帝は「茶や陶磁器はヨーロッパ人が欲しいと言うので恵んでやっているが、当方には必要なものはなんでもあるので交易の必要はさらさらない」とすげなく追い返しています。つまり、文明国である中国には野蛮な国々が臣下の礼を払って土産物を持ってくるならば、それに対して皇帝が多大な利益を生む回賜品を与えるという朝貢体制をとっていました。

朝貢体制の背景にある思想は、中国は「華（＝文明）」であって外国は「夷（＝野蛮）」であるという華夷秩序観です。中国の華夷秩序観からすれば、華＝文明である中国には必要とするものはすべて持っていなくてはならず、また持てるだけの広大な大地をもっていました。中国の華夷秩序観を江戸時代の日本の支配層が受容しました。支配層の武士が朱子学を中心にすえた儒学を身につけたことによります。朱子学は四書（論語・孟子・大学・中庸）と五経（易経・書経・詩経・礼記・春秋）を重視しますが、いずれも中国の古典です。鎖国化は「華」への志向すなわち日本の中国化でもあったといえます。日本の武士層が華夷思想を身に付けていたことは、夷狄《いてき》をうち攘《はら》う「攘夷《じょうい》」の思想で開港をせまる西洋諸国に対応したことで分かります。自給自足を理想とする中国の華夷思想に支えられて、日本は必要な物産を完全に自給する鎖国体制を確立したともいえます。

開国後に西欧経済に蹂躙されなかった秘密

安政の開国で、日本はイギリスが主導した自由貿易システムに投げ込まれます。このとき日本は、なぜイギリスの製品市場にならなかったのか、という疑問が生じます。

幕末の日本経済は、地域的・社会的分業が進行しており、国内市場が形成されていました。そのような中で関税自主権（保護関税をもうける権利）を通商条約で放棄したので、開国日本はイギリスと自由貿易で対するほかなかったのです。

ということは、鎖国下で商品貨幣経済を発達させていた日本は、経済水準の低い他のアジア諸国より、西欧列強の商品と日本のそれとの価格差がものをいう経済競争の条件、市場条件が整っていたということです。つまり、まともな競争にさらされる条件を持っていたということであり、イギリス製品の市場になってしまう危機の度合が高かったということです。

そうなっても不思議ではなかったのに、そうならなかったのは、扱う商品は似ていても物の使用価値（品質や用途）が違っていたからです。社会の衣食住を支える物の集合を「社会の物産複合」と呼びます。社会ごとに物産複合は違います。例えば十九世紀のイギリスでは、日本人の主食である米を輸入しても工業用の糊にしか使いません。日本の上等の緑茶もその緑色が気味悪がられました。逆に、イギリス人の好む紅茶は日本人の茶の湯には使いません。衣食の体系が異なる国民同士が交易をする場合、物の使用価値がものをいいます。その集合である物産複合を考慮にいれることが重要です。物は生活文化の基礎にあります。物産複合は社会の文化の基礎にあります。明治期の輸入品の使用価値は日本とイギリスでは一致しません。異なる文化空間にある商品を、森嶋氏がそうしたように同一の経済空間にあるごとくに扱うと誤るのです。私は後に森嶋説の批判書を『日本文明と近代西洋――鎖国再考』にまとめました。

日本はアジア間競争になぜ勝てたのか？

明治維新期に使用価値の相異がどういうかたちで起こっていたのかを説明しましょう。たとえば、お茶ですが、イギリスの紅茶は緑茶をたしなんできた日本人には受け入れられませんでした。ティー・セットと茶道具一式は異なります。飲み方も違います。主要商品のイギリス製の木綿も日本の木綿と競合しませんでした。イギリスの綿製品はアメリカの長繊維棉花で作られた細糸で織られた木綿で、さらさらした薄地でした。イギリスの綿製品が薄地になったのは、かつてイギリスはインド木綿を輸入していて、インドは暑いところですからイギリスに輸入されたインド木綿は、汗を吸う下着としてだけでなく、薄地で重ね着ができるので喜ばれたのです。それを模倣したのがアメリカの繊維の細長い長繊維棉花で紡がれたイギリスの細糸、薄地布の綿製品だったのです。

ところが、日本の木綿はもともと中国大陸から入ってきたものです。中国では綿織物は軍人の軍服用として明代に普及しました。ぼてっとした厚地で、防寒にもなる丈夫な生地でした。鎖国下の日本人が愛用していた日用の木綿は、太くて短い短繊維棉花で紡がれた太糸で、厚地布でした。それは中国や朝鮮半島でも使われていた東アジア型の木綿です。そのためイギリスの綿製品は安くても日本人は買わなかったのです。普段着の着物の素材にならなかったからです。日本人は高くても国産品を愛用しました。開港時点で、日本とイギリスの社会の木綿の物産複合が異なっていたのです。

なるほど、木綿は当時の主要な国際商品でした。「木綿」とだけいえば似ていると思われがちですが、しかし、イギリス木綿と日本木綿は、綿花・綿糸・綿布のいずれも品質が異なっており、イギリス木綿の価格は安いながらも、品質が衣料文化に合わなかったので、日本はイギリスを代表する木綿の輸出攻勢に十分に耐え得たのです。

日本人は鎖国の時代に労働集約的な生産技術体系をつくりあげました。イギリスは資本集約的な生産技術体系を産業革命でつくりあげました。日本は明治期に、旧来の労働集約型の技術に、イギリス由来の資本集約型の技術を接合したので、それ自体はイギリス産業革命の模倣ではありますが、二つの技術体系を融合したので、いうなれば史上最強の生産技術の体系を確立したのです。そのような技術体系で大量に生産した安価な東アジア型の木綿製品を中国、朝鮮に明治中期から輸出し始めました。日本の綿製品は東アジア型の太糸・厚地布でしたから中国人や朝鮮人に好まれて、アジア間競争において優位をしめ、またたくまに東アジア市場を席巻してしまったのです。

日本の生糸は明治期に最大の輸出品になりましたが、生糸の母国は中国であり、中国の生糸も世界市場に輸出されていました。ところが日本は明治期に中国生糸の輸出高を凌ぐ実績をあげて、外貨を稼ぎました。中国にもまさる日本の輸出商品であったことを知っておく必要があります。四品目のうち日本が開港後のアジア間競争に負けたのは砂糖だけですが、これも日清戦争の勝利で台湾を領有し、そこで砂糖を栽培することで競争力をつけることに成功しました。

まとめると、第一に、日本は主要国際商品の自給を成し遂げたこと、第二に、物産複合の違いがあったのでイギリスの商品の価格競争に捲き込まれなかったこと、第三に、物産複合を共有するアジア域内のアジア間競争では鎖国期の生産革命で優位にたった日本商品が開国以後にアジア市場を席巻したこと――これらが「鎖国をしていたにもかかわらず、なぜ日本がアジア最初の資本主義国になったのか」という疑問への私の解答です。「鎖国」という完全自給体制への努力があったからこそ、日本は近代化ができたのです。

勤勉革命と日本人の経営力

江戸時代の日本人は完全自給の鎖国体制を作り上げようと努力するなかで、勤勉性を培いました。イギリスは人口が少ないうえに広大な新大陸を獲得したので資本集約型の生産革命の道をたどりました。日本は限られた国土ながら、江戸時代に人口は三倍にも増え、その人口を労働力にして土地の生産性を上げていく努力、つまり労働集約的な「勤勉革命」という生産革命を成し遂げました。労働集約型の技術開発で培われた勤勉な精神が産業革命を下支えしたのです。

「鎖国」下で、もうひとつの大変革が進行していました。それはマルクス（一八一八―八三）の言う「原始的蓄積（生産者と生産手段の分離）」に匹敵するものです。孤高の経済学者シュンペーター（一八八三―一九五〇）は、ヨーロッパではじめて経営者と資本家を分けて考えた人ですが、その主著『経済発展の理論』（ドイツ語初版は一九一二年）は、「経済発展の原動力は、資本家ではなく、企業者である」ことを論じています。イギリスでは、資金を所有する資本家が同時に経営をしたので、マルクスでさえ「経営者」という独自の人間類型の重要性には気づかなかったのです。興味深いことに、日本の資本主義では、資本家ではなく、経営者が突出しています。

先述のように、鎖国下の日本人は、イギリスが大西洋を股にかけて作り上げた国際商品の自給圏を全部国内で形成したのですが、イギリスは獲得した新大陸の土地が広大で、それに比べて人口が少ないので奴隷労働力を絶えず運びこみながらも、一人当たりの生産能力を効率的に高めるために、労働の生産性を高める技術をもつことが理にかなうので、資本家は機械を重視して、労働者を軽視し、資本と労働とは分離し対立しました。

日本の場合は、経営と労働が分離しました。日本では、狭い土地に多い人口という条件がありましたから、労働を集中的に土地に投下して、土地当たりの生産性を上げることが理にかなったのです。労働と土地とは切っても切り離せません。生産者と生産手段は一体です。武士はもともとは両者が一体の在地領主として歴史に登場したのですが、豊臣秀吉が始め、徳川家康の城下町への武士の集住政策で江戸時代に「兵農分離」が確立しました。武士は土地から切り離されて城下町で官僚として城中で藩の統治にあたりました。江戸時代の二百六十余りの藩はそれぞれ独立採算制で、限られた領地の生産性を上げなければなりません。藩の外にはフロンティアがないので、領内で藩経済をやりくりしなくてはなりません。経世済民の仕事は経営者のそれです。大政奉還のとき、藩経営のやりくりから解放されて喜んだ大名が少なくなかったほど、その苦労は並大抵のものではなかったのですが、土地から切り離された江戸時代の武士層は、言わば資本から分離された経営者に似た存在として経営能力を培ったと見ることができます。

武士の末裔が明治期の経済発展を担ったのでした。例えば関東では、幕末に徳川御三卿のひとつ一橋家に仕官していた渋沢栄一《しぶさわえいいち》がそうですし、関西では薩摩藩出身の五代友厚《ごだいともあつ》がその典型です。あらゆる分野に数えきれないほどの企業を起こした彼らは、資本家というより経営者です。彼らが出現したのは、江戸時代に土地所有から切り離された武士が経世済民という統治力を磨きつつ、経営能力を高めていたからです。日本の勤勉革命が西洋の産業革命にならぶように、日本の「経営者と労働者の分離」は、西洋の「資本家と労働者の分離」とならぶものです。

近代化への道はひとつではない！

以上をまとめかえしますと、イギリスと日本はそれぞれアジアへの依存から脱却した、つまり「脱亜」に成功したということです。海洋アジアからの離脱です。イギリスは西に向かって環大西洋の自給圏を確立しました。日本は日本列島の中で自給圏を確立しました。その時期もほぼ同じ一八〇〇年ごろのことです。このように、イギリスと日本における資本主義の形成は二つの脱亜の帰結です。かつてはイギリスも日本もアジアに対して後進的でした。イギリスのみならずヨーロッパは中世以来、主にイスラム商人を介してアジア物産を手に入れていました。彼らの憧れの対象となった「東インド」とはイスラム的アジアだったのですが、一八〇〇年前後の産業革命を転換期として優位に立って、「脱イスラム的アジア」を成し遂げて近代世界システムを構築しました。ヨーロッパの脱亜はイスラム的アジアからの脱亜です。

それに対して、日本のかかわったアジアは東シナ海・南シナ海の周辺で、環シナ海で活躍していたのは中国人です。日本は鎖国期に国内で生産革命を推進し、それに支えられて開国後のアジア間競争に勝ち抜き、西洋のテクノロジーを導入することで「脱中国的アジア」を成し遂げました。日本の鎖国は中国的アジアからの脱亜のかたちです。脱亜は近代化への道であり、脱亜の道が二つあったことは、近代化の道がひとつではないこと、言い換えれば、西洋社会の近代化過程は普遍的なものではないことを含意しています。

以上が、「鎖国」をした日本がアジアで最初の資本主義を成立させたのは何故かという疑問への私の答えです。

I　近代はアジアの海から

はじめに――「豊饒の海の半月弧」から始まる新しい地球史《グローバル・ヒストリー》

近代文明の物語は海洋アジア、厳密には、東南アジアから始まる。そして日本社会、地球社会の未来は、その東南アジアをはさんで日本からオセアニアにかけてひろがる「西太平洋の豊饒の海の半月弧」にネットワークで結ばれながら、文化の多様性を重んじるグレイト・ピース・ゾーン（Great Peace Zone）をつくりあげることにある。――これが本章で伝えたいメッセージである。

海洋アジアは環インド洋、環シナ海からなっている。二つの海が出会う東南アジアは多島海であり、かつて経済交易と文化交流の中心であった。そこに、日本人とヨーロッパ人は「辺境」の民として参入した。新参の両者は海上の道を舶来する絢爛たるアジアの文物に魅せられ、それを自家薬籠中のものにするために物作りにいそしむ倫理をたて、二百年にわたる努力の末、ついにアジア文明から離脱し自立した。「脱亜」したのである。日本とヨーロッパは、それぞれ海洋中国、海洋イスラムの波に洗われ、ともに相手を凌駕するシステムをつくりあげた。ユーラシア大陸の両端に新しい文明が出現したのである。

言い換えれば、近代文明の形成には二つの道があった。ヨーロッパにおける近代の道と、日本における近代の道である。本章は、日本における知られざる近代の道を明らかにするものである。日本型のいわば「隠された近代」は植民地支配・環境破壊・南北格差等を生みだした「ヨーロッパ型近代」

の限界を超える知恵の宝庫である。

本章はこれまで発表したものに現代的関心を加味して再構成した。全一二節からなる本章の各節はいずれも川勝平太の次の著書からの抜粋である。第1節は『文明の海洋史観』（中央公論新社）、第2節は『地球日本史I』（共著、扶桑社）、第3節は『日本史を海から洗う』（共著、南風社）、第4節は『世紀末経済　歴史家の意見！』（共著、ダイヤモンド社）、第5節は『海から見た歴史』（編著、藤原書店）、第6・7節は『日本文明と近代西洋』（NHK出版）、第8節は『アジアから考える』第六巻［長期社会変動］（共著、東京大学出版会）、第9・10節は『地球日本史I』（共著、扶桑社）、第11・12節は「富国有徳のすすめ」（『文藝春秋』一九九九年二月号）。

すでに私の世界史像をご存じの方にはあきたりないかもしれないが、初めて接する方には、常識への挑戦と感じられるだろうと思われる。一九七〇年代初めの二十二〜三歳のころに始めた近代史研究の帰結が、自分の当初の意図をはるかに超えて、既成の有力な歴史観を陸地史観として退け、新しい独自の海洋史観の樹立になっていることに気づいたときの驚きは、ほかならぬ私自身の内面では強烈であった。新しい世界史像の提示になっていることに気づかされたのである。その新鮮な驚きと知的興奮が読者にも伝われば幸いである。

1 文明の海洋史観

1 地球史的立場

「世界史」から「地球史」へ

未来を創造するには現実の認識が不可欠である。現実の認識とは、われわれがどこから来たのかという現実の由来を知ることであろう。歴史は現実の由来を認識し、過去を未来へとつなぐ架け橋である。日本史は日本の由来の総合的理解を目的とする。その目的に近づくには、できるかぎり広い観点に立つことが大切であろう。広い観点とは世界大ということだから、日本史を世界史的観点から考えることが大切である。戦前のある時期、「将来の歴史学は世界史でなければならない」といわれたが、自国の由来を理解するのに自国だけにこだわっていては視野が井戸のなかの蛙のように狭くなる。そうならないように、広く世界のなかで、国の由来、現状、未来を考えなければならない。

ところで、世界史学はドイツ人で近代歴史学の父といわれるレオポルド・フォン・ランケ（一七九五—一八八六）がつくりあげた（鈴木成高『ランケと世界史学』弘文堂）。世界史という学問分野は十九世紀の西洋で誕生したので、成立当初から、あたかも当然のごとく、ヨーロッパの歴史を研究の柱としてきた。学校で学ぶ世界史の教科書が西洋史に偏っているのは世界史学の成立事情に由来している。

しかし、われわれは余りにも西洋史に偏った「世界史」からは解放されたほうがよいだろう。真に世界史的立場に立つには、「世界史」という表現よりも、新しく「地球史」といいかえたほうがよいように思われる。というのは、二十世紀末になって、人類は大気圏の外側から地球をまるごと眺める目を獲得し、いまや地球の表面はことごとく人間の目にさらされるようになっているからである。

十九世紀から二十世紀半ばまでは、地球上には白地図の部分があり、未知の大陸奥地、南極・北極、砂漠、深山幽谷などを求めて探検家が輩出した。だが、いまや航空写真やＧＰＳ（全地球測位システム）によってすみずみまで知られるようになり、地球上から白地図の部分が無くなった。人類はかつてないスケールの大きい目を獲得している。地球が人間にとって全体性をもつ一つの単位になったのである。

陸から海への離陸

地球は英語で earth といわれる。earth には大地、陸地、土という意味がある。地球は人間にとって陸の大地というイメージでとらえられてきた。大地としての地球像は平面的である。しかし、人工衛星から見る地球は球体である。今日では地球を earth というよりも globe（グローブ）という球体を意味する英語で表現することが多い。そこには地球像の変化が反映している。「宇宙からの目」という空間認識の革命を踏まえれば、将来の歴史学は地球史（グローバル・ヒストリー）でなければならないであろう。地球史的立場とは地球全体を眺める、という観点である。地球史は単なる博識から生まれるのではない。それは、グローバルな観点を堅持するという心構えから生まれるというべきである。地球的視野は単に知識の量や該博さというよりも、むしろ地球を見据えるグローバルな器量から生まれるのである。

宇宙から眺める球体の地球は青い。それは地球の表面積の七割が海でおおわれているからである。それゆえ、地球は水の惑星といわれる。残りの三割が大小さまざまな陸地によって占められている。大陸といえども、地球の大海に浮かぶ大きな島でしかない。人間の生活は水の惑星に浮かぶ大小さまざまな島々において営まれている。島とは海を存在条件としている。海は障壁にもなるが、つなぐ媒体にもなる。そうであるからには、海に開かれ、海によって結ばれる島々のネットワークの地球大への広がりと深まりという観点から歴史を見直してみるのが適切であろう。陸地を島々とみなし、島々の関係の深まりをネットワークの形成として見直すのである。歴史はいま、陸から海への離陸のときをむかえている。人類史上における空間認識の革命を踏まえれば、青い地球の海に向けて離陸するのは必然の流れであろう。

近代文明と海洋アジア

地球史的スケールで描かれるべき歴史像は、おのずから従来の西洋中心の世界史像とは異なる内容と意義をもつであろう。とはいっても、それは西洋史を排することではない。特に、近代化が西洋化とほとんど同義であった日本においては、西洋を排することは自己否定を意味する。現代日本はその由来において西洋の拡大史の一部であり、また西洋史を日本が歴史を学ぶときの一部としている。西洋史はわれわれ自身の知識の一部になっており、日本と世界に関する知識の一部となっている。大切なことは、西洋史学を排することではなく、その成果を踏まえることである。

通常、近代文明は西洋の封建社会の内部で生まれ、それが世界大に拡大していったと理解されている。イギリスが農業を中心とする封建社会から工業を中心とする資本主義社会への移行に成功し、他の欧米諸国がそれをおいかけ、日本もその後塵《こうじん》を拝して、西洋文明の恩恵にあずかったという理解である。果たして、そうであろうか。

物事の本質はその始まりに胚胎《はいたい》している。近代文明の成立の起源にさかのぼり、その来歴を虚心にながめれば、近代文明はけっして西洋内部で自己生成して誕生したものではない。他地域からの影響、なかんずく、東方の海からの影響が決定的に重要である。東方の海、それを海洋アジアとよぶなら、海洋アジアに発する「海上の道」をとおって「東方の文物」がもたらされ、それを自家薬籠中《じかやくろうちゅう》のものにした結果、近代西洋文明は成立した。近代西洋文明の母胎は海洋アジアにある。

いや、それだけではない。日本における近代文明の成立にも、西洋というよりも、海洋アジアが決定的に関与している。日本は西洋から見ればアジアの東の果ての極東であるとともに、アメリカの西の果ての極西に位置しており、東西両方からの波をかぶった。日本における近代文明も、西洋のみならず、それ以上に海洋アジアを不可欠の条件として生まれた。もうすこし正確にいえば、西洋と日本で発達した近代文明は海洋アジアのインパクト（衝撃的影響）に対するレスポンス（反応）として誕生したのである。

2　陸地史観から海洋史観へ

既成の歴史学は陸地における人間社会の営みを対象としてきた。陸にとじこもるのではなく、それを島々のネットワークの深まりという観点からながめ直してみたい。その前に、戦後の日本の学界を支配した歴史観を整理しておこう。

唯物史観と生態史観

戦後の歴史を見る目は、おおまかにいえば、マルクス主義の唯物史観と、戦後の京都学派の生態史観とである。

唯物史観とは、人類社会は世界のどの地域においても、封建社会から資本主義社会へと変わり、社会主義・共産主義へといたるという展望に立つ。唯物史観は階級闘争によって人間が社会を変えうると主張し、生態史観は環境が人間社会を決定することを重視する。京都の梅棹忠夫（元国立民族学博物館長）は、唯物史観に対抗して、「文明の生態史観」を提唱した。ユーラシア大陸を斜めに走る巨大な乾燥地帯には遊牧社会があり、遊牧社会は湿潤地帯の農業社会と対等の力関係にあった。いや、むしろ遊牧社会の力がまさり、農業社会はしばしば侵略された。その繰り返しがユーラシア大陸の歴史だというのである。西ヨーロッパと日本のみが遊牧社会の暴力をまぬかれた。その結果、両者は農業を中心とする資本主義社会へというコースをたどったというのである。そこには、ヨーロッパと日本とが並行的に近代化をとげたという洞察がある。同時に、ヨーロッパがアジアでないように、日本もアジアではないという知見も含まれている。

このように、唯物史観と生態史観とは氷炭相容れないが、戦後日本人の世界史を見る目を育てたマルクス主義的歴史観にたつ学者は東大系の学者に多く、京大系は生態史観の影響を受けているというように、面白い対照をみせている。

ともに同じ陸地史観

しかし、どちらも綻《ほころ》びがひどい。マルクス主義者による「封建制から資本主義への移行」の研究は、資本主義のつぎに社会主義を建設するためのものであった。だが、旧ソ連も中国も計画経済から市場経済への移行、端的にいえば、社会主義から資本主義への移行をめざしている。この現実を前にしてなお唯物史観を信奉するのは時代錯誤である。

一方、生態史観が近代世界の主役である西ヨーロッパと肝心の日本について語るところはほとんどない。梅棹は「第一地域（日本と西ヨーロッパ＝著者注）というところは、まんまと第二地域（乾燥地帯＝

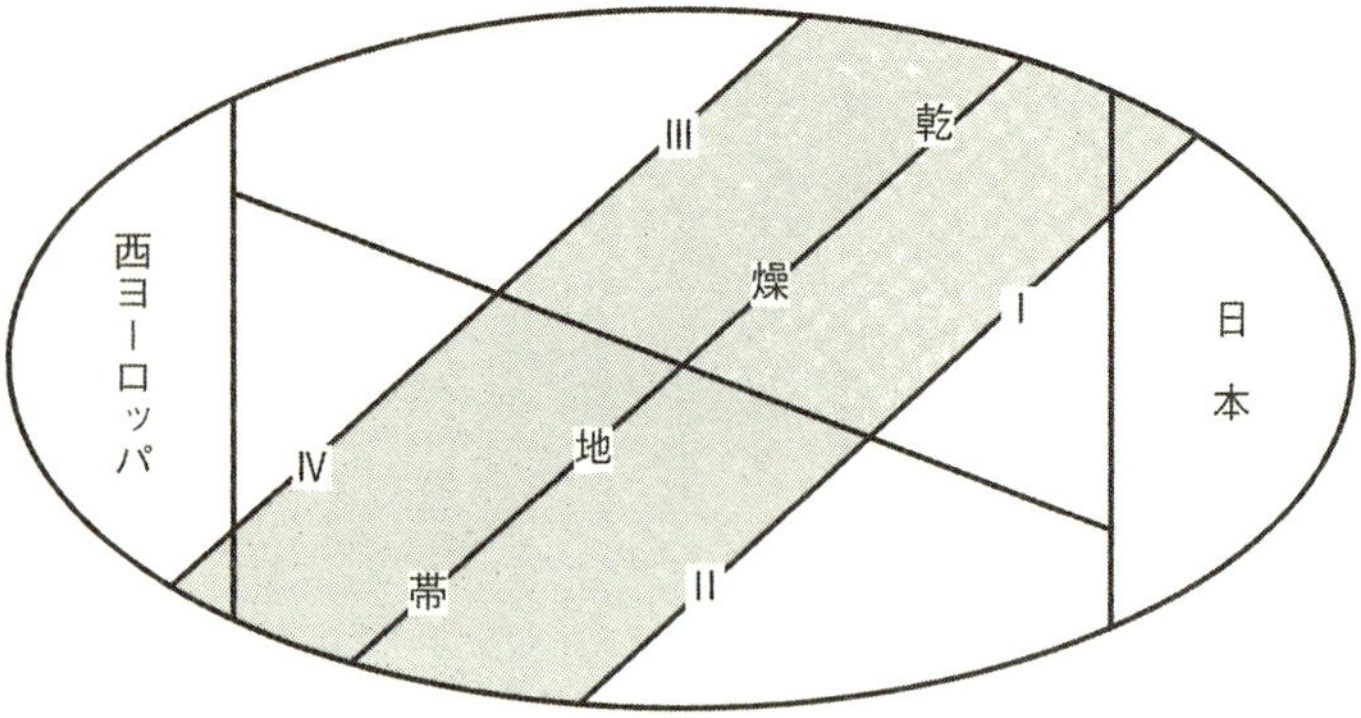

図１　梅棹文明地図・Ａ図（梅棹忠夫『文明の生態史観』中央公論新社より）

著者注）からの攻撃と破壊をまぬかれた温室みたいなところだ。その社会は、その中の箱いりだ。条件のよいところで、ぬくぬくとそだって、何回かの脱皮をして、今日にいたった、というのがわたしのかんがえである。サクセッション（遷移＝著者注）の理論をあてはめるならば、第一地域というのは、ちゃんとサクセッションが順序よく進行した地域である。そういうところでは、歴史は、主として、共同体の内部からの力による展開として理解することができる。いわゆるオートジェニック（自成的）なサクセッションである。それに対して、第二地域では、歴史はむしろ共同体の外部からの力によってうごかされることがおおい」（梅棹忠夫『文明の生態史観』中央公論新社）と述べて、植物群落が順調に遷移して極相に至るように、日本もヨーロッパも近代社会を作り上げたというのである。

この物足りなさは、どこから来るのであろうか。

梅棹モデルの構成要素は遊牧社会と農業社会であるから陸地史観である。実際、梅棹文明地図には「海」が描かれていない（図1）。一方、唯物史観にあっては、封建制の基礎は土地所有であり、資本主義の基礎は生産手段（工場、機械、労働力等）の私的所有である。つまり唯物史観は陸地における所有関係の変化に着目しており、これも陸地史観である。こうして生態史観も唯物史観も、陸地史観としては、同じ穴に住むむじなであるといわねばならない。海への視点がないのである。

海への視点が重要

しかし、海への視点をもたずして、ヨーロッパと日本の歴史を語れようか。

ヨーロッパ近代国家の原形は海洋都市国家ヴェネチアであり、続くポルトガル、スペイン、オランダ、イギリスいずれも海洋国家ではなかったか。近代ヨーロッパの歴史は「地中海世界」から「大西洋世界」へという海の歴史からとらえうる。

海の重要性は日本についても同様である。上山春平『日本の成立』（文藝春秋）、岡田英弘『日本史の誕生』（弓立社）などによって明らかにされているように、そもそも、日本という国の成立には、海との関わりをもつ倭人の存在が決定的であった。六六三年の白村江の戦で倭人船団は壊滅し、それを境に海洋の倭国は表舞台から消え、近江令が制定され、天皇の位が初めてこの国に生まれ、日本という国号が定められ、七二〇年の『日本書紀』の完成によって日本人のアイデンティティが確立した。白村江の敗戦の結果、新しい国日本が誕生したという筋書きは、太平洋戦争の敗戦という巨大な外圧のもとで日本が一新したことに照応する。海の支配に敗れて後、日本は脱皮したのである。

近世日本の鎖国は海禁とも呼ばれるが、海からくる外圧への防衛意識があった。たとえば元禄十(一六九七)年刊の『農業全書』に「むかしより、年ごとに唐舟《もろこしぶね》に無益の物まで多くつみ来りて交易し、我国の財を他の国の利とする事、豈《あに》おしまざらめやは。是ひとへに我国の民、種芸の法をしらずして国土の利を失へるなり」とあり、富の流出への危機感がほとばしっている。あるいは新井白石(一六五七―一七二五)の「本朝宝貨通用事略」をひもとけば「外国へ入りし金は只今我国にある所の金の数三分が一に当れり。銀は只今我国にある所の数よりは二倍ほど多く外国へ入りし也。(中略)金銀の天地の間に生ずる事、これを人にたとふれば骨のごとく、其余の宝貨は皆々血肉皮毛のごときなり。血肉皮毛は傷れ疵つけども又々生ずるものなり。骨のごときは一たび折れ損じてぬけ出ぬれば二たび生ずるといふ事なし。金銀は天地の骨なり。(中略)我国土の骨一たび出ぬれば再び生ずべからざるの理なり」という同じ危機感を披瀝している。

海洋史観に立つべき時

なるほど、梅棹忠夫のいうように、日本も西ヨーロッパも遊牧民の軍門に降ったことはない。しかし、経済の威力は軍事の暴力に優るとも劣らない。海洋民のもたらした経済力は遊牧民の激烈な軍事力に、市場の圧力は戦争の暴力に匹敵するパワーがあったとみられる。ヨーロッパは環インド洋に拡がる「海洋イスラム」の圧力にさらされていた。日本はシナ海域に拡がる「海洋中国」の圧力にさらされていた。ヨーロッパも日本も、梅棹のいうごとくオートジェニックに脱皮して成長してきたので

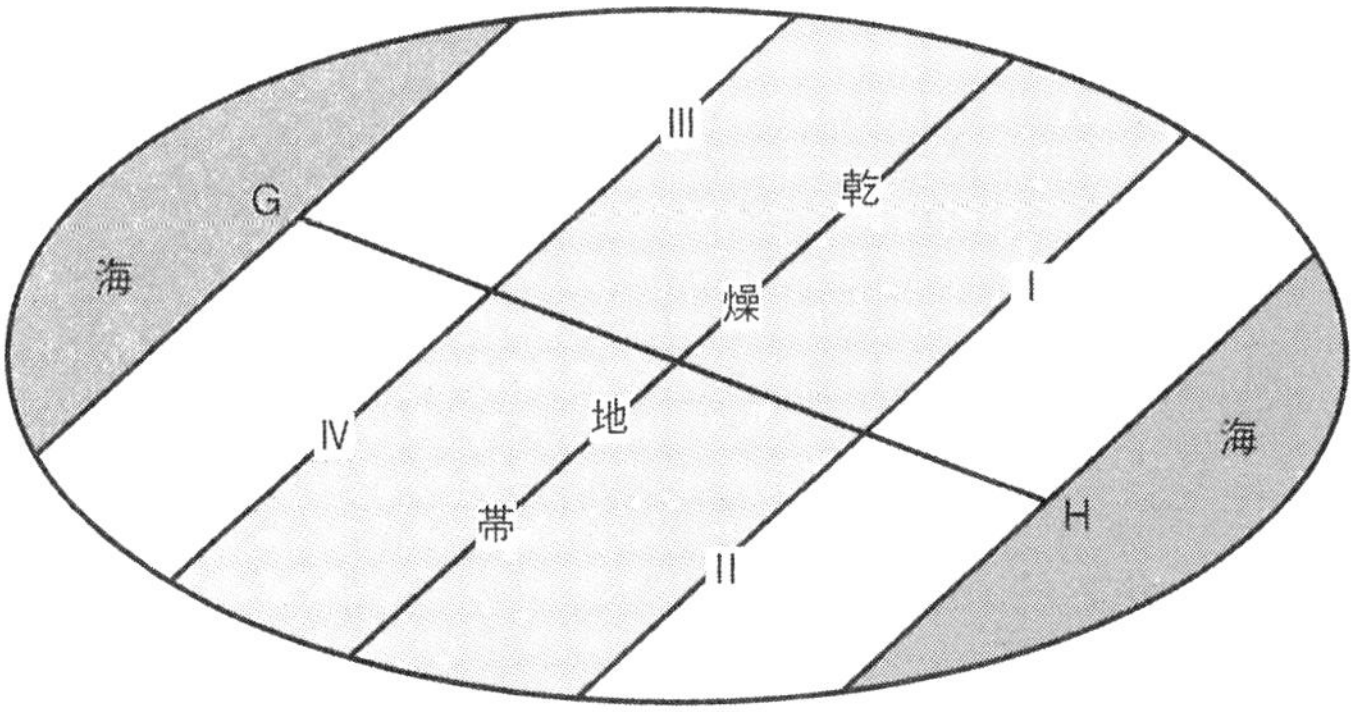

図2　文明の海洋史観モデル図1（川勝平太『文明の海洋史観』中央公論新社より）

はない。

日本に経済的圧力をかけた「海洋中国」とは華僑のことである。華僑は健在であり力もある。海洋民が結ぶ島（陸）と島（陸）との関係を原理的に考える時期にきている。農業革命によって定着型の農民が生まれ、牧畜革命によって移動型の遊牧民が成立したように、漁労革命によって定着・移動両用型の海洋民が生まれたと想定できるだろう。漁労革命の本質は海域を行き交うことのできる船の発明である。山（ないし森）から木を伐り、材木は川で運ばれて沿岸で舟が作られた。川をとおして山と海とは結ばれる。山・川・海を結びつける海洋民の出現は、農業民と遊牧民の出現とあわせて、新しい地球史の出発点に据えるべきであろう。

これから論じていくように、日本とヨーロッパに海からのインパクトがあったことは明らかであり、陸地史観にかわる海洋史観に立つべき時である。そのための見取り図として、梅棹の文明の生態史観のモデル図に海を加えた「文明の海洋史観のモデル図」を示しておこう（**図2**）。

2　海洋アジアの勃興

旧来の世界史の名を借りた西洋史的立場にはアジアに対するぬきがたい偏見がある。それは十九世紀のヨーロッパの知識人に共通するものであったが、近代歴史学の父ランケにおいても例外ではない。

1　海洋アジアの勃興

ランケのヨーロッパ中心主義

ランケに『世界史概観』（鈴木成高・相原信作訳、岩波文庫）という本がある。それは一八五四年、還暦を前にしたランケが長年の薀蓄《うんちく》を傾けてバヴァリア国王マクシミリアン二世のために行った歴史講義である。ランケはその第一講を「歴史における『進歩』の概念をいかに解すべきか」と題して、アジアについてこう言及した。

「アジアに眼をむけてみよう。われわれはそこに文化が発生していたこと、またこの大陸がいくつかの文化段階をもっていたということを、知っている。しかるにそこでは、歴史の動きは、全体としてむしろ退行的であった。アジア文化においては、最古の時期がかえって全盛期であって、（中略）蛮族――蒙古族――の侵入とともに、アジアにおける文化はまったく終末を告げたのである。」

また第十四講では、

「当時の東洋に瀰漫《びまん》していた野蛮は、現今においてもなお支配をつづけている。われわれは人類の一般的進歩なるものが考えられないものであるということの、明白な実例をここにみることができる。」

これらの記述に見られるように、ランケには、抜きがたいアジア蔑視、特に蒙古（モンゴル、元）に対する敵意のようなものさえ感じられる。

一方、ヨーロッパ・キリスト教世界について、ランケは「私が到達した根本思想の一つとして、絶対に正しいと確信していることは、ヨーロッパ・キリスト教諸民族の複合体は、渾然たる一体として、あたかも単一国家のごとく考えられるべき」ものであり、それを「偉大なる民族共同体」と賞賛し、文化的統一体としてのヨーロッパのキリスト教世界に強い自信を表明しているのである。

ランケが講義を行った一八五四年といえば、日本が列強と和親条約を締結した年に当たる。当時のヨーロッパの最もすぐれた歴史家ランケが、いかにヨーロッパ中心主義的偏見に凝り固まっていたかは、一読して明らかであろう。ちなみに、ランケの弟子ルードヴィッヒ・リースが日本に招かれて、明治二十年から帝国大学（現在の東京大学）で世界史（その実は西洋史）を講じ、それが日本における近代歴史学の誕生となった。こうして日本の歴史学には当初から西洋中心主義的偏見が入りこむことになったのである。

マルコ・ポーロの『東方見聞録』と「海上の道」

さて、ランケに代表される近代ヨーロッパの知識人が信じていたように、蒙古族の建国した元代から、本当にアジアは進歩をやめ、野蛮な道を歩みはじめたのであろうか。

元代に、多感なイタリア青年が元中国を訪れた。マルコ・ポーロ（一二五四—一三二四）である。マルコが父ニコロ、叔父マフェオとともに、故郷ヴェネチアをたち、上都（開平）に着いたのは一二七五年、二十一歳の時であった。以来、一二九二年に帰国の途につくまで一七年間、元の世祖フビライの厚遇を受け、中国各地を旅行した彼は、中国の富に仰天してそれを詳細に記憶し、日本についても黄金の国ジパングとして紹介した。その記録が『東方見聞録』である。これがヨーロッパ人の間に東方への夢をかきたて、大航海時代の引き金になった。ランケが「文化はまったく終末を告げた」と断じた元中国の文明に、当のヨーロッパ人は憧れたのである。

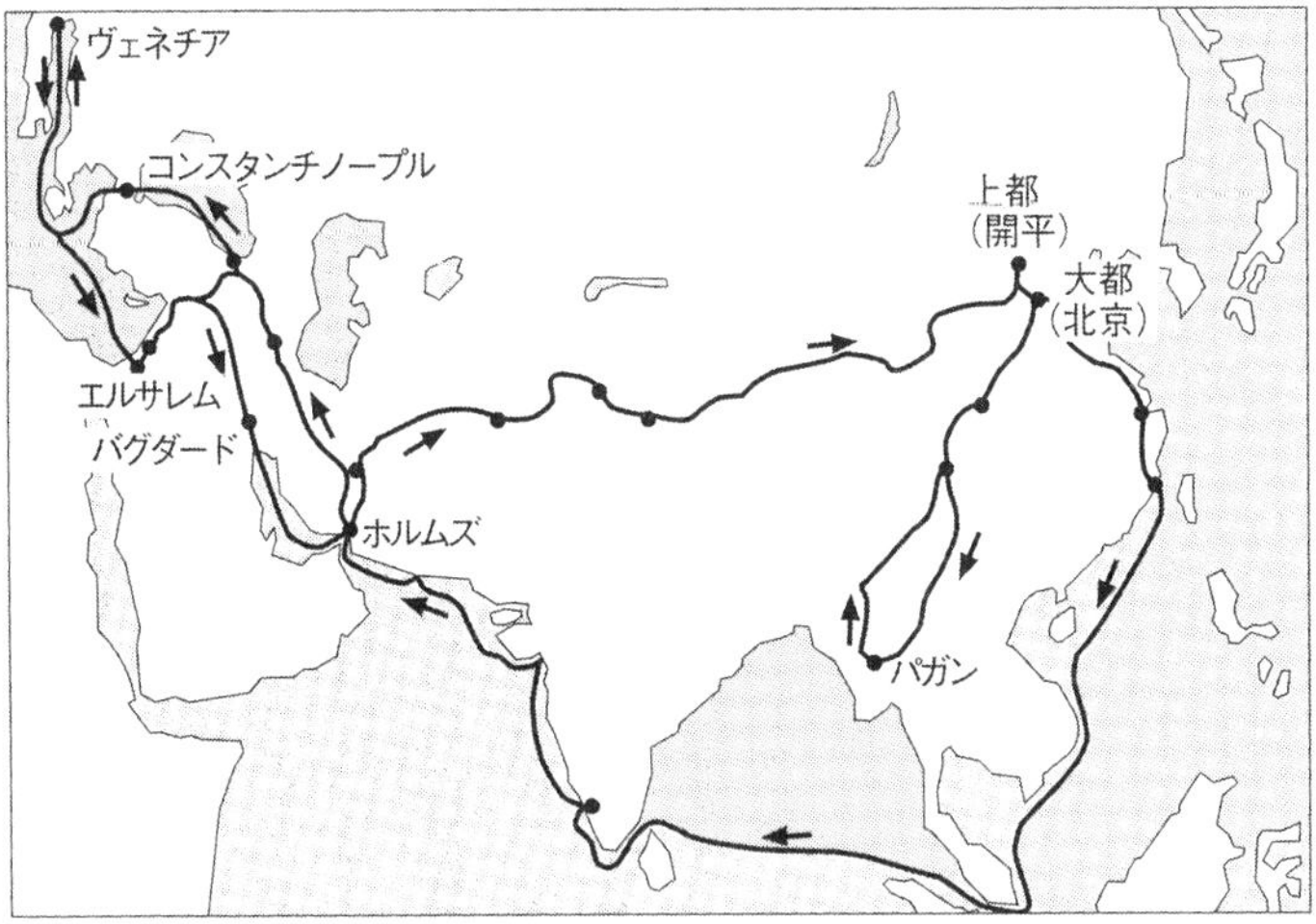

図3　マルコ・ポーロの往路と復路
(F・ドルーシュ総合編集、木村尚三郎監修『第2版　ヨーロッパの歴史』東京書籍より)

もう一つ重要な事がある。マルコ・ポーロは、往路は「陸上の道」すなわちシルクロードを逆進し、復路は「海上の道」すなわちシナ海を南に下り、東南アジアを経て、ヴェネチアに戻った。このことは、元代に陸上の道と海上の道とを結ぶ世界最大の循環路が出現したことを物語っている(図3)。

海上の道は、そこを運ばれた主な物産の名をとって、後に「スパイス(胡椒・香辛料)の道」、「陶磁の道」などと呼ばれることになった。これらの物産はどちらの方向に運ばれたか。アジアからヨーロッパへである。文化は高いところから低いところに向かって流れると言われるが、憧れられている地域(アジア)から憧れている地域(ヨーロッパ)に物が流れたのである。このことからしても、アジアを野蛮呼ばわりするのがいかに不当かが知られるであろう。それとともに、マルコ・ポーロが復路に「海上の道」を選んだことが示しているように、モンゴル時代は歴史の表舞台が陸地から海洋に移行する歴史的分水嶺とみなしうる。

2　元寇から倭寇へ

「非アジア」の「海洋」に生まれた近代文明

古代文明は、アジア大陸に聳える大山脈に濫觴《らんしょう》をもつチグリス・ユーフラテス、インダス、黄河などの大河流域に栄えた。古代文明から見れば、アジア大陸の東西両端の海に浮かぶ日本とイギリスとは文明の中心からはもっとも遠い、いわば文化果つる辺境である。その辺境の島国にやがて新しい近代文明が出現した。西の辺境イギリスが最初の工業国家に、東の辺境日本がアジア最初の工業国家になった。古代文明が「アジア」の「大陸」に形成されたのに対して、近代文明は「非アジア」の「海洋」に生まれたのである。どのようにして、世界史のダイナミズムを生み出す舞台が、アジアから非アジアへ、また大陸から海洋へと変わったのだろうか。

文明の舞台が大陸にあった時代、絹の道（シルクロード）は大陸の諸文明を東西に横断して結びつける大動脈であった。この陸の大動脈が、それまで南方で発達していた海上の道に結びついた。それはモンゴル帝国がイスラム教徒に対して寛容だったからである。イスラム勢力はすでにインド洋を経て東南アジアにまで広まっていた。中東・インド・中国の古代文明の文物がイスラム商人に担われて海の道を往来したのである。

後代の主役ヨーロッパと日本はともにモンゴルに征服されなかったが、だからといって、モンゴル帝国の影響がなかったわけではない。いや、それどころか、モンゴルの影響は日本とヨーロッパの両者を海の道に導く上で、決定的であった。

まず、日本への影響をみよう。

元寇

それはいうまでもなく元寇（蒙古襲来）である。フビライは一二六六年に「日本国王」に宛てた国書において「こいねがわくは、自今以往、問を通じ好を結び、もって相親睦せん。また聖人は四海をもって家となす。相通好せざるは、あに一家の理ならんや。兵を用うるに至りては、それたれか好むところならん」と書いてよこした。いわゆる蒙古国牒状《ちょうじょう》である（写本が東大寺に現存）。通好しなければ、武力を用いるという脅しである。このとき、中国にはまだ南宋が健在であった。その南宋と日本とは海上交易を通じて交流していた。元は南宋を滅ぼさんとする勢力であり、南宋にとって大敵であった。日本は南宋からの情報でモンゴルを侵略者としてイメージしており、フビライの国交要求を当然のごとくはねつけた。フビライは六度も使者をたて、執拗に通好を迫ったが、時の権力者北条時宗の態度は変わらなかった。フビライはついに日本攻撃を決めた。第一回の元寇は文永十一（一二七四）年。来襲した敵の兵数はモンゴル人・女真人・漢人合わせて二万、高麗人六千の計二万六千であり、対馬・

壱岐・博多湾西部が戦場となった。日本軍は押され気味であったが、元軍は突如撤退した。

元寇が倭寇を生む

フビライは翌年、国使（杜世忠《とせいちゅう》）をよこした。時宗は彼を竜ノ口で切った。これで再度の来寇は必至となった。弘安四（一二八一）年、フビライは一四万の兵数、四千四百艘の軍船をもって日本を攻撃させた。その結末を『元史』は、こう語る――八月一日、暴風雨のために船が破損した。五日、文虎等の諸将は、破損をまぬかれた船をえらんで逃げ帰り、兵隊十余万を山下に棄てた。帰るべき船もない兵隊は指導者をえらび、その命令に従うことにし、木を伐って船を作り、帰国しようとしたところ、七日に日本人が来襲し、大半が戦死した。二、三万の兵が捕虜になった。捕虜は博多に連行され、日本人は蒙古・高麗・漢人を殺したが、江南人は殺さずに、奴隷とした。その結果、「十万の衆、還るを得たる者三人のみ」という惨憺たる失敗に終わった、と。

日本人が助けた江南人とは、モンゴルに滅ぼされた南宋の人達である。彼らは日本人ともなじみが深く、海上貿易の達人であった。その彼らを捕虜とした帰結は何か。船の作り方、海の道、各地の物産の情報、さまざまな海外情報の取得である。その結果、日本人は海外へ躍進した。それは大陸からは倭寇と呼ばれて恐れられることになった。

元寇が倭寇を生んだのである。元寇は環シナ海を生活舞台とする江南人を日本の捕虜とする帰結を生んだ。日本人は環シナ海の情報を得て海洋アジアに乗り出した。十四世紀から鎖国の時代にいたる

「海の時代」が始まったのである。

3　モンゴル帝国のヨーロッパへの影響

では、ヨーロッパ人はいかにして「海洋アジア」に入りこむことになったのか。その原因は二つある。一つはマルコ・ポーロのもたらした日本情報、もう一つは黒死病だ。いずれもモンゴル帝国と深いかかわりがある。まず、日本情報について語ろう。

黄金の国ジパング

ヴェネチアの商人の子マルコ・ポーロは、一七年間元のフビライにつかえた後、海路東南アジア、インド洋を航海してペルシア湾にいたり、バグダードから黒海沿岸までは陸路をとり、再びコンスタンチノープル（現在のイスタンブール）を出航して海路ヴェネチアに一二九五年に帰国した。帰国後、ジェノヴァ海軍にとらわれ、獄中談『東方見聞録』を残した。船乗りのジェノヴァ人達が、マルコ・ポーロのたどった海路に関心を抱いたことは言うまでもない。その海路の東方の果てに「ジパング」すなわち日本がある（ちなみにジパングとは「日本国」の中国語での発音「ジーベングオ」の訛りである）。日本についてマルコ・ポーロはこう語った。

「チパングは東の方、大陸から千五百マイルの公海中にある島である。（中略）住民は色白で、慇懃、優雅な偶像教徒である。ここは独立国で、彼ら自身の君主をいただいて、どこの国の君主からも掣肘を受けていない。

莫大な量の黄金があるが、この島では非常に豊かに産するのである。（中略）この島にある君主の宮殿の、その偉観について話をしよう。この君主は、すべて純金で覆われた、非常に大きな宮殿を持っている。われわれが家や教会の屋根を鉛板でふくように、この国では宮殿の屋根を全部純金でふいている。その価値は、とても数量で計り得ない。さらに、たくさんある部屋は、これまた床を指二本の厚みのある純金で敷きつめている。このほか広間や窓も、同じようにことごとく金で飾りたてられている。実際、この宮殿の計り知れぬ豪華さは、いかに説明しても想像の域を脱したものである。真珠も、美しいバラ色の、しかも円くて大きな真珠がたくさんとれる。（中略）この島では、人が死ぬと土葬にする場合もあれば、火葬にする場合もある。土葬にするときは、死んだ人の口の中に真珠を一つ入れる。これはこの島の風習である。真珠のほかにも、いろいろな宝石を豊富に産出する。その富を語りつくせぬほど、まことに豊かな島である。

さて、この莫大な財宝について耳にした大汗、すなわちいまの皇帝クビライは、この島を征服しようと思いたった……」。

（青木一夫訳『東方見聞録』校倉書房）

ジパングに行きたかったコロンブス

この日本情報は大航海時代の幕開けの第一人者コロンブスの航海に決定的な影響をあたえた。コロンブスは、マルコ・ポーロが東方情報を最初に伝えたジェノヴァの出身である。コロンブスは前後四回の大航海をした。その最初の航海の記録が残っている。コロンブスは、一四九二年八月三日、三隻の船舶を率いてパロス港を出航、陸地のみえない長い船旅で船員の不満が爆発しそうになるのを押さえながら、日本を目指した。なぜそのことが知られるのか。十月十二日に現在のバハマ諸島のグアナニー島に到着したときのことをコロンブスはこう記録しているからだ。「この島には、彼ら（現地の人々＝著者注）が鼻にぶらさげている黄金も産出しますが、私はここで暇取っていないで、ともかくジパングの島に到着」したいと（林屋永吉訳『コロンブス航海誌』岩波文庫）。

では、コロンブスはなぜ日本に行きたかったのか。もちろん、黄金を獲得するためである。では、なぜ黄金を必要としたのか。黄金は物を獲得するための手段である。ヨーロッパ人はその当時、黄金で何を買っていたのか。東方の物産である。東方の物産のうち、何がもっとも需要されたのか。胡椒・香辛料である。胡椒・香辛料は、ヨーロッパでは何に使われていたのか。両方とも教会の管理する薬局で、薬として使われていた。では、なぜ薬を必要としたのか。それは、十四世紀中葉、わずか数年のうちにヨーロッパ総人口の三分の一を死に至らしめた疫病に対する効用があると信じられていたからである。その産地が「海洋アジア」にあった。それを買うための手段、黄金は命にかえても手に入れねばならなかった。疫病はなぜ蔓延したのか。それは東方のモンゴルからもたらされたのである。

大航海時代のきっかけにモンゴルの影がある。

モンゴルの影響をひと言でいえば、危機をもたらしたことである。十四世紀半ばのヨーロッパと日本とは、ともに危機にさらされていた。危機の時代には、古いものが滅びる危険があるとともに、新しいものが生まれる機会がある。本章の脈絡でいえば、モンゴルのもたらした危機は海洋への雄飛を生みおとした。海洋アジアが地球史の表舞台に登場したのである。

3　十四世紀の危機と東南アジア

日本とヨーロッパとは十四世紀に危機を共有し、その解決に向けて、海洋に乗り出し、同じ時空＝「十六世紀の海洋アジア」を共有することになる。海洋アジアの中心に位置したのは世界一の多島海である東南アジアであった。

1　共有した「十四世紀の危機」

人口の三分の一を奪った黒死病

ヨーロッパを襲った最大の危機は十四世紀半ばの黒死病（腺ペスト）である。黒死病は一三四六年クリミア半島においてイタリア商人がモンゴル軍に包囲されたときに感染した。それがヨーロッパ人として最初とされる。

腺ペストは地中海を船で運ばれ、ヴェネチア、ジェノヴァ各港から内陸に広まった。その悲惨な状況をボッカッチョ（一三一三―七五）の『デカメロン』（一三五三年）は、大略こう描いている――一三四八年、フィレンツェの都を致死の疫病が見舞った。いかなる用心も予防も役にたたず、信仰心の厚い人々が神にささげた敬虔な嘆願もいっこうに甲斐がなかった。男も女も同じように股のつけ根か腋の下にこわばった腫瘍ができ、その兆候が表れると三日以内に死んだ。宗教界と俗界の区別なく、法律の権威は地におちてまったく無力になった。死人の悪臭があたりにこもった。おびただしい数の死体が続々と運びこまれ、埋葬する墓が十分でなかった。三月と七月の間にフィレンツェの城壁内では一〇万人以上の人間が生命を奪われた、と。

一三四八年のうちに、黒死病はイタリアから、フランス、イベリア半島、ドイツ、ポーランドに波及し、ドーヴァー海峡を越えてイギリスに入り、翌年末にはイギリス全土を襲い、さらにスカンジナビア半島を侵した。その結果、ヨーロッパは人口の三分の一を失った。

それがいかに巨大な数字であるかは、先の大戦における軍人の死亡率と比べてみれば容易に分かる。日本正規軍六〇九万のうち戦死者は一〇二万、ドイツ正規軍一〇二〇万のうち戦死者は二一〇万である。敗戦・無条件降伏という無惨な状態でも軍人の死亡率は二割前後であった。人口の三分の一の死亡というのは、ほとんどパニック状態だとみなすことができる。ヨーロッパではその後一五〇年間、人口が低迷し、労働力が不足し、封建領主の直営地の経営が困難になり、封建制の解体を促進した。

中東でも、中国でも

中東史のドルス教授によれば、中東でも十四世紀に人口の三分の一が疫病で死んだ。

疫病史で名をなしたアメリカの歴史家マクニールによれば、黒死病の起源はモンゴルが雲南地方に侵入した際、そこの風土病に感染したのがきっかけである。中国の人口は一二〇〇年頃の推定一億二三〇〇万から一四〇〇年頃の推定六五〇〇万へと半減した。元帝国は一三六八年に滅びるが、その直前の一三五三〜五四年の二年間に中国各地で猖獗《しょうけつ》をきわめ、人口の三分の二が死んだという報告もある。

ちなみに、日本には記録がないので不明だが、倭寇の活動は十四世紀半ばから活発になり、一三五一年以後はほぼ毎年出没し、年を追って激しくなった。倭寇は人と食料を奪った。ヨーロッパと同様、日本にも労働力不足・食料不足を予測しうる。

こうして十四世紀中葉のユーラシア大陸の人々が危機に直面していた。

薬として求められた胡椒・香辛料

疫病から逃れようと人々が求めたのは薬であった。その中でもっとも効能があると信じられたのが東南アジア産の胡椒・香辛料であった。中世イタリアのトスカーナ地方の日常生活を、当時の一五万通におよぶ書簡をもとに描いた『プラートの商人』(I・オリーゴ著、篠田綾子訳、徳橋曜監修、白水社)に、十四世紀から十五世紀初頭で使われていた薬についての記録が採録されている。フィレンツェの薬種屋の勘定に挙げられた品目のうち「群を抜いて多いのは、各種の香辛料である。サフラン、コショウ、ショウガ、シナモン、クローブ、ナツメグ、カッシア(シナ肉桂)。(中略)サフランとコショウの注文がいちばん多く、またいちばん高い」。サフランは「抗ペスト剤の丸薬にもはいっていた」し、コショウもまた「多くの医療の目的に使われた」とあるのは、その一例だ。時代がくだり、近世になっても、イギリス人トマス・マンは「スパイスは健康を保持し、病気を治療するためにこのうえなく必要なものとして、時・所を問わず莫大な需要があった」(一六二一年)と記している。

こうして、ユーラシア大陸の両端に位置する西ヨーロッパから日本までユーラシア大陸沿岸部で海に乗り出せるありとあらゆる民族が、海を渡って東南アジア海域に浮かぶ島々に薬を求めて蝟集《いしゅう》した。海洋アジアは活発な民族交流の場となった。アジアの海を舞台に生まれてくる新しい時代の主役(ヨーロッパ人・日本人)もその中にまじっていたのである。こうして、東南アジアは「商業の時代」(アンソニー・リード)を迎えた。海洋アジアのダイナミズムは、大陸諸文明の交流が生んだ疫病体験から派生したのである。以後の歴史は海洋アジアに舞台が移る。

西洋最初の工業国家イギリスと東洋最初の工業国家日本は、巨大なユーラシア大陸によって隔てられており、互いに無関係の歴史を歩んでいた。しかし旧文明の東西両端に位置する両者が海洋アジアをとおして歴史の時空間を共有することになった。言葉の正しい意味における近代世界史が幕を開けたのである。その交流の中心は東南アジア海域である。

2　共有した時空「東南アジア」

地球という舞台は人間にとっていわば多島海である。世界でもっとも多くの島々が集まっているのは西太平洋である。千島列島、サハリン、日本列島、沖縄を含む南西諸島、台湾、フィリピン、インドネシアなどの東南アジア、メラネシアからオセアニアは三日月状ないし半月状に島々が分布している。その北の一角に日本は位置する。その西太平洋の半月弧の中心は東南アジアであり、そこは島がもっとも多い地域である。それはいわば西太平洋の中核である。そこで、われわれはまず、東南アジアから話を始めよう。

一九九九年四月三十日、東南アジア諸国連合（ASEAN）が一〇カ国体制になった。ASEANは一九六七年に発足した。当時はインドシナ半島全土が共産主義化する動きがあり、それに対抗する地域安全保障、政治的安定を確立する反共ブロックとして創設された組織である。冷戦終焉後は、ヴェトナム（九五年）、ラオス、ミャンマー（九七年）が加盟し、反共的性格を払拭し、自由な経済圏への脱皮を図っている。一九九九年にはカンボジアが加盟して五億人の市場が誕生した。

海上アジアの中心になった東南アジア

なぜ東南アジアが海洋アジアの中心になったのか。

第一に、地理的条件である。東南アジアは海洋中国と海洋イスラムが出会うところであり、東西諸文明の海の交差路に当たっている。十四世紀当時、環インド洋圏にはイスラム文化が普及し、ダウ船が行き交っていた。それは「海洋イスラム」の世界である。一方、環シナ海圏は文字通り中国の影響圏であり、ジャンク船が行き交った。それは「海洋中国」の世界である。「海洋イスラム」と「海洋中国」は東南アジアを境界にして最終的にはすみ分けた。だが、東南アジアにおいてはモザイク状に入り乱れて商業活動を営み、深い交流をした。

第二に、人類の死活にかかわる物産の産地であった。東南アジアの特産物である胡椒・香辛料・香料が東西両洋から希求された。元帝国の崩壊する前後にユーラシア大陸全域に疫病が流行した（マクニール『疫病と世界史』）。その疫病に効能があるとされていたのが胡椒・香辛料であり、東南アジアはその大産地であった。

こうして、十五〜十七世紀の東南アジア海域世界は、アラブ・イスラム文明、ヒンズー文明、中華文明等から多数の商人がそれぞれの文明の諸物産を持って訪れアンソニー・リードのいう「商業の時代」を現出した（Anthony Reid, *Southeast Asia in the Age of Commerce*, Yale University Press, 1988）。それは近代世界経済のいわばプロトタイプ（原型）であった。ヨーロッパと日本の商人はそこに最後に加わり、世界史の舞台に登場することになったのである。改めて、東南アジアから歴史の流れを追ってみよう。

3　東南アジア

「東南アジア」と呼ばれる地域

東南アジアは、アメリカ合衆国の世界戦略のなかで地域研究の対象となった。それは戦後であり、日本ではわが国の東南アジア研究者を結集して編まれた『講座東南アジア学』全一〇巻（一九九〇―九二年、弘文堂）が出たのは、ようやく二十世紀の末になってのことである。

そもそも「東南アジア」という地域名が登場したのは二十世紀になってからである。西洋では一九〇二年に出版された『東南アジアの古銅鼓』という書物が「東南アジア」を学問的に使った最初であり（石井米雄編『東南アジアの歴史』弘文堂）、日本では一九一九年に発行された『尋常小学校地理』巻二で、それまで「南洋」といわれた地域をアジア州のうちに数えて「東南アジヤ」と呼んだのが最初とされる（清水元「近代日本における『東南アジヤ』地域概念の成立」、『アジア経済』第二八巻六、七号）。

東南アジアは、タイをのぞき、いずれも十九世紀後半、西洋諸国の植民地支配下におかれ、ゴムや錫などの供給地として世界史に登場した。ちなみにアジアＮＩＥＳ（韓国、台湾、香港、シンガポール）は、韓国をのぞけば、経済を支配しているのはみな中国系の人々であるが、アジアの経済発展を担うこれら中国系の人々の大半は、十九世紀末に国内で食いつめて農村を離れ、苦力《クーリー》として東南アジアほかシナ海域に散らばった華僑・華人である。こうした華僑・華人を含む東南アジア諸国が、世界史の表舞台に登場したのは、近々百年余りというのが通念であろう。

国際貿易の一大センターだったマラッカ

もとより、今日「東南アジア」と呼ばれる地域は、それ以前からある。ただ、それはヨーロッパ人が到達する以前からアメリカ大陸が存在したというのと同じ意味ではない。アメリカ大陸はヨーロッパ人が到達してから世界史に登場したが、東南アジア地域は、ヨーロッパ人が到達する前から、周囲の世界に対して深甚な影響を与えていた。それはヨーロッパが作り上げた自由貿易世界の原型とさえみなしうる。

冒険商人トメ・ピレスが一五一四年頃に著した『東方諸国記』(生田他訳・注、岩波書店)にマラッカで取引していた人々とかれらの出身地について、「カイロ、メッカ、アデンのイスラム教徒、アビシア人、キルワ、メリンディ、オルムズの人々、ペルシア人、ルーム人、トルコ人、トルクマン人、アルメニア人のキリスト教徒、グザラテ人、シャウル、ダブル、ゴア、ダケン王国の人々。マラバル人、ケリン人。オリシャ、セイラン、ベンガラ、アラカンの商人、ペグー人、シアン人、ケダの人々、マラヨ人。パハンの人々、パタニ人、カンボジャ人、シャンパ人、カウシ・シナ人、シナの人々、レケオ人。ブルネイ人、ルソン人、タンジョンプラ人、ラヴェ人、バンカ人、リンガ人、(中略)マルコ人、バンダ人、ビマ人、ティモル人、マドゥラ人、ジャオア人。スンダ人、パリンバン、ジャンビ。トゥンカル、アンダルゲリ、カポ、カンパル、メナンカボ、シアク、ルパト、アルカ[アルカト]、アル。

バタ、（中略）パセー、ペディル、「マル」ディヴァの人々」と驚嘆しつつ記しているが、中東諸地域からレケオ（琉球）、シナにいたる全海域から無数の人々が東南アジアに集っていた。すでに十六世紀前半に東南アジアは世界経済のセンターの様相を呈していたのである。特にマラッカは五〇〇年前にすでに国際貿易の一大中心センターとしての地位を占めていた。十六世紀の東南アジアを、現代の歴史家が「商業の世紀」と特徴づけているゆえんである（Anthony Reid, 前掲書）。

その東南アジア交易圏にヨーロッパ人は他の諸民族より大分遅れて参入した。ヨーロッパ人は東南アジア一帯を「東インド」と呼び、国家の全面的支援を受けた東インド会社を組織して大々的に交易につとめた。当然のことながら、ヨーロッパの近代社会の形成に、東南アジアは多大の影響を与えた。胡椒・香辛料、絹・綿、各種染料など、近代ヨーロッパの生活の基礎となった物は東南アジア地域との交易によって得られたものである。

東南アジアは近代世界史の出発点

東南アジアを結び目として海洋アジアは二つの大きな世界に分けられる。まず、東南アジア、東シナ海、南シナ海を主な構成要素とする東アジアの海域世界である。それぞれが独自の海域でありながら、ダイナミックな独自の一つの世界を作り上げている。もう一つは、東南アジアの西に広がるインド洋、地中海、大西洋からなる海域世界であり、こちらもそれぞれの海域は独自であるが、それらの関係がダイナミックな一つの世界を作り上げている。東南アジアは、それら二つの世界のダイナミズムにともに関わっている。東南アジアは、アンソニー・リードのいうとおり、十六世紀に「商業の時代」を経験した。東南アジアからのダイナミズムは、東アジアの方向と、インド・ヨーロッパの方向とに働いた。それに対するレスポンスが、日本と西ヨーロッパにおける近代国家の形成につながっていくのである。近代国家を形成させた波の源は東南アジアである。

波は寄せては返す。最初の波は東南アジアに源をもち、ヨーロッパの岸辺を洗った。その波の影響を受けてヨーロッパに近代工業社会が出現した。やがてヨーロッパに源をもつ返す波が東南アジアを襲った。東南アジアの大半がヨーロッパからの返す波をかぶって植民地になったのである。

4　キリスト教・イスラム教の文明世界

チャールズ皇太子の講演

世界最古の大学はイタリアのボローニャ大学であるが、イギリス最古の大学はオックスフォード大学で、起源は十二、三世紀にさかのぼる。オックスフォード大学は三六のカレッジの集合体である。オックスフォード大学やケンブリッジ大学のカレッジは学寮と訳されるが、日本にはそれに相当するものがないので、実態が伝わりにくい。オックスフォードもケンブリッジも独自のカレッジ組織とともに、大学として世界共通の学部組織をもっている。オックスフォードにはFaculty of Modern History（文字通り訳せば、近代史学部）がある。歴史を学ぶ学生はこの学部に属する。そこでの近代史は西ローマ帝国の崩壊（四七六年）以後の時代をあつかう。

オックスフォード大学では伝統的に「近代 modern」は「古代 ancient」と対比されてきた。ローマ帝国の滅亡で「古典古代」が終わり、イギリスにおける近代が始まるという理解である。ヨーロッパ史においてルネサンスが古典古代の復興を意味するように、イギリス史における近代はイギリス人が古代を内在化した時代である。オックスフォード大学はこれまでに二〇人以上の首相を出しているが、彼らの大半は古典古代の教養を身につけていた。それは偶然ではない。ローマの古代帝国と、近代の大英帝国とはアナロジーでとらえられたからである。

一般には、ローマ帝国の崩壊からチューダー朝までは中世といわれる。だが、オックスフォード大学では中世は「近代史学部」で教えられている。近年の歴史学界では、中世の見直しが進み、中世ヨーロッパを暗いイメージでとらえるのは時代遅れになりつつある。とはいえ、中世のヨーロッパと、同時代のイスラム世界とを比べると、輝いていたのは後者であった。ローマ帝国の崩壊とともに、地中海はイスラムの海になり、イスラムの繁栄は八世紀から十五世紀末まで八百年にも及んだ。まさにその時代がヨーロッパにおける中世にほかならない。キリスト教世界はイスラム世界という輝ける光の影であったというべきであろう。

「イスラム教徒、キリスト教徒、ユダヤ教徒はともに教典の民である。一四九二年は、西洋にとっては偉大な年であるが、イスラムにとってはグラナダの陥落した悲劇の年である。それ以前、たとえば十世紀のコルドバには四〇万冊もの図書があった。そのことに示されるようにイスラム文明は高く、近代西洋の特長とされる外交、自由貿易、学問、エチケット、ファッション、医療ほか数え切れないほどのものがイスラム文明に負っている。今日、誤って西洋のものだと思われているものが、いかにイスラム文明のお陰をこうむっているかは、驚くばかりである。」――これは、イギリス皇太子チャールズ（ケンブリッジ大学出身）が、一九九三年にオックスフォード大学のイスラム研究所の開設を記念して行った講演「イスラムと西洋 Islam and the West」の一節である。イスラム世界とキリスト教世界とを一体のダイナミズムのもとにとらえるチャールズ皇太子の広い視野にたった見識には敬服させられる。

外交、自由貿易、学問、エチケット、ファッション、医療のほかに、皇太子の述べていない物産についてもイスラム世界の影響を受けているので、それを補っておこう。

1 アラブ農業革命の遺産

和辻哲郎は『風土』で、中東の風景について、「植物的にも動物的にも住むもののない荒涼不毛の地であり、沙漠においては自然は死である」という強烈な印象を語っている。中東は生命を育む緑のない「陰惨な死の砂漠」というのが、昭和初めの船旅で和辻が見た中東の景観である。

中東の「緑の革命」

中東世界に緑はなじまないのであろうか。いや、中東は八～十一世紀に「緑の革命」を経験したことがあった。カナダの経済史家アンドリュー・ワトスン博士はそれを「アラブ農業革命」と呼ぶ（Andrew Watson, 'The Arab Agriculture Revolution and Its Diffusion,' *Journal of Economic History*, vol. 34, 1974）。

ヨーロッパ人の進出に先立つ時期、イスラム世界の最大版図は、西はスペインから東は今日のインドネシアにまで及んだ。アラビア人は新しい土地への進出において、異邦人と出会い、未知の物と遭遇した。香辛料・香料、薬種、コメ、コウリャン、サトウキビ、スイカ、ナス、ホウレンソウ、レモン、ライム、バナナ、ココヤシ、インディゴ、ワタ、庭を彩る各種の花々、数え上げれば、数百にものぼる新奇の物を初めて眼にし、感嘆し、味わった。これらと接触して、アラブ世界は衣食住の生活様式の大革命を経験した。

珍しい物産の原産地はインド洋をとり囲む熱帯である。アラブ人はダウ船に乗ってインド洋海域に入り、熱帯産の栽培植物に出会った。最初はそれらを中東へ運んでいたが、十一世紀までに、ほぼすべてを中東の地に移植することに成功した。

移植といっても、インド湿潤地帯の作物は、乾燥地帯では育たない。問題は水である。ところが、この時期に、カナートという地下水道が整備され、大小の河川、オアシス、泉などおよそ利用されない水源はないという事態が現出した。老朽化していた旧灌漑施設が改修され、配水の効率化が進んだ。それと歩調をあわせ、インドにおける各種作物の栽培法もあわせて伝わった。

イスラム勃興以前の中東・地中海世界で知られていたのは、秋に種をまき、春に収穫する栽培法である。夏には植物は枯れた。地力が乏しく、同じ土地での耕作は隔年であった。しかし、コメ、サトウキビ、ナス、スイカなどの熱帯原産の作物群は夏の日射しが不可欠の生育条件である。これらを栽培するために夏にも土地が使える努力が払われ、土質の研究が進められ、土の構造が知られるようになり、例えばサトウキビは若干の塩分を含む土地を好むなど、土質と作物との連関が追求され、さらに肥料には動物の糞のほか、利用されうるほどのものはすべて供され、同じ耕地で、連年、多毛・輪作栽培ができるようになった。

それは所得を向上させ、労働集約的な農法が労働力需要を高め、人口増大をもたらした。農業の発展は、商業活動、交通の発達、行政機構の整備をうながした。新しい都市も成長した。このようなイスラム文明の物的基盤を作りあげたのが「アラブ農業革命」である。

イスラム文明の伝播

イスラムの支配者たちは、新しい物に興味をもち、珍奇な鳥・動物、宝石、鋳貨、陶磁器、織物、敷物、観葉植物、書物など、世界中から珍しい文物の収集につとめたのであるが、植物にはとりわけ関心が高く、グラナダのアルハンブラ宮殿に植物園のような庭園が作られ、珍しい植物を植えて楽しんだ。そのための知識を提供する学者にはパトロンがつき優遇されたので、学者も旅行して見聞を広め、新知識を貪欲に摂取した。珍しい物や料理法が紹介されるや、その情報が「ダル・アル・イスラム（イスラムの家）」のもと、単一の宗教とアラビア語の普及が相まって、急速に共有された。一世紀ほどの間にギリシア語・ペルシア語・シリア語・サンスクリットの本がことごとくアラビア語に翻訳され、ウマイヤ朝の王室図書館だけで四〇万冊の蔵書があり、翻訳者、写本家、製本家の数はひきもきらなかったといわれる。

イスラム世界を特徴づけるのは人と物の移動であるが、移動によってイスラム世界は文化を共有した。人の動きには聖地巡礼がもった意義も小さくない。富める者も貧しき者も、学者も読み書きできない人々も聖地に巡礼した。チャールズ皇太子の指摘にあるように、高い学識、加工技術、ファッション、建築、音楽、ダンス、料理法、エチケット、ゲームなどがイスラム文化を特徴づけ、前代と面目を一新しただけでなく、キリスト教世界からあこがれを集める高い文明を形成した。

文化の伝播の方向はさまざまであったが、ベクトルは西に向いている。特にアッバース朝の宮廷文化はインド、ペルシア風を真似たものである。その東洋趣味がエジプト、チュニジア、モロッコを経てスペインへ伝播した。その伝播の過程で、新しい農作物・農法というアラブ農業革命の諸要素もまたセットとしてヨーロッパに入ったのである。

時あたかも、十字軍の時代である。ヨーロッパに聖地巡礼の気運が起こったのも、形の上では、イスラムの聖地巡礼の模倣とも見える。ヨーロッパの十二世紀は大翻訳時代である。それは「十二世紀ルネサンス」ともよばれている（伊東俊太郎『十二世紀ルネサンス』岩波書店）。それはヨーロッパによるイスラム文明の大々的な模倣の始まりを告げるものである。ヨーロッパ人がイスラム文明の翻訳と移植に熱心であったのは、十分な理由がある。当時、中東をはさんで西のヨーロッパと東のアジアという三つの世界の知識をもっていたのは三文明圏にまたがって世界を包容していたイスラム文明だけであった。イスラム文明は憧れられるに十分に値したのである。

ヨーロッパから後に新大陸に伝播した物産のなかに、アラブ農業革命の物産が入っている。たとえばワタは英語で cotton といわれるが、アラビア語の qutn に由来する。「高貴なる者は木綿を身につけ、貧しき者は毛織物をまとう」とイスラム世界でいわれたワタの栽培は、イスラムの西への拡大とともに南ヨーロッパに伝播した。大西洋を越え、新大陸に移植されたサトウキビ、コメ、コーヒーなどは、アラブ農業革命の西方伝播の線上にある。近代ヨーロッパ社会の経済的基礎は、それらの植物のプランテーション栽培であった。アラブ農業革命はそのプロトタイプ（原型）を提供した。その遺産の上に、西洋近代文明が築かれたのである。

2　キリスト教文明とイスラム教文明とのダイナミズム

ヨーロッパはイスラム世界により生まれ変わった

ヨーロッパ近代の曙光はルネサンスにあるといわれるが、先にあげた伊東俊太郎氏の『十二世紀ルネサンス』によれば、代表的ルネサンス人レオナルド・ダ・ヴィンチ（一四五二―一五一九）の自然学説は十四世紀の理論の書き写しにすぎない。それだけではない。十四世紀の知的革新の起源は、それよりさらに二世紀前の十二世紀に築かれていたという。ヨーロッパは十二世紀にイスラム文明を受容する「大翻訳時代」を迎えた。中世ヨーロッパを彩るトゥルバドゥール（吟遊詩人）の語も、吟遊詩人の使う楽器もアラビア起源である。ヨーロッパはイスラム世界からの文明移転を通して新しく生まれ変わった。イスラム教世界の文物のキリスト教世界への移植、それが「十二世紀ルネサンス」という名で呼ばれているのである。

ルネサンスという言葉は十九世紀の歴史家ブルクハルトの『イタリア・ルネサンスの文化』（一八六

〇年）以来広く使われるようになった。現在、ルネサンスとよばれる歴史現象はすくなくとも三回認められている。八〜九世紀のカロリング・ルネサンス、十二世紀ルネサンス、十四〜十六世紀のイタリア・ルネサンスである。そこに共通するのは外部からの影響である。カロリング・ルネサンスにはイングランド経由で入ったローマ文明、イタリア・ルネサンスにはコンスタンチノープルの陥落（一四五三年）でビザンチンの学者がイタリアに逃げてギリシア古典を伝えたことが大きく影響した。十二世紀ルネサンスの場合は、スペイン・ルート、北イタリア・ルート、シチリア・ルートを通してイスラム文明が強烈な影響をヨーロッパに与えた。

「ヨーロッパとは何か」という問い

ヨーロッパとは何かを読み解く視座は、キリスト教圏とイスラム教圏とをダイナミックな一つの文明空間としてとらえることにある。

もとより、「ヨーロッパとは何か」という問いへの答えは、非ヨーロッパ人にとってはもとより、ヨーロッパ人にとってさえ自明ではないであろう。『ヨーロッパとは何か』（岩波新書）という魅力的な書物を著した増田四郎は、ヨーロッパを、イギリス、フランス、ドイツのような国の集合としてではなく、一つの歴史的形成体として認識することの大切さを力説している。増田のような優れた例外はあるが、日本人のヨーロッパ理解は得てして、フランスはどうの、イギリスはどうの、ドイツはどうのと、各国レベルにとどまってきた。それは、鎖国的国柄の日本人が一国レベルで考えることに慣れ親しんできたことにもよるが、あわせて、ヨーロッパ人自身、たとえ彼らがキリスト教という共通の母体にたっているとしても、ことに第二次世界大戦後には専門化を進めて、歴史研究を各国レベルで行ってきたことにも一因がある。

ヨーロッパ史が「世界史」であった時代の終焉

ところが、一九九三年十一月一日に発効した欧州連合条約いわゆるマーストリヒト条約を契機として、その前後から急速にEU（欧州連合）という政治・経済統合体のもとで、共通の基盤となるべきヨーロッパの史的遺産の見直しが始まった。ヨーロッパ共通の歴史教科書をめざして一〇カ国以上で同時出版された「ヨーロッパの歴史」（F・ドルーシュ総合編集、木村尚三郎監修、東京書籍）、あるいは英・独・仏・スペイン・イタリアの五カ国語で同時に出版された叢書「ヨーロッパ」（平凡社）などは、そのような動きの現れである。もっとも、それらを読んでも、ヨーロッパとは何かの解答がすぐに得られるわけではない。それは「日本とは何か」という問いかけに対して、百巻の関連書物をひもといても、確答が得られないのと同様である。むしろ、そのような問いかけの持続が新しいヨーロッパ・アイデンティティを形成していくものとみた方がよいであろう。イギリス、ドイツ、フランス……などの各国史を成立せしめてきた「世界」が、世界一般というよりも「ヨーロッパ世界」であるという認識が確立しつつある。それは当然、日本人のこれまでの「世界史」理解にも影響をあたえないではすまないであろう。

しかし、はっきりしていることがある。それは、近年のヨーロッパ再考の直接の背景となったＥＵの形成が、世界各地の新しい地域形成の動きの一つであり、ソ連・東欧圏の崩壊、ＮＡＦＴＡ（北米自由貿易協定）、太平洋経済圏の出現などの世界の動きと無縁ではないということである。世界の諸地域の再編成が進むなかでのヨーロッパ史の再構築は、早晩、ヨーロッパがもはや世界を代表せず、ヨーロッパ史が「世界史」であった時代が完全に終焉した、ということを徹底的に確認することになるだろう。

5　海から見た時代区分

歴史的個体としてのヨーロッパはいつどのようにして成立したのであろうか。ヨーロッパの歴史を、ヨーロッパ人自身の時代認識にしたがって、古代・中世・近世（十七〜十八世紀）・近代（十九世紀〜）というように時代区分してみよう。そして、ヨーロッパの生んだ最高の歴史家の見解に耳を傾けてみよう。そうすると、各時代の転換期に深く関与しているものが二つあることに気づかされる。一つは海とのかかわりでヨーロッパが転換をとげてきたことであり、もう一つはオリエント（イスラム世界）とのかかわりでヨーロッパが転換をとげてきたことである。

1　古代ヨーロッパの成立

地中海から始まるヨーロッパの歴史

ヨーロッパの成立を考えるに当たっては、「歴史の父」といわれるヘロドトス（紀元前四八四頃—四三〇頃）の『歴史』（松平千秋訳、岩波文庫）を逸することができない。『歴史』の内容は、前五世紀のペルシア戦争を頂点とするペルシアとギリシアとの東西抗争であり、アテネがペルシアを打ち破るまでの過程を、東方地域の様子を伝える説話を各所にたくみに織り混ぜながら、描いている。一読すれば、それはヨーロッパ史というより、オリエント史とも受け取れる。だが、その叙述は今日のアラブ・中東世界であるオリエントとは、はっきりと異なる海洋アテネを浮き彫りにしている。たとえば、前四八〇年のサラミスの海戦の結末を、ヘロドトスはこう物語る。

「この激戦でダレイオスの子でクセルクセスの弟に当る司令官アリアビグネスをはじめ、ペルシア、メディアおよびその他の同盟諸国の名ある人士が多数戦死した。ギリシア側にも若干の死者があったがその数は少数であった。ギリシア人は泳ぎの心得があったので、船は破壊されても敵と刃を交えて戦死せぬ限り、サラミス島へ泳ぎ着いたのである。しかしペルシア兵の多くは泳ぎのできぬために海中で落命した。前線の艦船が逃亡をはじめるに至って、ペルシア艦隊の大半は撃滅の憂目に会うこととなった。というのは後方に配置された部隊は、自分たちも王に手柄を示さんものと船を前方に進めようとあせり、逃げようとする味方の艦船に衝突したからである。」

この叙述から、ギリシア人は泳ぎのできる海洋民であり、ペルシア人は泳げない陸地民であることがうかがえるだろう。ギリシア人の活躍した海洋の舞台は、いうまでもなく地中海である。ギリシア人がフェニキア王の娘エウロペを掠めとって以来、その名を受け継いできたヨーロッパの歴史が、海洋すなわち地中海から始まることを、最初の歴史書は物語っている。ちなみに、ヘロドトスは「歴史の父」といわれるが、正確には「ヨーロッパ史の父」というべきであろう。

2　中世ヨーロッパの成立

地中海を閉鎖したイスラムの外圧

では、古代から中世への転換はどうであろうか。「二十世紀前半における最も偉大なヨーロッパ史家の一人」と増田四郎が賛嘆したベルギーの歴史家アンリ・ピレンヌの見解に耳を傾けてみよう。

ピレンヌは名著『マホメットとシャルルマーニュ』で、ヨーロッパはイスラムを媒介にして誕生したと主張した。ピレンヌは、ローマ文明の崩壊について、それまでの史家が重視していた北方からのゲルマン民族によったという見方をしりぞけ、ゲルマン民族がローマ文化を継承して両者が連続していたことを強調する一方で、イスラムの外圧がヨーロッパの歴史に決定的断絶をもたらし、古代から中世へという時代の転換がおこったと論じたのである。

イスラムの外圧勢力のために地中海は閉鎖された。地中海は古代にあっては「ローマの湖《うみ》」であった。それが突如としてヨーロッパを孤立させる障壁となった。地中海はイスラム教徒の海になり、ヨーロッパはそこから閉め出され、陸地に封じこめられた。カール・マルテルの率いるキリスト教軍が七三二年のツール・ポアチエの戦いでイスラム教軍を破り、両者はピレネー山脈をはさんで対峙することになったのである。その結果、海から切りはなされた農耕中心の封建社会が生まれ、キリスト教世界としてイスラム世界とは一線を画した文化的統一体としてのヨーロッパが誕生したのである。

シャルルマーニュ（カール大帝）のフランク王国は、九世紀から十一世紀まで封鎖状態におかれた内陸国家であったから、必然的に土地が唯一の富の源泉となる新しい経済秩序すなわち封建制を生み出さざるをえなかったのである。

ピレンヌの論文は、イスラムなくしてフランク王国は、マホメット（五七一頃―六三二）がいなければ、ヨーロッパの父シャルルマーニュ（カール大帝、七四二―八一四）は考えられない、という一文に要約されて結ばれている。イスラム教圏とキリスト教圏とはダイナミックな一つの文明空間としてとらえるべきだということである。

3　近世ヨーロッパの成立

地中海の回復運動

ヨーロッパが地中海から切り離されることによって中世という時代を迎えたとすれば、ヨーロッパの新時代は地中海の回復によって生まれるであろう。実際、地中海の回復がヨーロッパに近世という新しい時代を生んだのである。もちろん、そのことにいち早く気づいていたのはピレンヌである。ヨーロッパの新しい時代の胎動が、地中海の回復運動として始まったことを、ピレンヌは「商業の復活」

と言った。フランドル低地諸邦とイタリア北部のヴェネチアを中心とする諸都市とを二大基地として交易路が成立し、ヨーロッパは再び地中海に乗り出した。その帰結は何か。

中世から近世への転換期に関心をもったフランスの歴史家ブローデルは、傑作『フェリペ二世時代の地中海と地中海世界』（浜名優美訳『地中海』藤原書店）において、キリスト教の地中海とイスラム教の地中海を一つの世界として捉えた。そのクライマックスはレパントの海戦（一五七一）である。

レパントの海戦が始まったのは一五七一年十月七日。「二つの艦隊は互いに相手を探し合い、十月七日の未明、レパント湾の入り口で出し抜けに出会った。（中略）対峙するキリスト教徒とイスラム教徒、この時、どちらも驚きの色に染め上げられながら、相手の兵力を数えることができた。トルコ側は戦艦二二〇隻、キリスト教側は二〇八隻、……キリスト教国側は大勝利を収めた。難を逃れたトルコのガレー船はほんの三〇隻であった。（中略）この衝突で、トルコ側は三〇、〇〇〇人以上の死傷者と、三、〇〇〇人の捕虜を出した。ガレー船の漕ぎ手として働いていた一五、〇〇〇の徒刑囚が解放された。キリスト教側は、一〇隻のガレー船を失い、死者八、〇〇〇人、負傷者二万一、〇〇〇人を出した。この成功には人的な代価が高くつき、戦闘員の半数以上が戦闘不能の状態に陥った。戦場と化した海は、戦っている人々には、突如、人間の赤い血のように見えた。（中略）キリスト教世界の現実的な劣等感に終止符が打たれ、それに劣らず現実的なトルコの優位が終わりを告げた」。

それを古代におけるペルシア戦争、中世におけるイスラムの地中海制覇と考えあわせるとき、ヨーロッパが地中海との関係を変えながら脱皮してきたことに想到するはずである。地中海はヨーロッパが成立してくる青春時代を映す鏡である。

「インド洋世界」に進出するヨーロッパ

今世紀の最もすぐれた二人のヨーロッパ史家、ピレンヌとブローデルが期せずしてともに、イスラムの重要性を強調しているのは偶然ではない。古典古代の成立、古代から中世への転換、中世から近世への転換、そして、これに続くヨーロッパ世界における近世から近代への転換にもイスラムは深く関係している。

近世期にキリスト教諸国はこぞって東インド会社を設立し、東方貿易に従事したが、貿易の相手地域は環インド洋圏であった。その「インド洋世界」には、ヨーロッパの進出以前にイスラム教が拡まっており、十四世紀の旅行家イブン・バッツータの旅行記は、イスラム教徒の活躍がアフリカ北西部、インド、さらに中国にまで広く及んでいた姿を伝えている。東アフリカ、オスマン・トルコの中東、ムガール朝のインド、東南アジア、これらインド洋を取り囲んでいた地域はイスラム化していた。

ヨーロッパの侵入によって、インド洋貿易の担い手はイスラム商人からヨーロッパ商人にとってかわられた。しかし、それは通商ネットワークを破壊したのではなく、貿易構造はそのままであった。イスラム教徒が中東を経て西方に伝えていた物産を、キリスト教徒が喜望峰経由で直接ヨーロッパへ運んだのである。十八世紀末にいたるまでヨーロッパはイスラムの諸王朝の支配するアジア地域に対して貿易赤字であった。新大陸の金銀なかんずく銀がアジアにもちこまれたが、それはインドのムガール帝国が銀本位制をとっていたからである。しかし、イギリスが一八〇〇年頃を境に産業革命を経験して、インド洋貿易の構造が大きく変貌した。アジア物産のイギリスへの輸出が激減する一方、アジア向けイギリス製品の輸出が激増した。十九世紀初めにインド綿布がランカシャー綿布にとってかわられた。物の流れが西から東へと逆転したのである。

ムガール帝国の植民地化

中世から近世にかけて「地中海世界」がイスラム教徒の海からキリスト教徒の海に変わったとき、その仕上げはイベリア半島からのイスラム教徒の駆逐であった。同じように、近世から近代にかけて「インド洋世界」がイスラムの海からキリスト教徒の海に変わっていく過程で、インド亜大陸からのイスラム教徒の駆逐が始まった。

ムガール帝国（一五二六―一八五八）は紛れもないイスラム帝国である。そのムガール帝国をイギリスは一八五八年に直接統治下においた。一八七七年にはヴィクトリア女王（在位一八三七―一九〇一）がインド皇帝を称した。ヴィクトリア女王はイギリス国教会の首長である。イギリス国教会とは一五四三年にヘンリー八世の首長令によってイギリス国王を宗教界の最高の首長と定めたものである。イスラム教のムガール皇帝がキリスト教の首長に屈服したのだ。イギリスがヨーロッパ列強の代表であるとすれば、ムガール帝国の植民地化は、ヨーロッパというキリスト教文明とイスラム文明との数世紀にわたるダイナミックな力関係を決定的にキリスト教文明側にシフトさせた、文明史上の大事件であった。こうして、第一次大戦前の環インド洋はイギリスを中心とするキリスト教の海になった。第二次大戦後、イギリスはインド独立に際して、巧妙にもイスラム教徒を現在のパキスタンとバングラデシュに追い出したのである。

忘れてならないことがある。それは、東アジアでは、どこの国もイスラム化もキリスト教化もしなかったということである。つまり、それは東アジア世界が「キリスト教・イスラム教文明圏」とは別のダイナミズムの働いている文明空間だということである。

4　日本の位置

ヨーロッパ近代文明と日本の鎖国

ヨーロッパの歴史的転換期を、東アジアを念頭において眺めかえすと、イスラム教文化圏と対峙するキリスト教文化圏＝ヨーロッパが成立した八〜九世紀に、東アジアでは倭が滅び、中国と対峙する日本が誕生した。また、十六〜十七世紀にヨーロッパは近世に入ったが、符合するように、日本でも近世の江戸時代をむかえた。「近世」という名称と時期の符合から、ユーラシア大陸の両端での並行的な歴史的転換に気づかされる。日本とヨーロッパとは十六〜十七世紀までは交流がない。しかし、近世移行期には交流があるから、その後の並行現象は偶然ではないだろう。

ブローデルが『地中海』で関心をはらったのがフェリペ二世が生きた十六世紀であり、また『物質文明・経済・資本主義』（邦訳、みすず書房）の扱っているのも近世である。ヨーロッパ近世はブローデルの一貫した関心事であった。近世期に西ヨーロッパに資本主義、日本には鎖国というシステムが出現した。相異が際立つが、相似ているところがある。両者の比較をしながら、関係性を見ていこう。

フェリペ二世と豊臣秀吉

両社会のベクトルは正反対の方向に向かった。ヨーロッパは外向きの開放経済体系、日本は内向きの封鎖経済体系になった。このちがいは、中世と近世のはざまで両者が体験した激烈な海とのかかわりと関係がある。

海での体験において、ヨーロッパは勝者、日本は敗者となった。フェリペ二世はトルコとのレパント海戦に勝利した。それは海洋志向を強化するベクトルを強める。フェリペ二世（一五二七―九八）と同年に死去した豊臣秀吉（一五三七？―九八）は朝鮮出兵に失敗した。それは海洋志向を反転させ、内向き志向を強めるベクトルを生んだ。

その決定的な相異にもかかわらず、海とのかかわりが両者に共通した現象を生んだ。それは、両地域の人々が同じ時空を共有し、同じような経済危機に直面し、類似の解決方法を見出したことである。同じ時間とは十六世紀、同じ空間とは海洋アジア、同じ危機とは貨幣素材の流出、同じ解決方法とは人類史上最初の生産志向の経済社会の形成である。両方とも、生産革命を経験し、脱亜を達成した。これには説明がいるだろう。

脱亜の達成

ヨーロッパは商業の復活以後、日本は倭寇の出現以後、アジア海域から大量のさまざまな物産を継続的に輸入し、輸入は拡大した。その見返りに、ヨーロッパは新大陸の貴金属（それに銅）を支払った。ヨーロッパでも日本でも人々は海洋アジアからもたらされる文物に憧れていた。それゆえ、アジアの文物の輸入が長期にわたって続き、その見返りに、日本とヨーロッパから海洋アジアに貨幣素材が流出した。それは両方の社会に経済危機をもたらした。近世前半期においては、ヨーロッパでは重商主義政策がとられ、日本でも改鋳や金銀銅流出への抑制策が講じられた。しかし、それらは抜本的な解決策にはならない。

最終的な解決策はそれらの輸入品を自給生産することである。生産革命は一八〇〇年頃には軌道にのり、西ヨーロッパも日本も、アジア物産の輸入状態から基本的に脱し、自給体制を確立した。その歴史的意義は何か。海洋アジアからの経済的自立であり、それがアジアからの離脱を可能にした。いわば脱亜の達成である。ユーラシア大陸の両端で起こった生産革命によって、ヨーロッパはイスラム文明の海域圏（環インド洋に拡がるダウ船の海洋イスラム世界）から自立し、日本は中国文明の海域圏（環東シナ海・南シナ海に拡がるジャンクの海洋中国）から自立したのである。

生産志向の経済社会の出現

最後にひと言、社会変容論について述べておこう。人間は、社会生活をいとなむために物を使う。社会で使われている物の総体を物産複合とよべば、これが土台となって、その上に暮らしの立て方＝文化がつくりあげられている。文化は物産複合を下部構造とする上部構造である。物産複合は物質的・精神的生活過程を制約する。未知の文物が既存の文化・物産複合の内部に継続的にもたらされると、舶来品と土着品との間で用途が衝突し、文化摩擦をひきおこす。新しい舶来品の使用が継続的に拡大すると、既存の文化・物産複合は暮らしに適した状態から桎梏へ変わる。このとき生活革命が始まる。物産複合の基礎が変わると、文化は、徐々にせよ急激にせよ、変容するのである。

「外圧」は軍事力に限らない。経済力には軍事力にまさるともおとらない威力がある。海上の道を通って流入する文物は、日本と西ヨーロッパに巨額の赤字をもたらし、経済力という海の外圧をくわえた。外圧に対抗するレスポンスとして生産革命がおこり、国産化＝自給自足が達成され、生産志向の経済社会が出現したのである。日本は鎖国、ヨーロッパは大西洋をまたにかけたキリスト教の経済圏をつくりあげた。生産志向の経済社会は十九世紀初めには確立した。近代文明の夜明けに直面していた海域からもたらされる巨大な経済力の脅威を見落とすべきではない。

6 海洋アジアとヨーロッパ

1 環インド洋圏の三角貿易

ヨーロッパ人が海洋アジア（当時の呼び名では「東インド」）にやってきた目的の一つは、胡椒・香辛料の獲得であった。胡椒・香辛料は彼らが「東インド」についたときには、図のような三角貿易の一環として取引されていた（図4）。

ヨーロッパ人が胡椒・香辛料のほか、インド木綿・生糸・絹織物・各種染料・茶・陶磁器・宝石などと接触するきっかけは、このインド洋世界の三角貿易を通じてである。そこで、まず環インド洋圏の三角貿易について説明しておこう。

イスラム商人による三角貿易

ヨーロッパ人が喜望峰回りのインド航路を発見するまでには、三角貿易の中継は主としてイスラム

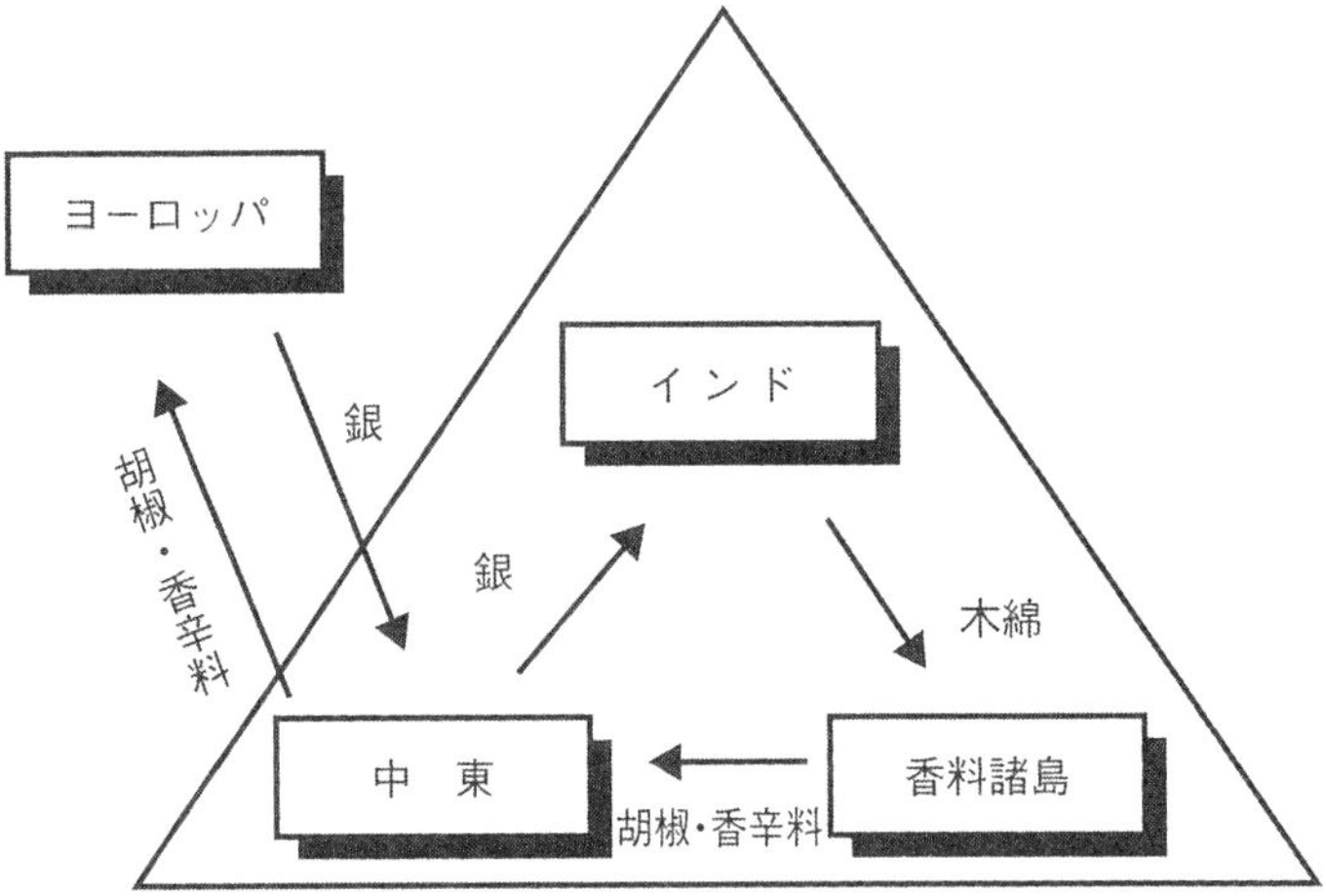

図４　インド洋世界の三角貿易

商人によって行なわれていた。アラビア人、ペルシア人もいたが、主体はインド人（特にグジャラート人）、ビルマ人、インドネシア人であった。彼らは胡椒・香辛料と引き替えに、ヨーロッパの銀を受け取り、インドに運んだ。銀はインドで木綿と交換され、つづいてインド木綿は今日のインドネシアにある香料諸島に運ばれて今度は胡椒・香辛料と交換され、最後にこれらは西方に持ち帰られて、銀と交換され、再びおなじルートで東方に運ばれていた。

中継貿易の覇権の推移

ポルトガル人はこの三角貿易の存在を知り、その中継貿易が莫大な利益を生むことを発見して、これを武力で奪いとった。一四一五年の航海王子エンリケによるジブラルタルの対岸セウタ攻略以後、イスラム教徒とキリスト教徒の争いは、地中海からインド洋に拡がっていた。二、三の重要な出来事を記せば、一五〇九年、エジプトはグジャラートと組んでポルトガルの台頭を封じようと大艦隊を派遣したが、ディウ沖の海戦でアルメイダの率いるポルトガル海軍に敗れた。翌年にはゴアが、翌々年にはマラッカがポルトガルに占領された。一五三八年にはトルコが七六隻からなる大艦隊をスエズからインド方面へ派遣したが、ポルトガルに撃退された。一五〇七年、ペルシア湾とアラビア海との結節点にあるホルムズがポルトガルに攻略され、一五四三年にホルムズの関税権が彼らの手に入ったことは、インド洋交易圏における力関係の決定的転換を画した。三角貿易の西方の拠点が中東→ヴェネチア経路からリスボン→アントワープ経路へと移り、十七世紀には中継貿易の覇権はオランダとイギリスの手に移り、拠点もアムステルダム、ロンドンへと北上した。

ヨーロッパの銀がインドへ

だが、ヨーロッパの銀、インドの木綿、香料諸島の胡椒・香辛料よりなる三角貿易の基本構造そのものは十七世紀になっても変わらなかったのである。三角貿易の構造が長期にわたり安定していた事情を各物産に即して述べれば次の通りである。金銀がインドへもたらされた背景には二つの事情があった。一つはヨーロッパの物産でインドが大量に欲したものがほかになかったことである。もう一つの事情は、インドでは金銀がルピー銀貨、パゴダ金貨の材料として用いられ、また装飾品としての用途も莫大であったことだ。

こうしてヨーロッパの金銀なかんずく銀がヨーロッパからアジアへと流れた。中世後期にあってはヴェネチアとジェノヴァ、一四九七年以後はリスボン、一六〇〇年以後はアムステルダムとロンドンがその窓口になった。

インド—香料諸島の木綿貿易ルート

インド木綿は太古よりインドの独占的物産であり、香料諸島の人々の衣料としても大量に需要されていた。イギリスの旅行家ラルフ・フィッチは一五八五年、薄地の高級木綿として有名なダッカ・モスリンがインド国内のみならず、ペグー（現在のミャンマー）、マラッカ、スマトラに送られているのを観察している。

キャンベイ、ベンガル、コロマンデルなどのインド各地産出の木綿も、それをクローブ、ニクズク、ニクズク花（ニクズクの仮種皮《かしゅひ》を乾燥させたもの）などと交換するために香料諸島に送られていた。インド産の木綿ならどこの地域産出のものでもいいというのではなく、特定地域で産出される木綿が特定地域で受け取られるというインド—香料諸島のそれぞれの地域間での貿易ルートがあった。

インドの木綿は、実際上、香辛料の生産者が直ちに応じた唯一の商品であったから、種々の香辛料を入手するために、商人はあらかじめ各種のインド木綿を用意しなければならなかったのである。十七世紀に香辛料貿易に独占的地位をきずいたオランダは、インドで何をおいても木綿を獲得する必要から商館を開設したのであるが、それはインド木綿が香料諸島の住民と交換しうる唯一の商品であったからである。

香料諸島——モルッカ、ジャワ、ボルネオ

香料諸島を構成した主な島々はモルッカ、ジャワ、ボルネオである。モルッカ諸島は主にクローブを産し、その南端のパンダ王国ではニクズクを産した。ジャワでは産出量は比較的少なかったが、クローブ、ナツメグ、胡椒のほかあらゆる種類の香辛料を産した。スマトラの主産物は胡椒であった。ボルネオのサクダナ地域では胡椒を多量に産するとともに、クローブやナツメグも産した。胡椒はインドの西海岸マラバールでも多くできたが、スマトラの胡椒のほうが大きくかつ重かったといわれている。インドの東海岸コロマンデルでも胡椒を産したが品質が悪く、値段も比較的高かったようである。インドに本拠をおいたイギリス東インド会社でさえインド産の香辛料の取引価値を認めなかった。品質・価格の両面において香料諸島の胡椒・香辛料はインド産のものにまさっていたのである。ゆえに、良質で安価な胡椒・香辛料を入手するために世界の商人はいずれも香料諸島へ出向いたのである。

ヨーロッパの安定的胡椒需要

一方、ヨーロッパでは人々の食料用、ならびに家畜の越冬に必要な飼料にこと欠いたために、秋に家畜が殺されていたが、胡椒・香辛料はその肉の保存や（もっとも、主に用いられていたのは塩である）、長期間の保存でまずくなった肉の味付けに用いられ、生活に不可欠であった。特に胡椒は価格いかんにかかわらず需要が安定していた。胡椒・香辛料の用途としてもっとも重要なのは医薬としての利用

である。一六二一年にイギリスのトマス・マンはこれらが「健康を保持し、病気を治療するためにこの上なく必要なものとして、時・所を問わず莫大な需要があった」と記している。

こうした事情によって、ヨーロッパとアジアとの間の貿易は、インドに金銀をもちはこび、それを木綿にかえて、香料諸島にいき、そこで胡椒・香辛料を手に入れて帰っていくという三角貿易の形をとり、安定的に存続したのである。

2　インド木綿

イギリスの東インド会社

では三角貿易を構成していたインド木綿はどのような経緯からヨーロッパにもちこまれることになったのであろうか。銘記しておくべきことは、ポルトガル、スペインにせよ、イギリス、オランダにせよ、海洋アジアへきた時にインド木綿の輸入という目的をもっていなかったということである。イギリス東インド会社の主目的は二つあった。一つは自国製の毛織物を売ることであった。ところが常夏の香料諸島やインドでは風土に合わないだけでなく、イギリス製毛織物よりもずっと色彩豊かで価格も格段に安い木綿をふんだんにもっていた。インドでは、象の背中に敷くなどの限られた需要でしかなかった。要するに売れなかったので、この第一目的は早々に放棄された。もう一つの目的は、胡椒・香辛料の獲得であった。これを果すには、ポルトガルと対抗しなければならなかった。イギリスとオランダの優勢は一五八八年のイスパニア・ポルトガル連合国の無敵艦隊の敗北をもって決定的になった。

イギリスとオランダの覇権争いは世界をまたにかけて行なわれ、アメリカにおいては、オランダの植民地ニューアムステルダムがイギリス支配のニューヨークに変わったごとくイギリスに有利、ヨーロッパでは互角、アジアではオランダに有利に展開した。アジアのイギリス勢力は一六二三年のアンボイナ事件によって大打撃を受け、一六八二年ついにバンタムからも追われることにより、香料諸島における足場を失った。最重要の胡椒・香辛料貿易の利権はオランダに奪われ、イギリスはインドに退いたのである。このイギリスのインドへの撤退が、思いもかけぬ木綿の西方伝播の一ページを開くことになったのである。それはイギリス東インド会社が金・銀と胡椒・香辛料との交換手段でしかなかったインド木綿を本国に持ち帰り、イギリス国内にその需要創出を計画したことに始まる。

イギリスで大人気を博したインド木綿

一六七〇年代になるとインド・香料諸島間における木綿―香辛料の中継貿易は、ベンガルのイギリス商館の主要関心事ではなくなった。政策転換までのイギリス東インド会社の輸入品はインディゴ（藍）、ドラッグ、胡椒・香辛料、硝石、生糸、宝石等が中心であった。しかし政策転換を機に木綿の輸入が大勢を占めるようになった。一六六〇年代の後半からおよそ一〇〇年間、アジアからの輸入の三分の二がインド木綿を中心とする織物（絹織物も含まれる）で占められることになったのである。

十七世紀の末までに、イギリスでインド木綿はいずれとも比べものにならない人気を獲得し、十七世紀最後の二〇年間は「インド狂時代(Indian Craze)」と呼ばれているほどである。一六九九年に書かれたパンフレットはその間の事情を次のように伝えている。

「二〇年ほど前には、洒落物の装飾としてキャリコ(これがモスリン、シェード、あるいはほかの名前で呼ばれるにしても)などというものはついぞみかけなかった。しかし昨今では、キャリコで身だしなみを整えなければ洒落た服装にならないと男でも女でもほとんどのものが思っている。男性はシャツ、ネクタイ、袖カバー、ハンカチーフに、女性は髪飾り、寝着、頭布、そで、エプロン、ガウン、下着等々に用いており、また男女両方がインディアン・ストッキングを身につけている。この流行を押さえるのは議会の法律かまたは王室の痼癖でもない限り難しいであろう」。また、あのダニエル・デフォーは「女性の衣服であれ、家の調度品であれ、これまで毛織物や絹が使われていたのであるが、そのすべてがインド品にとってかわられた」と述懐した。

インド木綿が普及した原因

インド木綿がイギリス(及び再輸出されてヨーロッパ)に急速に普及するに至った原因について、三点ばかり指摘しておこう。第一に、インド木綿の到来以来始まっていた薄地で軽やかな織物に対する指向が背景にあった。すでに十六世紀の後半には富裕な人々の間で毛皮から毛織物へというファッションの変化が現れていた。この薄地布への傾向はその後も続き、十七世紀前半にはいわゆるニュー・ドレイバリー（新毛織物）が流行した。ニュー・ドレイバリーとは「長繊維の羊毛を梳《す》いて作られた毛織物であり、生地が軽いということと、様々な色彩と模様の服地に仕立て上げられるという特徴をもつ」毛織物である。軽さと仕上げの自由さという点ではしかし新毛織物よりも綿織物のほうが格段に勝っていた。だから、インド木綿がそのファッションに便乗して急速に普及したのは不思議ではない。こんな軽い薄地のインド木綿を、当時の人々は「女性のように軽く、クモの巣のように透けてみえる」と形容したという。

第二に、イギリス東インド会社がイギリスにおける綿製品のファッションを作り出すのにさまざまな政策を講じたことをあげねばならない。王政復古後の上流階級にとりいって、上流層の綿製品への嗜好をつくりだし、ヨーロッパ人向きの模様のサンプルをインドに送ってインド人がこれを模して染めるように働きかけ、あるいはまたイギリス職人をインドに送って、インド人にヨーロッパ人の好みに応じたデザインを教えるようにもした。

第三にインド木綿それ自体の諸特性がイギリス人を魅了するのに十分であった。木綿は一般に他の織物に比べて色染めや捺染《なっせん》が容易であるが、インド木綿は洗濯がきく上に色がおちないという当時のイギリス人には信じられない特性を備えていた。インド人の染色技術は群を抜いており、色の定着・色留め具合の見事さはイギリス人のかつて知らないところだったのである。さらには、インド木綿が従来のヨーロッパの織物より安価であったことも重要である。毛織物価格の三分の一であったともいわれる。

インド木綿がもたらした衣料革命

こうしてインド木綿の流入は、それまで皮革・毛織物・ファスチアン（綿と羊毛の交織物）を中心衣料としてきたイギリス（およびヨーロッパ）の衣料体系に深甚なる影響を及ぼした。実際、薄地で華やかな彩りのインド品がヨーロッパのファッションに与えた影響は、十七世紀末から十八世紀初めの一時の熱狂的流行の域を超えて一世紀に及ぶセンセーションを創出したのであって、消費者サイドのこの熱狂は政府や既存の織物業の反対を圧倒し、在来の服飾慣習の根幹を揺さぶり、さらに海の彼方、ヨーロッパ人の植民した新大陸にあってもこのニュー・ファッションは急速に普及したのであった。それはまさに、衣料革命であった。ちなみに、同じ頃、日本でも木綿が朝鮮・中国から大量流入し「繊維革命――麻から木綿への転換」を経験しつつあった（永原慶二『戦国の動乱』小学館）。

既存の織物業の危機

インド木綿はイギリスのみならず、フランス、オランダ、イタリア、スペインのほか、ヨーロッパ全土に浸透した。そのために、各地のリネン、絹、毛織物など、ほぼすべての国において既存の織物業の倒産がかまびすしくさけばれ、毛織物業者の中で、危機を感じない者はなかったのである。これを輸入するイギリス東インド会社に対しては、非難に満ちた多数のパンフレットが刷られ、なかにはインド木綿は「一日二分の一ペンスで働き、デビルを崇拝する異端の輩によってつくられた、けばけばしい、まだら染めの、よれよれの、破れほつれた、安物」とこきおろしたものまである。事態は深刻であった。

この惨状は、それから一世紀余の後、今度はイギリスの機械製木綿がインドに逆流し、「この窮乏は、商業史上にほとんど類をみない。木綿職工の骨は、インドの野を真っ白にしている」といわれた状況を彷彿とさせるものがあろう。十七世紀末〜十八世紀初めにあっては、危機的状況を呈していたのはイギリスの側であった。

もし発展途上国の経済が一次産品輸出、工業製品輸入という貿易パターンで特徴づけられるとすれば、地金を輸出し木綿製品を輸入していた当時のイギリスはその特徴をもっていたといえる。また発展途上国は先進国からの工業製品の輸入に対し、自国産業を保護するために保護貿易政策をとるのが常道であるが、イギリスは事実そうしたのである。もっとも、文明の質の異なった当時のイギリスとインドの間に先進国—発展途上国という今日流行の図式をあてはめることに筆者は妥当性を認めない。ただイギリス人がインドに対して初めから一貫して経済的に優越していたと、往々自明のごとく想定されている考えが偏見である、という一点は強調しておきたい。

7　海洋アジアと産業革命

1　インド木綿の流入

キャリコ禁止法

インド木綿の流入に対するイギリスの対応は、イギリス議会が定めた二つのキャリコ禁止法である。すなわち、一七〇〇年に議会は「東インド貿易が継続すれば、王国の財宝を枯渇させ、鋳貨を鋳潰させ、人民の労働を削減する事によって、王国に大損害を与えるのは不可避であること、またそのために、我が国のきわめて多くの製造業が海外に職を求めざるを得なくなって」（法文の冒頭章句）いたことに鑑みて、キャリコ輸入禁止法を通過させた（モスリンと無地のキャリコは輸入禁止を免れ、綿糸の輸入もファスチアン織の原料として輸入を許された）。しかし、効果がなく、それからさらに二〇年後の一七二〇年、より厳しいキャリコ使用禁止法を通過させた。法令は、イギリスの毛・絹織物業の維持奨励を明瞭に謳い、色物のキャリコを衣服、室内装飾品、調度品に使用、着用することを禁じている（ただしこれもモスリンには適用されていない)。重要なことは両法律とも再輸出のためのキャリコの輸入を認めていることである。これらキャリコ禁止法はイギリス綿業の対内的・対外的展開に重大な影響をもった。

インド木綿模倣の試みと木綿捺染業の展開

対内的には、インド木綿を衣服、室内装飾品、調度品に用いる需要構造ができあがったさなかに使用が禁止されたのであるから、模造品の製作が促進され、それは木綿捺染《なっせん》業の展開にもっとも顕著にあらわれた。すなわちインドから輸入した無地のキャリコのほか既成のリネンやファスチアンにインド風の色捺染(プリンティング)をほどこすという外見上の模倣が試みられたのである。捺染業がまず発達したのはヨーロッパの化学知識に負うところがあり、フランス、オランダ、イギリスでほぼ同時に、またスイスやドイツでも発達し、インド木綿模倣のさまざまな試みの中で特に成功した部門であった。捺染技術は急速に進み、一七四四年ともなるとインド人の製作になる最上等品についてはモスリンに及ばずとも、インド更紗《さらさ》(チンツ)に見劣りしない出来映えのプリンティングができるようになった。それに伴い捺染工場は「プロト工場」といわれる工場制工業の先駆をなしつつ、数を急速に増やした。一七六〇年代前半でイギリスには二八以上、フランスには四二以上、スイスには三三以上、スペインには一八の工場、一七八〇年代中葉になるとイギリスに一一一、フランスでは一一五以上、スイスでは四九工場を数え、産出高もフランスだけとってみても一七八五年段階で、捺染済みキャリコは長さにして一六〇〇万メートルに達し、イギリスでは一七九二年における自国製木綿約一〇〇万反のうち六〇％強が国内の捺染工場で処理されていた。

キャリコ捺染業が急速に発展した背景として、当産業がすでにインド品の創出になる既成の市場をもっていた事実に重ねて注意を促しておきたい。莫大な需要をすでにもっていたのであるから、捺染業者の課題は、需要を新しく創出することではなく、中・下層の人々が買える価格で東洋品の水準に達することであった。捺染業の展開は、インド・キャリコの輸入代替化への第一歩であった。

環大西洋圏に木綿市場の形成

キャリコ禁止法の対外的影響は、再輸出が促進されて、環大西洋圏に木綿市場が形成されたことである。ヨーロッパ諸国の中でインド木綿輸入の最大の担い手はインドに本拠をおいたイギリス東インド会社である。これにオランダ東インド会社が続いた。その他、限られた輸入量ではあったが、フランスならびに若干時代は下がるがデンマークの両東インド会社による輸入も無視できない。ここではインド木綿の最大の輸入国イギリスからの再輸出についてみてみよう。

イギリス東インド会社の再輸出先は、ヨーロッパ、アフリカ、アメリカと大西洋を取り囲む各地域におよんだ。重要なヨーロッパ市場であったドイツに向けてはリネン輸入の見返りにかつての主役・イギリス毛織物に代わってインド木綿が輸出された。他の重要な市場としてスペインがある。スペインに再輸出されたインド木綿は、同地で需要されるばかりか、そこからスペイン植民地にも運ばれた。アフリカも重要市場であった。このように、アフリカにはインド木綿とともに、イギリス製模倣品も輸出されてはいた。ただインド木綿に比べて、イギリス模倣品の輸出量には明らかな限界があった。品質が劣ったためである。早くも一七〇六年、ケープ・コースト・キャスルの総督は「東インド産のもののみが販売可能であって、模倣品は売れない」と報告し、同趣旨の報告はその後も繰り返されている。一七二四年の総督の報告には「模倣品は現地住民が気に入るにはほど遠い。模倣品は重い」とある。軽い薄地布であることが売れるための要件であった。しかしイギリスがこのような薄地布の製作に成功するのは後述のごとく十八世紀末になってからである。アフリカ市場への模倣品の輸出は一七五一年でイギリスからの木綿輸出総額のわずか一〇%弱、それから四半世紀の間にイギリスから同地への木綿の輸出総額は三倍強の増加をみたが、そのうちに占めるイギリス製模倣品の割合はやはり一〇%前後を超えなかった。しかもイギリス製木綿のアフリカ輸出は、インド木綿の供給不足を補う形で行なわれていた。

インド木綿の優位

イギリスの木綿輸出を鳥瞰してみよう。一六九九〜一七七四年の七五年間にイギリスから輸出されたイギリス・インド両木綿の海外市場は環大西洋圏にあった。イギリスの木綿輸出に占めるインド木綿の割合は一六九九〜一七〇一年で九四%、一七二二〜二四年で九二%、一七五二〜五四年で八六%、一七七二〜七四年でもなお七六%の高さであり、しかもその間インド木綿の再輸出額は一六九九〜一七〇一年の三四万ポンド（officialvalue: 量の増減を示す公称価値）から一七七二〜七四年の七〇万ポンドへと二倍強の上昇をみた。このように、十八世紀後半におけるアメリカ市場でのイギリス品の優位をのぞけば、全体として、イギリス模倣品は海外市場においてインド木綿に太刀打ちできないでいた。密輸ならびに他の諸国なかんずくオランダのインド木綿再輸出を考え合わせれば、環大西洋市場におけるインド木綿の優位は動かしがたい。要するに、王政復古後ほぼ一世紀余り、環大西洋の木綿市場はインド木綿が制していたのである。

2　イギリス綿工業の勃興

こうして、十八世紀最後の四半世紀に台頭してくるイギリス綿工業の課題は、インド木綿に匹敵する良質・安価の木綿を製出することであった。それに成功すれば、環大西洋の木綿市場をそのまま掌中にしうることが約束されていたのである。換言すれば、イギリス綿工業は当初から、インド木綿に供給を仰いでいた環大西洋圏という既成の世界市場を与件にして、勃興してくるのである。

自生的産業革命の典型といわれるイギリス産業革命の主軸＝綿工業が、インド木綿の流入という外からのインパクトに対抗する輸入代替産業として勃興してくるものであることは、この際十分注意しておいてよい。

諸種の紡績技術の発明

一七七四年、議会は英国民が綿だけを原料とした織物を仕立てて着用してよいという法律を通過させた。この法令の発布は、諸種の紡績技術の発明と軌を一にしており、インド木綿の輸入代替の目途《めど》がつき始めたことを物語っている。ハーグリーブスのジェニー紡績機が特許されたのは一七七〇年、アークライトの水力紡績機の特許が一七六九年、そしてクロンプトンのミュール紡績機の完成したのが一七七九年のことである。こうした紡績技術の発展の結果、生産性が飛躍的に上昇し、製品価格が急速に下落し、良質（細くて丈夫な）綿糸の紡績が可能になった。実際、綿糸価格は一七八〇年代初頭にあっては一〇〇番手という細手の綿糸一ポンド（重量）あたり価格は約二ポンドであったが、一八三〇年にはわずか三シリングとなった。ミュール錘数も急激に増大し、一七八八年にはミュールの錘数は五万であったが、一八一一年、クロンプトンが議会に提出した資料によると、イングランドとスコットランドとをあわせて同年には四六〇万錘に達していた。

モスリン生産の成功

綿糸の品質向上（高番手化）はインド製品と競合する上で決定的に重要であった。十八世紀中頃にインドからもたらされた綿糸は細糸が一番多かった。ところがその頃のイギリスの紡績技術をもってしては、太糸を紡出するのさえやっとであった。それも紡ぎ手のタッチの繊細さに依存することが多かったのである。ハーグリーブスのジェニー紡績機、アークライトの水力紡績を経て、クロンプトンのミュール紡績機で綿糸の生産に成功した。一八三〇年頃ともなれば、イギリスに細糸紡績が定着した。この頃までに輸入インド綿糸に匹敵する細糸が完全にできるようになったということである。

「モスリン」とは最も薄地の木綿に対する包括的な名称であった。モスリン生産に成功することはイギリスの木綿製造業者にとって、「最高の野心」(G・アンウィン)であった。ミュールの発明で細糸が可能になる以前、モスリンはインドからの輸入に頼るか、インドから輸入された細糸を用いて織るかのどちらかであった。しかしミュールの発明で、モスリン織りの細糸の国内自給が可能となり、国産化への展望が開けたわけである。クロンプトンのミュールは当初「モスリン紡車」として知られた。ミュールについてクロンプトン自身が「それは、ヨーロッパにおける最初の製品の一つ、すなわち薄地モスリンとキャンブリックを生産し増大させる機械」であったと述べている。モスリンの模倣はいくどか試みられつつも、そのたびにインド・モスリンとの競争に敗れていた。その最初の成功は一七八〇年、ボルトンのトーマス・エインズワースによってであったといわれている。またサミュエル・オルドノウは一七八三年にはモスリン製造業者として独立し、三年とたたないうちにイギリスにおけるモスリン製造者の第一人者と認められるようになった。モスリンの生産量は一七八七年に五〇万反に達したのである。

3　大西洋世界の三角貿易

原料綿花・長繊維綿花の重要性

インド品に対抗しうる細糸・モスリンの大量生産にむけての見通しがついたさ中の一七八八年、カフーンは「イギリスがモスリン製造において将来にわたり決定的優位を確保するには、長繊維綿花以外の綿花を要せぬことは疑念の余地のないところである」と力説した。いかなる品質の綿製品が作られたのかは、一つには、もとより綿業技術によるわけだが、もう一つにはどのような種類の綿花が用いられたかということと深く関係するのである。イギリスは気候・風土の関係で綿花は栽培できず、すべて輸入に頼っていた。そこで、イギリスで用いられた綿花の種類を知るためにはその輸入先をみればよい。

十八世紀イギリスの綿花輸入先を長繊維綿花と短繊維綿花とに分ければ、十八世紀最初の一〇年間は短繊維綿花の輸入が相当あり、一七二〇年代以降は西インド諸島からの長繊維綿花の輸入が六〜八割を占めるようになった。だが十八世紀末にいたるまで、綿花の品質それ自体に、注意が払われなかった。一七七九年、クロンプトンのミュールの登場によってはじめて細糸の紡績に適合的な長繊維綿花が重要な意味をもつにいたったのである。それまでは綿糸の品質の向上よりも、増産を図ることに紡績業の課題があった。

旧大陸の短繊維綿花から新大陸の長繊維綿花へ

そこでミュールが発明され綿糸の品質向上が意識されてからの長繊維綿花の輸入動向をみてみよう。長繊維綿花を産出した合衆国からの綿花輸入は一七九〇年代の初期まで大きくはなかった。転機は一七九三年の有名なホイットニー繰綿機の発明である。これで一日一人あたり約一五二キログラムの綿をとれるようになった。もっとも、この発明がなされた年の合衆国の綿花輸出は五〇万ポンド（重量）にすぎなかった。だが翌年には一六〇万ポンドに急増し、それから六年後（一八〇〇年）にはその一〇倍強の一七七九万ポンド、一八〇五年には四〇〇〇万ポンド強に達した。最長の繊維をもつ海島綿のイギリスへの輸出もほぼ時を同じくして急増した。海島綿にはホイットニーの繰綿機は適用できなかったようである。イギリスの海島綿輸入が伸びたのは、細糸紡績にもっとも適合的な、世界で一番繊維の長くて細い海島綿の需要が高まったからである。南カロライナからの海島綿の輸出は、一七九三年には九万ポンド強であったが、翌年には一六万ポンド、一八〇一年には八三〇万ポンドに急増した。その大部分はイギリスへ輸出されたのである。合衆国綿花のイギリス向け輸出が飛躍的に伸びたのは一七九九〜一八〇二年のブーム期である。一八〇二年には、アメリカ合衆国はイギリスへの最大の綿花供給国となった。一八二〇年代後半以降、イギリスの綿花輸入の七〇%以上が、合衆国の綿花で占められることになった。

一方、短繊維綿花の輸入は凋落した。十八世紀最初の四分の三において、総輸入の三割前後を占めていたアジア産綿花は、同世紀末には重要性を失った。価格はアジア産綿花の方がアメリカ産綿花より格段に低かった。そのため一七八八年、九九年とマンチェスターは東インド会社にインド綿花の輸入を求めたのであるが、その都度インド綿花の品質がマンチェスターの紡績機にあわないことがわかり、結局、価格は高いながらもアメリカ綿花に需要が殺到したのである。

つまりイギリス綿業は、十八世紀末には原料綿花を旧大陸短繊維綿花から新大陸の長繊維綿花へと決定的に転換した。

イギリス木綿がインド木綿を凌駕

以上のような経緯を経て、十八世紀末から十九世紀初めにかけて「長繊維綿花↓細糸↓薄地布」の品質連関をもつ近代的綿体系が成立をみたのである。その帰結は何か。それはインド洋世界からの離脱であり、いわば脱亜である。十八世紀末葉〜十九世紀初頭三〇年間のイギリスの木綿輸出をみれば、九九%がヨーロッパ、アフリカ、アメリカという環大西洋地域に輸出されている。この環大西洋木綿市場においてイギリス木綿がインド木綿を凌駕していった。イギリスの輸出に占めるイギリス綿製品の割合は一七八四〜八六年には六%にすぎなかったが、一七九四〜九六年には一六%に、一八〇四〜〇六年には四二%にも上昇した。そのほぼすべてが環大西洋圏に輸出されたのであった。こうして、新大陸の原料、イギリスの紡績技術、製品市場としての環大西洋世界が結びついたのである。そのコンビネーションの中で特に際だっていたのは、イギリス木綿のアフリカへの輸出、アフリカ人奴隷の

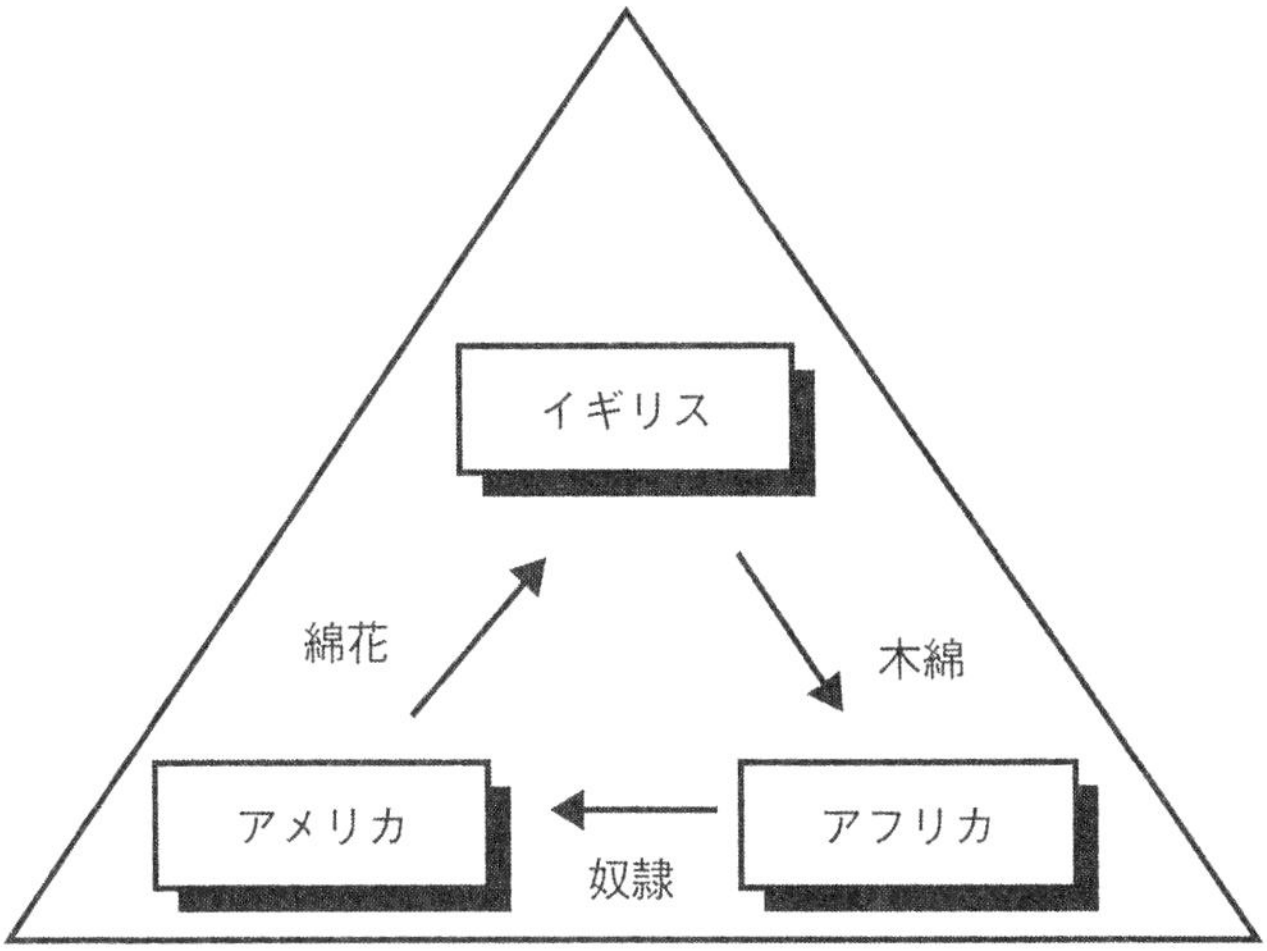

図5　大西洋世界の三角貿易

アメリカへの輸出、アメリカ綿花のイギリスへの輸出という上図にみられる三角貿易の存在である（**図5**）。

かつて「インド洋世界の三角貿易」の一環を構成していた木綿はいまやイギリス主導の「大西洋世界の三角貿易」の一環を構成する商品となった。それはイギリスにおける世界商業の生産的基礎の確立を告知すると同時に、東方の諸物産の一つにおいて初めて生産力的に優位にたった西欧の覇者イギリスが、インドに対して、現代に尾をひく「先進国―発展途上国」という新たなる関係を創り出し押しつけていく前兆ともなったのである。

8 海洋アジアと近世日本

1 宋・元・明と日本

中国は地大物博の地

中国は宋代に多くの技術革新があり、南宋期には華僑が東南アジアと交流を盛んに行ない、南シナ海ルートでインド洋交易圏の物産が流入し、「商業革命」を経験した（斯波義信『宋代江南経済史の研究』東京大学東洋文化研究所）。宋を滅ぼした元は世界最大の版図を擁したので、ユーラシア大陸全体の物産が流入し、続く明代には新大陸の新物産（トウモロコシ、サツマイモ、タバコ、チリトウガラシなど）も加わった。また、染付磁器の登場は元末以降であり、中国の陶磁器は宋代以前の白磁、青磁が中心であった時代から明代以降の染付中心にはっきりと変貌した。さらに大衆衣料も元代を境に、絹から木綿へと転換した。宋から明にいたる時代に中国は世界の物産をとりこんだ文字通り地大物博《じだいぶつはく》の地となり、明代中国社会の生活様式を構成する文物は、唐代中国のそれとは様相を一新したのである。

遣明船のもたらした文物

一方、同時代の日本では、十四世紀半ばから十五世紀にかけては前期倭寇の時代であり、一四〇四（応永十一）年から一五四七（天文十六）年にいたる約一五〇年間に遣明船（勘合船）を一七回派遣し、十六世紀後半には後期倭寇の時代となった。中世日本に中国から流入した文物は遣唐使（六三〇―八九四年の二六四年間に一九回、実際の渡航は一五回）のもたらした文物の量を優に上回った。というのも、遣唐使は公式の使節や留学生が中心であったが、遣明船は公式の場合だけでも幕府、大名、寺社が経営しており、博多・堺の商人の資力を背景にした私貿易をあわせるならば、規模という点では比較にならない大規模なものであったからである。特に、十六世紀の堺は世界有数の貿易都市として繁栄を謳歌した。公船・私船いりまじって中国から日本へ新しい文物が導入された結果、日本人の生活様式に大きな変化が生じた。

この時期に新しく日本に導入された文物は、遣唐使の時代のものとははっきり区別される。唐から日本が導入したのは律令と都城と正史であった。律令制、平城京、『日本書紀』の三点セットはいずれも唐の「政治システム」の模倣である。それに対し、中世日本に導入された主たる文物は禅、宋学、銅銭、絹、陶磁器、木綿さらに庭園の様式などが代表的である。これらは主に日常生活にかかわるものである。

ところで、一九七六年に、朝鮮半島の新安沖で膨大な荷物を積んだ沈没船が発見された。その船は、十四世紀前半に中国から朝鮮半島に沿って日本に向かう途中に難にあったものとみられている。足かけ七年がかりで引き上げられた荷物は、当時の中国からの輸入品の実態を伝えるものであるが、第一位は銅銭で数トンにおよぶ。第二位は陶磁器であり、その数は一万八千点にのぼる（東京国立博物館・中日新聞社編『新安海底引揚げ文物』中日新聞社）。そのうち特に銅銭に注目したい。銅銭は中国の朝貢貿易において、日本を含むすべての朝貢国が欲した物であった。遣唐使の時代には日本の「政治システム」にかかわる文物の導入があったのに対して、遣明船の時代には銅銭・絹・綿・陶磁器など「経済システム」にかかわる文物の導入があった、という相違を指摘できるであろう。

2　鎖国日本と西ヨーロッパ

そこで、これらの文物が近世社会に対してもっていた意義について、イギリス産業革命と比較しながら説明してみよう。

イギリス産業革命は、近世日本におこった生産革命と歴史的に類似の意義をもったとみられる。従来、イギリス産業革命は世界で最初の産業革命として自生的であるとみなされている。そして日本は明治時代にイギリスを模倣するまで封建社会だと見なされてきた。それはもっぱら国内的・陸地的視点からみた歴史像であり、海洋からみるとそれとは異なる像を結ぶ。

イギリスを中心に西ヨーロッパに興った近代文明とユーラシア大陸の旧アジア文明との関係と同様、

「鎖国」に先立つ時期に日本もアジア旧文明と海を通じて盛んに交流をしていた。鎖国日本と西ヨーロッパとは、アジア旧文明圏と海を媒介にして深い関係をもっていた。

日本人の「鎖国」意識

「鎖国」政策とは通常一六三〇年代における、海外在住日本人の帰国の禁止、日本人の海外渡航の禁止、ポルトガル人の来航禁止などの一連の措置をさし、「江戸時代は鎖国をしていた」と言われるが、それは正確ではない。「鎖国」という言葉を、したがって「鎖国」意識を、日本人は十九世紀になるまでもっていなかった。「鎖国」意識がなかったどころか、十八世紀末においても、松平定信は、日露貿易の開始を求めてきたアダム・ラクスマンに対して、日本の対外関係を、鎖国という概念によってではなく、「通信」「通商」の概念で説明している。日本の対外関係は朝鮮と琉球に対する「通信」(外交関係)と、オランダ人と中国人に対する「通商」(貿易関係)とに限られているという認識を表明しているのである。

「鎖国」は翻訳語であり、外来の概念である。「鎖国」という言葉が初めて日本社会に登場したのは一八〇一年、長崎のオランダ元通詞志筑忠雄が、ケンペル著『日本誌』の一部を和訳したのである。オランダ語原文の表題を逐語訳すれば、「今の日本人は全国を鎖して国民をして国中国外に限らず敢えて異域の人と通商せざらしむる事、実に所益なるに与れるや否やの論」というものであったが、それを縮めて『鎖国論』とした。その後、十九世紀前半の日本には次第に鎖国意識が広まった。そして、一八五六年にアメリカ使節タウンゼント・ハリスの来日に際して、日本の海防係の書簡は「御三代様(徳川家康、秀忠、家光)寛永十三(一六三六)年、南蛮船を御制禁被遊候以来……和蘭陀(オランダ)之外……御厳禁と相成り、島原之逆徒伏誅之後、天下之為に鎖国之御法を御創建被遊云々」と記しているところにみられるように、「鎖国之御法」は幕末には一般通念として普及するまでになった(ロナルド・トビ『近世日本の国家形成と外交』創文社)。

「自給自足」経済の確立

では、日本が十九世紀に、自国の特徴を「鎖国」という封鎖体系でイメージできた根拠は何であったのであろうか。それは、十九世紀日本が、十七~十八世紀の日本とは異なり、「自給自足」の経済を確立したことであった。十九世紀の日本人が、自国を自給自足経済であるとみなしていたことは、たとえば、一八五四年にアメリカ海軍提督ペリーが「交易は有無を通じ大益に相成り候事にて、方今万国交易日夜盛んに相開け、之れに依り国々富強にも相成」ると述べて通商を要求したのに対し、幕府の主席応接掛の林大学頭が、日本は自国の産物で十分足りており、外国商品がなくても不自由はしない。それゆえ交易はしないというように国法が決まっている、と答えているところに明瞭である(『横浜市史』第二巻)。日本人は自給自足を誇った。

興味深いことに中国人も、中国が自給自足であることを誇っていた。そのことは一七九三年に英国国王ジョージ三世の全権大使マカートニーが、国書を携えて、中国との貿易の拡大を要求するために、中国を訪れ、乾隆帝に謁見した際、皇帝がイギリス国王に与えた返書から知られるのであるが、中国にはあらゆる物があるので英国との貿易を必要としないというのである。

日本型中華思想

このように日本と中国は、ともに自給自足を誇り、外国貿易を退ける態度をもっていたことでは酷似していた。いったい、このような自給自足経済を支えた思想は何であったのであろうか。それは中華思想と密接に関係している。「夷」の諸国が「華」の国に物産をもたらすのであり、「華」の国の者がその物産をもって「夷」の諸国に販売に出かけていくのではない。しかも「厚往薄来の義」といわれるように、貢納品よりも回賜品のほうが多かったから、朝貢する側に利益があった。これは「自由貿易システム」の先進国イギリスが、外国に自国の製品を販売しに出かけて利潤をあげるのとはまさに正反対の態度である。日本は外国と朝貢関係をもっていたわけではないが、幕末における強烈な攘夷運動にみられるごとく、自国を華とみなし、欧米を夷とみなしていた。日本人も幕末には日本型中華思想をもっていた。鎖国体制は、日本の独創というよりも、中国の朝貢制度と表裏の関係の「海禁」の模倣であろう（荒野泰典『近世日本と東アジア』東京大学出版会）。

ミニ中華帝国の出現

しかし、十七世紀の江戸時代の初期の日本経済は、とうてい自給自足であったとはいえない。それどころか、長崎、対馬をとおして中国から大量に白糸（生糸）、絹織物、砂糖等を輸入していた。日本からは、それらを購入するために、莫大な支払いをした。十七世紀にあっては日本は貿易を不可欠の要因としており、生糸は中国からの最大の輸入品であった。しかし、十九世紀後半の開国後には、生糸はもはや輸入品ではなく、むしろ最大の輸出品になった。

つまり、日本が幕末の開国前に、中国と似た自給自足の「鎖国」になるには、かつての輸入品を自国で賄う輸入代替という過程がある。それは、日本が経済的に中国から自立していく過程である。自立は、近世中期以降、徐々に中国品の輸入代替化、国産化によって成功した。鎖国は中国文明から経済的に自立した自給自足体制である。それは地大物博の中国文明の模倣の完成であり、いわばミニ中華帝国の出現である。輸入品をことごとく国産化することによって、自給自足したのであるから、「鎖国」は中国からの輸入代替の完成を意味する。これはすぐれて経済的過程であった。

生活革命と自力生産

いいかえると、ヨーロッパに匹敵する生活革命、物産複合の革命は日本でも生じたのである。加えて、それはヨーロッパと同時期に生じていた。西洋史における大航海時代に、日本人も海洋アジアと交易をしていた。日本人は海洋アジアを天竺あるいは南蛮とよんだ。

今日でいう南シナ海からインド洋にいたる地域である。この地域との交易をとおして日本にもアジアの文物が（ならびにサツマイモ、タバコのような新大陸の物産も）流入した。その中に、木綿、砂糖、陶磁器が含まれており、ヨーロッパにおけると同様に日本も輸入品の大衆需要の形成をとおして「生活革命」をとげたのである。内藤湖南が「応仁の乱以前の事は外国の歴史と同じくらいにしか感ぜられませぬ」（『日本文化史研究』講談社学術文庫）と特徴づけたように、日本における中世から近世への移行期は、社会の物産複合の巨大な転換期でもあった。

似ていたのはそれだけではない。日本もまた、輸入品を購入するために、量的にはヨーロッパにまさるともおとらぬ貨幣素材（銅を含む）をアジアへ輸出していた。それが十八世紀末から十九世紀にかけて、日本からの貨幣素材の流出は実質的になくなった。この間に、日本はあきらかにアジアの新物産の原料とその加工技術を国内に移植し、近世後期にはそれらをことごとく国内で自力生産したのである。

「産業革命」と「勤勉革命」

これに関連して、速水融氏は、日本は江戸時代に「勤勉革命」を経験したという、興味深い仮説を提示している。英語では産業革命が industrial revolution であるのに対し、勤勉革命は industrious revolution であるが、日本語ではそのニュアンスは伝わってこない。ここで「勤勉」という言葉を使ったからといって、倫理について論じているのではない。これは純粋に生産要素の組み合わせについての話である。すなわち、資本・労働・土地という生産要素をどう組み合わせるかという問題である。仮説のポイントは、産業革命と勤勉革命とは、経済学でいう生産要素の組み合わせが異なる、ということである。生産要素は大きく三つに分けられる。第一は人間の「労働」、第二は機械や工場といった「資本」、そして第三が原料を含む「土地」である。この労働・資本・土地をどう組み合わせるかで、生産方法が異なってくる。

西洋の場合、獲得して植民した広大な土地に対して労働が稀少であった。そこでは労働の生産性をあげることこそが合理的な生産要素の組み合わせとなる。その目的にそう形で資本集約型の生産要素の新結合となった。一方、日本の場合は労働に比して土地が稀少であり、土地の生産性をあげるほうが生産要素の組み合わせとしては合理的である。すなわち、土地に大量の労働と肥料を投入するという労働集約型の生産要素の新結合を実現したのである。

近世日本とヨーロッパに共通する「脱亜」

重要なことは、この二つの新結合の方法は、どちらが上位かとか、絶対的な基準になるかということではないのである。両者は、既存の生産要素の賦存条件のもとでの合理的選択であった。なぜならば、両者はともに生産革命の結果、アジア物産の輸入から脱却したからである。そして両者ともにアジア海域から押し寄せてくる市場の圧力をはねのけて経済的に自立したのである。日本の文明の時代区分は西洋史における文明の展開との関連において把握されうる。西洋における近代文明の成立がアジア海域圏（インド洋）から脱却したように、鎖国はアジア海域圏（シナ海）から脱却したシステムである。

文化は移るという性質をもっている。文化とは「生活様式」と定義されるが、目に見えない価値のみならず、それを構成する物からも成る。なぜ新しいシステムが形成されたのか。それはヨーロッパ人と日本人がアジア海域からもたらされる文化・文明圏の生活様式を構成する物に魅せられたからにほかならない。そしてそれを自国にとりいれるには貴金属で支払わねばならなかった。その支払いが過分になれば、それを止める方法を講じざるをえない。大西洋を股にかけてそれをまかなった近代世界システムはその一つの帰結であり、国内にすべてを移植した鎖国はそのもう一つの帰結である。

ヨーロッパにおける近世と日本における近世とは、世界史的にも文明史的にも、アジア海域圏から経済的に自立して新しいシステムを形成したこと、いいかえれば「脱亜」という相似た歴史的意義をになったのである。ただし、近代世界システムと鎖国では、そこから自立したアジア文明が異なっていた。日本が主にかかわったアジア文明は環シナ海を通しての中国文明であり、ヨーロッパが主にかかわったのは環インド洋に広がるイスラム文明であった。しかし、近代世界システムと鎖国がともに旧文明圏の精華を自己のものにし、アジア文明への憧れから脱する「脱亜」の過程であったという点において共通しているのである。

9 鉄砲の時代

1 鉄砲に対する二つの態度

軍事革命に邁進したヨーロッパ人

ヨーロッパの世界制覇はいかにして可能であったのか。ヨーロッパは十六世紀に軍事革命を経験した。軍事革命は鉄砲の発達、要塞の強化、軍隊の膨張を三つの柱とする。

一五〇〇〜一八〇〇年の三百年間は、ヨーロッパ史上、近世といわれる。それは一五〇〇年前後に始まる軍事革命から、一八〇〇年前後のフランスの政治革命（フランス革命）、イギリスの経済革命（産業革命）、ドイツの文化革命（ゲーテ、ベートーヴェン、ヘーゲルなどが輩出）に至るまでの三世紀である。この期間にヨーロッパで戦争のなかったのは僅か三〇年のみ。近世ヨーロッパがいかに軍事行使・軍備拡張に熱心であったかは、たとえば、一六五〇年代のイングランドの歳出の九〇％、ルイ一四世は七五％、ピョートル大帝は八五％を軍費に当てていたことによって想像されよう。

軍備拡張の主な原因は、ハプスブルク家とフランス国王との根深い角逐であったが、それがプロテスタントとカソリックの宗教的対立と絡まり、ヨーロッパ諸国は例外なく戦争にかかわった。戦いはヨーロッパ域内からあふれ出て制海権の争いに発展した。海上戦は地中海、大西洋、カリブ海、インド洋に拡大し、ヨーロッパ諸国はその都度、他地域を有無をいわせず自国領土に組み込み、近代が幕を開ける一八〇〇年には地球の陸地の三五％を、第一次大戦までには八四％を支配下においた。ヨーロッパ近世軍事史の世界的権威ジェフリー・パーカーはその著『軍事革命』（大久保桂子訳『長篠合戦の世界史』同文舘）において「近世ヨーロッパの最大の輸出品は暴力であった」と断じているが、むべなるかな、軍事革命に邁進したヨーロッパ人に地球上の諸民族は振り回されたのである。

ヨーロッパの覇権を許さなかった東アジア世界

しかし、特筆すべき事実がある。それは近世を通して、日本・中国を両雄とする東アジア世界がヨーロッパの覇権を寄せつけなかったことだ。東アジアは、マカオや香港など点的支配こそヨーロッパ人に許したものの、領土的支配は許さなかった。なぜなのか。その謎を解き明かしえないまま、パーカーは中国と日本とは「不動の王者だ」と表現する。

とはいえ、十九世紀に中国と日本が列強の圧力に屈して開国したとき、日中両国には共通するところがあった。両国の軍事力は、欧米列強に比べて著しく劣っていたことである。この劣勢は疑いないように見える。

ところがこの点も、子細に調べてみると、意外な事実に突き当たる。

アヘン戦争（一八四〇―四二）の折、英国海軍の戦艦は二時間にわたって七四門の砲から艦砲射撃をつづけたが、「まったく効果なし」であった。広東の城壁は三二ポンド砲にも耐えられるように作られていた。一八六〇年に北京の攻略に加わった英国軍は市壁が難攻不落であることを思い知らされ、ノリス将軍は「北京の壁の厚みは、壁の高さと変わらないほど厚い」と舌を巻いた。

それはそうであろう。そもそも鉄砲を発明したのは中国である。元寇のとき、中国人が鉄砲を撃ち放っていることを示す『蒙古《もうこ》襲来絵詞《しゅうらいえことば》』が残っている。以来、中国は数世紀にわたって火薬の時代を経験しており、中国各地の市壁は砲撃をはねつけるように設計されていたのである。

その鉄砲がヨーロッパに伝わって火縄銃となり、巡りめぐって日本に一五四三年に伝来した。いわゆる種子島銃である。そして十六世紀後半の日本は、世界最大の鉄砲の生産・使用国になった。戦国末期の日本はヨーロッパのどの国にもまさる軍事大国だったのである。近世初期にあっては、日本はヨーロッパと同程度ないしそれを優に凌ぐ軍事技術を誇っていた。

ところが、その後、鉄砲に対する態度は、その使用・改良・拡大に走ったヨーロッパと、その制限・縮小に向かった日本という際だった対照を見せる。一八〇〇年における日本は軍事大国ではなかった。明治時代の日本人は近代西洋列強を「富国強兵」と特徴づけたが、鉄砲は「強兵」の物的基礎である。近世初期の中国も日本も、意思さえすれば、軍事大国になり得た。ところが、両国は、西洋と比べたときに「鉄砲放棄」と表現する以外にない軍縮の道を歩んだ。それはいったいなぜであったのか。

2 鉄砲と軍拡

日本への鉄砲伝来

日本人と鉄砲との出会いはヨーロッパ人との出会いでもあった。教科書には、天文十二(一五四三)年に種子島に漂着した船に乗っていたポルトガル人が鉄砲を伝えたとある。もっとも、この記述が疑う余地のない事実かというと、そういうわけではない。学界では今日でも激しい論争がある。

鉄砲伝来に関する日本側の史料は薩摩の南浦文之《なんぽぶんし》和尚の書いた『鉄炮記』である。『鉄炮記』は、そこに鉄砲伝来から「六十有余年」と記されてあるように後代の作であるから、当然、その内容をめぐって多くの議論がある。多くの論争点を踏まえ、バランスのとれた記述をしている書物を一冊だけあげておくと、洞富雄氏の『鉄砲伝来とその影響——種子島銃　増補版』(校倉書房)が網羅的で包括的である。

さて、鉄砲伝来の状況について『鉄炮記』を現代語訳すれば大略つぎのようである。

「天文十二(一五四三)年八月二十五日、種子島の西村の浦に大きな外国船が来着した。この船の国籍は分からない。その中に漢字を理解できるものがおり、名を五峯《ごほう》といい、五峯と筆談ができた。外国商人が乗船しており、一人をムラシュクシャ、もう一人をキリシタダモウタといった。彼らは鉄砲と称する驚くべき火器を持っており、領主の時尭《ときたか》はこれを高価をいとわず購入した。時尭は家臣に命じて外国人から火薬調合の方法を学ばせた。この時、紀州根来《ねごろ》寺の杉坊《すぎのぼう》が来島して鉄砲を求めた。時尭は鉄砲一挺を譲り、使用法を教えた。だが銃尾がネジのついた鉄栓でふさがれており、ネジの製法を当時の日本人は知らなかったので、翌年再び来航した外国人から八板金兵衛がその製法を学び、ようやく鉄砲の模造に成功した。こうして、伝来からほぼ一年後に数十挺の鉄砲を製造することができた。その後、堺の商人橘屋又三郎が、種子島に一、二年留まって、その製造法を習得して帰り、人々は彼のことを鉄砲又とよんだ。これ以後、畿内・関西ばかりか、関東にまで鉄砲の使用が広まった」と説明し、「南蛮人の鉄砲、時尭これを求めてこれを学び、五畿七道にあまねからしむ」と時尭の功績を称えて結んでいる。

種子島に漂着した船は王直《おうちょく》を船主とするジャンク船であり、文中にある「五峯」とは肥前の五島を根拠地に倭寇の頭目として活躍した中国は安徽省出身の海賊王直の号であったことも分かっている。ただ、伝来した鉄砲がヨーロッパ製かそれとも東南アジア（マラッカ）製か、決着がついていない。また、鉄砲を伝えたのがポルトガル人なのか、中国人なのか、はたまた倭寇自身なのかについても論争がある。伝来の年を天文十一（一五四二）年とする説もある。鉄砲は、その発火装置から火縄銃とも、あるいは種子島が発祥地となったので種子島銃ともよばれた。製造地としては、文中に名のあがっている根来寺、堺のほか、近江の国友《くにとも》が有数の鉄砲製造地となって発展した。なお、鉄砲に不可欠な火薬の主な素材は硝石・硫黄・木炭であるが、五峯こと王直は硝石を中国・シャム（タイ）から日本にもたらして巨利をむさぼった。

戦国の世、急速に広まった鉄砲

鉄砲使用の記録の初見は伝来から六年後の一五四九年、薩摩の島津軍と大隅の肝付《きもつき》軍の銃撃戦である。鉄砲の製造と使用は戦国の世に急速に広まった。一五七〇〜七二年に織田信長と戦った石山本願寺の軍は何と八千挺の銃を撃ったという。一五七五年の長篠合戦で織田・徳川軍の三千人の鉄砲隊が一千挺ずつ三隊に分かれて一斉射撃をおこなって、武田方の騎馬隊を殲滅《せんめつ》したが、それをテーマにした黒沢明監督の映画『影武者』によって、世界中に知られることになった。また秀吉の文禄の役では釜山に上陸した日本軍の快進撃は「無人の境を行くがごとく」急速に朝鮮半島を制圧した。それは朝鮮軍が種子島銃の前に無力であったからである。戦国時代の日本は海外に名の知られた軍事強国であった。

ところが江戸時代にその技術の発達が止まる。幕末に外国勢力が近海に出没するようになって各藩は慌てて火器改良に乗り出したが間に合わず、結局、開国後は外国人から武器弾薬の購入に狂奔し、幕末・維新期に小銃だけで十万挺を輸入した。日本は軍拡→軍縮→軍拡への劇的な変化を経験した。なぜ、江戸初期に軍縮が起こったのであろう。

3 軍縮

鉄砲の大量生産で、軍事大国日本

日本史の教科書には、鉄砲伝来と、鉄砲隊が決定的威力を発揮した長篠合戦については必ず書かれており、若干詳しい参考書だと、鉄砲が急速に普及するにともなって、山城《やまじろ》が姿を消して平城《ひらじろ》になり、堀を大きく、石垣を高く、塀の壁を厚くし、城塁の曲折を増やし、天守閣は展望所、指令所、兵器糧食等の貯蔵所、一国一城の精神的統一の中核にするとともに発砲の便をもっていたこと、また、戦争の規模が大きくなって歩兵戦術が重視され、軍人を分離して軍人集団をすまわせる兵農分離が行なわれたことなどもあわせて書かれ、いかに日本の社会が鉄砲本位に再編成されたかが説明されている。十六世紀後半の日本は、鉄砲の大量生産に成功し、ヨーロッパのどの国にもまさるとも劣らない軍事大国となり、近隣に出没したヨーロッパ諸国も一目を置いていた。

鉄砲を捨てた日本人

しかし、日本人は、何を思ったか、それほど社会に影響力をもった鉄砲を捨てて、刀剣の世界に戻ってしまった！　では、「鉄砲の伝来」ではなく「鉄砲の放棄」に注目した歴史家は日本にいただろうか。教科書にその事実と意義を記しているものは、管見のかぎり、ない。注目したのは外国人である。

「日本はその昔、歴史にのこる未曾有のことをやってのけた。ほぼ四百年ほど前に日本は、火器に対する探求と開発を中途でやめ、徳川時代という世界の他の主導国がかつて経験したことのない長期にわたる平和な時代を築きあげた。わたしの知るかぎり、その経緯はテクノロジーの歴史において特異な位置を占めている。人類はいま核兵器をコントロールしようと努力している。日本の示した歴史的実験は、これを励みとして全世界が見習うべき模範たるものである」と書いたのは、アメリカ人のノエル・ペリンである。

ペリンは青年時代に朝鮮戦争に従軍した。米軍（国連軍）が中国国境まで進撃したように、その数世紀前に日本軍が当時の最先端の武器＝火器を使用して中国国境にまで進軍していた事実を知った。それは「二本差しのサムライ」というアメリカ人のもつ固定観念を打ち砕き、なぜサムライが鉄砲を使わなくなったのか、という疑念を生んだ。それからほぼ三〇年後に彼がまとめあげたのが『鉄砲を捨てた日本人――日本史に学ぶ軍縮』（川勝平太訳、中公文庫）である。原著は発行当初より多大の反響を呼んだ。ところが、日本の鉄砲史の専門家の反応は冷たく、若干の事実誤認を指摘してにべもなく切って捨てるという態度に出た。教科書の記述は相変わらず旧来のままである。

日本が刀剣の世界にたち戻った理由は？

世界史における武器の発達の二大画期は、鉄砲の発明と核兵器の発明であろう。新式武器が旧式のものにとってかわる。これは武器の歴史の鉄則のようにみえる。十六世紀後半の日本は、非西欧圏にあっては唯一、鉄砲の大量生産に成功した国である。それにとどまらず、同時代の日本は、ヨーロッパのいかなる国にもまさる世界最大の鉄砲使用国になっていた。ときあたかも戦国時代であり、日本中が戦争に明け暮れするなかで、鉄砲を前にすれば刀剣が無力であることは証明ずみであった。にもかかわらず、日本人は鉄砲を捨てて刀剣の世界に舞い戻った。武器の歴史において起こるべからざることが日本で起こったのである。この事実の重要性はいくら強調しても足りない。

ペリンは近世日本が新式の鉄砲を発達させるハードウェア・ソフトウェアを備えていたにもかかわらず、そうせずに旧式の刀剣の世界に逆戻りした理由として、鉄砲の使用によって失われた倫理の再確立をはかったこと、外国人が日本人は強くて攻略は無理だという日本観をいだいていたこと、鉄砲・キリスト教・商業を三位一体とする西洋人にたいする軽蔑心があったこと、刀剣にたいする審美観が強かったこと等を挙げている。いずれにも一理ある。だが、隔靴掻痒の感を拭えない。

軍備は国家の存立にかかわるから、倫理観や審美観だけで、その理由を説明するには無理があるのではないか。すべての国家は物的強制力すなわち暴力装置を備えている。だが、暴力＝軍事力を国家が管理する統治哲学はひとつではないであろう。日本の軍縮の論理を日本がもっとも深くかかわりをもった隣国である中国に目配りしながら、ヨーロッパ諸国の軍拡の統治哲学と比較することが重要であろう。

10　二つの世界秩序

1　軍拡の論理

覇権主義＝パワー・ポリティックスの道

われわれは世界をどういう観点からみるか。現実は世界観を生むとともに、世界観は現実をつくりだす。近世初期のヨーロッパに「戦争と平和」の世界観が出現した。その結果、ヨーロッパ諸国は「戦争」を世界観の柱にして勢力均衡を求める覇権主義＝パワー・ポリティックスの道を歩みはじめた。時を同じくして、日本では「華と夷」（現代語に言いかえると「文明と野蛮」）の世界観が出現し、日本人は「華（文明）」を世界観の柱にして徳治主義＝モラル・ポリティックスを政道の根本とした。戦争を柱とする世界観のもとでヨーロッパ社会には絶えざる戦争という現実が生まれ、華（文明）を柱とする世界観のもとで近世日本は天下泰平を謳歌した。この違いについて少し立ち入って説明しよう。

現代の国際社会を律する国際法は中世には存在していない。大航海時代になっても国際法はまだ生まれていない。当時のヨーロッパでは商業・海賊・戦争は三位一体であった。商業を目的、軍事を手段とするヨーロッパ勢力が東インド（アジア）に進出してくるまで、インド洋をゆきかう船は武装しておらず、平和裡に交易が行なわれていたといわれる。ヨーロッパ人は武装しており、海上戦争は日常茶飯事であった。

「国際法の父」グロチウス

戦争という現実、なかんずくヨーロッパ全域を巻き込んだ三十年戦争（一六一八―四八）のさなかの一六二五年、オランダ人グロチウスは『戦争と平和の法』（一又正雄訳、酒井書店）を著した。この書によりグロチウスは教科書に「国際法の父」として不朽の名声を残した。いったいグロチウスはそこで何を述べたのか。ほかでもない、軍事力の行使を国家主権の一つだとする統治哲学を開陳した。一言でいえば、戦争を正当化したのである。

グロチウスは、三十年戦争という現実を前に、なぜキリスト教徒同士が殺し合うのかと深く苦悩し、戦争を規制する原理を構築せんとした。学界ではグロチウスの論じた規制内容が研究の主流になっているが（大沼保昭編『戦争と平和の法』東信堂）、そもそもグロチウスが戦争を頭から前提にしていたことを見失うべきではない。戦争を前提にした上で、グロチウスは諸戦争のなかには合法的戦争すなわち「公戦」（ないし「正戦」）があると主張し、国家が防衛のために行なう「公戦」は正当だと述べた。国際関係を「戦争」という観点からみる世界観を前提にしているのである。

『戦争と平和の法』

若干、付言しよう。グロチウスは序言で執筆目的を大略こう述べている――「戦争を行ふについて、且つまた戦争に関して有効なる共通法が存在するといふ、予が既に行った考察を確かめんとするところに、予が本書を著わさんとする多くの而して重要なる理由が存する」と。文中にある「戦争に関して有効なる共通法」が後に国際法に発展する。国際法は戦争と抱きあわせで誕生したのである。つづく第一章は「戦争とは何か、法とは何か」と題され、「本書に『戦争の法について』なる表題を附したわけは、（前にも述べたように）まず第一に、何等か正しき戦争があるか、また戦争においていかなることが正しいか、といふことを究明するにある」と再度、戦争の正当性をさぐるという執筆動機を明言し、第二章では「戦争を行なうことは、いかなる場合に正しきか」を、第三章では「公戦と私戦の区別」をテーマに国家主権について筆を進め、「公戦」とは「法権を有するものの権威によって行はれる」とした。すなわち交戦権をもって国家主権と認めたのである。この法理論は三十年戦争の終結をもたらした一六四八年のウェストファリア条約において現実に適用された。ここに国際法が誕生したのである。

『戦争と平和の法』の出現以来、ヨーロッパ人は戦争を世界観の柱として国際関係を律することになった。防衛の名のもとに交戦権が行使され、戦争の回数は一四八〇年から一九四〇年までに二七八回を数えた。平和は単に戦争のない状態とされ、暴力装置をもった主権国家間の勢力均衡を「戦争の法理論」で規制しつつ、ヨーロッパ各国は軍事力を主権の構成要素とし強兵をめざした。それは徹頭徹尾、覇権の論理である。

関ヶ原合戦に勝った徳川家康が征夷大将軍になったのは一六〇三年である。このとき、世界のどこをさがしても「国際法」なるものはまだ生まれていない。だが、国家統一をなし遂げた日本政府（幕府）は隣国と関係をもたざるをえない。その対外関係を律する世界観・国際秩序が、未だ存在もしていないヨーロッパのものと異なったのは何の不思議もない。

2 軍縮の論理

戦国の世から文治主義の時代へ

ヨーロッパの世界観を特徴づける「戦争と平和」がイスラムの世界観である「戦争の家（Dar al-halb）」と「平和の家（Dar al-Islam）」に由来したのに対し、徳川日本の世界観を特徴づける「華と夷」の世界観は疑いなく中華思想に由来する。

文禄・慶長の役で連行された捕虜のなかに朱子学者姜沆がいた。姜沆は慶長二（一五九七）年から同五年の帰国まで伏見に住んだ。相国寺の禅僧藤原惺窩《せいか》は彼と深く交わり、朱子学者に転向した。惺窩の作とされる『本佐録』の序の「天下国家を治むる御心持の次第」七条は『治要七条』とよばれる。その第一条で「唐《から》の治を聞くに、太刀かたなを用ひずして、四百余州を治めて、代々子孫に伝へたる事多し。（中略）然るに（日本は）近年天下終に治まらず」と戦国時代を振り返り、これからは中国を真似て「太刀かたな」すなわち武力を用いずに天下を治める儒学が必要である旨を説き、第七条で「天下を治めるに、文武の二つ兼ねずんば、治まる事成り難し。（中略）乱れたる時世を治めるには、先ず武をもって国をたいらげ、後に文をもって万民を撫育し、自然に道を知りて、無道なきように治める事肝要なり。（中略）今の君（秀忠）天道の理を守り、我が身の欲を忘れて、天下国家のために心を尽くし、智仁勇の三徳をかねて、天下を治めたまはば、後は万歳まで、子孫長く栄ゆべし」と結ぶ。戦国の世が終わり、これからの時代は文治主義でなければならないと説いたのである。

幕府の統治哲学、朱子学（儒学）

徳川日本の軍縮は幕府が朱子学（儒学）を公認し、統治哲学としたことと無縁ではないであろう。惺窩の門下に入った林羅山は、慶長五（一六〇〇）年に徳川家康に仕え、以後四代将軍家綱まで侍講をつとめ、林家を軸に昌平坂学問所がつくられ、各藩はそれを真似て藩校を設立し、儒学の教養をつける寺子屋教育も普及した。

朱子学が最も重視する『大学』は「意誠にしてのち心正し。心正しくしてのち身修まる。身修まりてのち家斉《ととの》う、家斉いてのち国治まる。国治まりてのち天下平かなり」と説く。統治の正当性の源泉は、力ではなく、徳である。徳を積めば、身が修まり、家が斉い、国が治まり、天下は泰平になるという統治哲学である。この哲学には力による統治はなじまない。徳のある君主が明君と仰がれる。これは覇権主義とは対極の徳治主義である。統治階層である武士は、刀は武士の魂といわれるように、武器というより象徴的意味をもち、筆をもって城に詰めたのである。

徳川政権は日本を代表して対外関係を持った。繰り返すが西洋の国際法モデルはこの世に存在していなかった。だが近隣地域には林羅山の説いたのと同じ世界観を共有して国際関係を律する華夷秩序が存在していた。華夷秩序とは明中国、李氏朝鮮を律した国際関係であり、冊封《さくほう》体制と朝貢《ちょうこう》貿易を二つの柱とする。当時の日本が選択しえた国際秩序は中国に由来する華夷モデルしかなかったのである。

華夷秩序にもとづく「大君外交」

この華夷モデルにもとづいてつくりあげられたのが「大君外交」である。「日本国大君」とは徳川将軍の正式の対外的呼称であり、一六三五年に林羅山の建言で成立した。大君外交は皇帝―国王という中国中心の華夷秩序から日本中心の華夷秩序への転換をねらったものである。近世日本が日本を「華(文明)」とみなした根拠は、明が「北狄《ほくてき》」の満州族に滅ぼされ、その支配に屈したからである。いまや日本こそが中国にまさる真の「華」であると自覚された。山鹿素行の『配所残筆』(一六七五年)に「知仁勇の三は聖人の三徳なり。この三徳一つもかけては聖人の道にあらず。今この三徳を以て本朝と異朝とを、いちいちそのしるしを立て、校量せしむるに、本朝はるかにまされり。誠にまさしく中国(万国の中心の意＝著者注)というべきところ分明なり。是れ更に私に云ふにあらず、天下の公論なり」とあるのは、その一例である。幕末の排外思想である「攘夷」思想は、日本が文明の中心(華)であるという世界観に由来する。華夷秩序にもとづいて日本は朝鮮・琉球・オランダ・唐人・アイヌ民族と関係をもった。

十七世紀前半、ヨーロッパにグロチウスが戦争を世界観の柱にして国際法を構想したとき、日本では惺窩・羅山が朱子学をもとに徳治を説き、それを統治の根幹に据えたのである。「文明(華)」を柱にした日本の世界観と、「戦争」を柱にしたヨーロッパの世界観とは、ユーラシア大陸の両端でほぼ同時に生まれ、前者は徳治にもとづく軍縮の道、後者は覇権にもとづく軍拡の道を歩んだ。

3 鉄砲が動かした世界秩序――総括

ユーラシア大陸の両端のヨーロッパと日本において鉄砲が普及した後、相異なる世界観にもとづく世界秩序がほぼ同時期に成立した。日本は「華と夷(文明と野蛮)」という観点から世界を見て、徳治による軍縮の道を、ヨーロッパは「戦争と平和」という観点から世界を見て、覇権をめざして軍拡の一途をたどった。

覇権主義に転じた日本

数世紀後に両者が出会ったとき、日本の軍事力が見劣りしたのは、その帰結である。まず、隣国中国がアヘン戦争、アロー号事件で敗退し、西洋の軍事的優越を認めて洋務運動をおこした。洋務運動とは「夷を制するには、夷の長技を師とすべし、武備を増強すべし」という考えのもとに、軍備の充実を図ろうとした政策である。

一方、日本は欧米に岩倉使節を派遣し、その見聞を久米邦武が『米欧回覧実記』(岩波文庫)にまとめた。同書で「支那日本の人民は、原来農耕自活の風儀にて修身を政治の主義とし」と、中国・日本の徳治主義の国柄について述べつつも、西洋の武力を前に軍事力を強化せざるをえず、それを正当化する論理をこう述べる――「文明国の兵を講すると、野蛮の民が武を好むとは、其事は相似て、其主意は相反するなり。けだし野蛮の武を好むは、自国相闘ふにあり、文明国の兵を講するは、外寇を防御するにあり。列国相持し、大小形を異にし、強弱互いに相制する日に当たり、国を防護するの兵は、常に廃すること能はず。是文明国の常備兵ある所なり」と。

すなわち、戦争を好むのは「野蛮」だという徳治主義の世界観を披露しながら、防衛力保持は文明国の条件だとする覇権主義へ転換したのである。一八七三年に全国の壮丁を募る徴兵制を定め、一八八〇年には村田式銃が創製されて輸入銃にとって代わった。覇権主義に転じた日本は日清戦争に勝利し、列強に伍して支配圏を拡大した。

日本国憲法と『戦争と平和の法』

ヨーロッパ起源の「戦争と平和」という世界観にたつ国際法の拡大に、日本も明治維新以後貢献してきた。グロチウスが一六二五年に書いた『戦争と平和の法』と、一九四六年公布の日本国憲法とは、表現に違いはあるが、戦争とその規制という観点から世界をみる点では同じである。日本国憲法は「恒久の平和を念願」し「戦争の放棄」をうたっているが、そこには「戦争と平和」の世界観がもろに出ている。第九条の「国権の発動たる戦争と、武力による威嚇又は武力の行使は、国際紛争を解決する手段としては、永久にこれを放棄する」という文言は、前年（一九四五）に成立した国連憲章第二条の「すべての加盟国は、その国際関係において、武力による威嚇又は武力の行使を、いかなる国の領土保全又は政治的独立に対するものも、また、国際連合の目的と両立しない他のいかなる方法によるものも慎まなければならない」というのと同趣旨だ。それは大西洋憲章（一九四一年）の「世界のすべての国民が、実際的および精神的のいずれの見地からみても、武力の使用の放棄に到達しなければならない」というのと通底し、さかのぼれば、不戦条約（一九二八年、ケロッグ合衆国国務長官・ブリアン仏外務大臣案、六三カ国によって署名）も戦争の放棄、平和的手段による問題の解決をうたっている。さらにさかのぼれば、カントが『永久平和の為に』（一七九五年）にかかげた「常備軍は時を追うて全廃さるべき」「いかなる国家も暴力をもって他国の体制及び統治に干渉してはならない」という条項にゆきつく。

国際法を遵守しない国は野蛮か

戦争を柱とする世界観は、グロチウス以来なしくずし的に広がってきたので、世界をみる思想の前提となり、その歴史的性格を見抜くのが困難になっている。

国際法を遵守しないような国は野蛮である、というのは今日の常識である。だが、日本は「戦争と平和」の世界観にもとづく国際法——明治人は「万国公法」とよんだ——を受容するまでは野蛮であったのか。否、それどころか、まさに「華（文明）」意識のまっただ中にいた。江戸時代の日本は天下泰平を楽しみ、戦争とはおよそ無縁の社会であった。戦争を柱とする世界観をもっていなかった。世界を弱肉強食の修羅場とみる見方を明治日本人はヨーロッパから受容することによって、その世界観に合った現実をみずからつくった。日清戦争、日露戦争、韓国併合、第一次大戦の戦勝、日中戦争の泥沼も、先の惨憺たる敗戦も、その帰結である。たとえ、それが他に選択の余地のないコースであったにせよ、鉄砲が生み出した西洋起源の世界秩序が、その成立の由来と、軍拡・戦争の歴史に照らすと き、文明の名に値するものかどうかは疑いうる。

11　富国強兵を超えて

1　国家建設の大計

明治の指導者は日本百年の大計として富国強兵をかかげた。現代の観点からその批判を行なうのはたやすい。しかし、その国是のもとに、日本は、すでに十九世紀末にあって、ほかのアジアのほとんどの地域が植民地になるなかで、ひとり政治的独立をまもり、かつ経済発展に成功した非西洋圏で唯一の国となった。

横井小楠の富国強兵論

富国強兵の国是を立てたのは熊本の生んだ先覚者横井小楠《しょうなん》である。明治維新にさきだつこと八年、はやくも万延元（一八六〇）年に小楠は『国是三論』をあらわし、富国・強兵・士道の三論を立案した。それは小楠が顧問をつとめた越前国への建策であったが、同著の一節に「万国を該談するの器量ありて始めて日本国を治むべく、日本国を統摂する器量ありて始めて一国を治むべく、一国を管轄する器量ありて一職を治むべきは道理」とあり、小楠の眼は一国レベルをこえて万邦をにらんでいた。まさに世界をまたにかけた近代日本建設の青写真であった。

小楠の富国強兵論はいま読んでも迫力があり説得力をもっている。アヘン戦争での清国の敗北はもとより、当時の日本をとりまく列強の趨勢がしっかりと把握されているからである。富国論は殖産興業の必要を論じ、強兵論はイギリス事情を詳論し「イギリスは富強を事とし、インド物産の富、万国に冠絶するをもって、世界中の宝蔵と称するに、イギリスひとりその利をほしいままに」しており「日本と英国とは国勢相似たれば、強兵を務むるも英に則り」と指摘し、イギリスに匹敵する日本海軍の必要性を力説した。その数年後に薩摩が薩英戦争、長州が馬関戦争でイギリス海軍等にあえなく屈服したことに照らせば、小楠の慧眼はさすがである。その後、薩摩の大久保利通は、岩倉を団長とする使節団の一員として明治四～六年の欧米視察において富国強兵の実態をじかに視察し、帰国後「富国強兵」をもって国是とした。横井も大久保も旧勢力によって暗殺された。

軍事立国は今日、時代錯誤

富国強兵は十七世紀のヨーロッパに生まれた国家建設の原理である。それを国是とした近代日本は先の大戦で大敗北を喫し、軍事立国の道を放棄した。だが、日本のみならず、軍事立国は今日の国際社会のなかでは時代錯誤である。ポール・ケネディが『大国の興亡』で過去五百年をふりかえりながらあきらかにしたとおり、近代ヨーロッパ各国は軍事強国をめざした。軍事力を強大にするには経済力がなければならない。富国強兵は一体であり、それを実現した国が近代の大国となった。ヨーロッパ各国が富国強兵にあけくれた結果、彼らが一八〇〇年には世界の全陸地の三分の一、第一次大戦前には五分の四を支配するように世界中がすさまじい影響をうけ、日本も明治維新でそれにくみして東アジアに支配権をのばして大国化をめざした。

現代のその典型は、いうまでもなくアメリカ合衆国である。だが、ついに富国と強兵が両立しなくなった。戦後の二大超大国であったアメリカとソ連は覇権を維持する軍事支出がかさんで、ソ連は崩壊し、アメリカは世界最大の債務国に転落した。大国のみならず、小国の軍事国家のイラクは湾岸戦争で国際社会からツマはじきにされ、北朝鮮（朝鮮民主主義人民共和国）は大衆の飢餓状況が報じられている。中国は富国強兵をめざしているが、いずれ軍事支出と経済成長の矛盾に直面するにちがいない。要するに、ケネディのいう大国の興亡の原理＝富国強兵は、現在までの大国の興亡には妥当するが、将来には適用できない。すなわち、日本がアメリカに代わる富国強兵の大国をめざす時代ではない。

将来、軍事力は国内的にも国際的にも警察機能にちかいものとなり、国際紛争を処理する警察力はアメリカ一国が独占するのではなく、国連のような国際機関をとおして共同でになう時代になるであろうし、現にそうなりつつある。自衛隊のＰＫＯ参加もその脈絡で視野に入れるべきだろう。ただし、これまでに構築された軍事装置は巨大であり、それを脱構築していく作業は、軍備拡張におとらぬ負担と危険をともなう。ロシアが経済的に破綻すれば、核施設の管理があやうくなり、国際安全保障上の重大な危機をうむ。それはアメリカについても同様である。いずれアメリカが経済的に破綻するときのことも考えにいれておくことも必要である。目下のところは、今後の軍縮過程に、軍拡に劣らぬ経済的負担と軍事的危険がともなうことを覚悟しなければならない。

横井小楠の高い国家理念

では、富国強兵にかわる新しい大国の条件とは何か。経済力は必要である。貧困は悪の温床になりがちだからである。だがそれだけでは十分でない。日本は現在の金融不安が解消したあと、次の目標をどうするのか。現在の経済力を基礎に新しいタイプの大国のビジョンをもつことが必要であろう。

先覚者横井小楠の立てた国是は正確には富国強兵ではなく、富国・強兵・士道の三位一体を論じたものであった。慶応元(一八六五)年晩秋、熊本の沼山津にあった小楠は「西洋の学はただ事業上の学にて、心徳上の学にあらず。(中略)心徳の学無きがゆえに人情にわたることを知らず。交易談判も事実約束を詰めるまでにて、その詰まる処ついに戦争となる。戦争となりても事実を詰めてまた賞金和好となる。人情を知らば戦争も停むべき道あるべし。(中略)事実の学にて心徳の学なくしては、西洋列国戦争の止むべき日なし」(『沼山閑話』)と述べて、富国強兵路線の限界を喝破していた。戦争をとめるべき「心徳」をみがく道こそ「士道」である。明治政府は「士道(心徳)」を欠いたまま富国強兵に向けてつっ走った。敗戦はそのツケであろう。小楠が明治二(一八六九)年に凶刃にたおれて百三十年、軍縮をにらんだ小楠の国家理念「士道(心徳)」がみなおされ、「士道」の表現を「有徳」にかえてかかげられたのが小渕内閣（一九九八―二〇〇〇）が改めて国是とした「富国有徳」である。

小楠の見識がどのようにしてつちかわれたのか、一言しておこう。「人は天中の一小天」の自覚のもとに小楠は「山川・草木・鳥獣・貨物に至るまで格物の用を尽くして、地を開き野を経し、厚生利用至らざることなし」（『沼山閑話』）と論じており、宇内の事物を学習し、社会のために役だてるという「格物」の態度が小楠の大構想のもとにあった。だが私見では、ほんとうの秘密は「ちょっと村を出ると、うしろは十里の平野をへだてて、はるかに阿蘇の煙を東北にながめ、水が浅くて藻の多い沼山津川が前をながれ、……峰々が屛風を立てたように前にならんで、はるか西には肥前の温（雲）仙が岳もうっすり見える、まことにひろびろとした景色」と徳富蘆花が活写した日本一とも称えられるべき風土への愛情にあったとみられる。通称は平四郎ながら、みずからの号を「小楠」「沼山」としたのが郷土熊本への誇りとふかい愛情を物語っている。小楠の高い国家理念は、美しい郷土へのふかい愛情と不可分のものではあるまい。

憧れをあつめる暮らしのたてかた

そこで、自問してみよう。何のための経済力か？　経済力は自己の暮らしの基礎である文化の成熟のためにあると思うが、いかがか。文化とは日本では学問・芸術・芸能等をさすことが多い。だが、それは狭義の文化理解であり、グローバル・スタンダードではない。文化とは民族のアイデンティティであり、ひらたくいえば暮らしの立てかたである。

文化を共有する人間集団を民族といい、その数は世界に三千ほどもある。異文化間には対立がはらまれており、民族紛争の例は枚挙にいとまがない。だが、文化の相互理解のための交流もグローバル・スケールですさまじい勢いで進んでいる。世界人口七〇億のうち一割以上の十億もの人間が毎年、国外に出る時代になっている。日本人も七人に一人が毎年海外に旅をする時代である。ところが、日本には海外からあまり客が来ない。世界観光ランキングでは三〇位以下である。

人・物・情報が大交流する時代には、憧れをあつめる暮らしの立てかた（文化）をもつことが得策であろう。文化に磨きがかかると、それは憧れられるものとなり、その求心力によって中心性をもち、他に模倣されることによって普及し、普遍性を獲得する。文明とは、中心性をもち他に模倣されて普及していく文化である。憧れられる文化、すなわち文明になることがグローバル交流時代における大国の新しい条件ではないか。各国から憧れられ仰ぎみられる文明、それは富士山のごとき存在であろう。富士を英訳すれば rich and civilized である。

「豊かにかつ廉直に生きること」、それこそが現代日本に求められるすがたであり、富国強兵になぞっていえば「富国有徳」になる。日本という国を富士のように立派なすがたにする。富士の名を体した富国有徳は従来の富国強兵にくらべて、新しい日本の歴史のページを開き、かつ文化大交流の時代の国家理念として、遜色ないものである。

2　『二十一世紀の国土のグランドデザイン』

「美しい庭園の島（ガーデン・アイランズ）」日本の創造

富国有徳の理想郷日本の実現に向けた戦略が動きだしている。一九九八年三月に戦後五度目の全国総合開発計画が橋本内閣のもとで策定された。五全総は『二十一世紀の国土のグランドデザイン』（以下『グランドデザイン』）という表題をもち、「美しい国土の創造」という副題を掲げている。その基本目標を「歴史と風土の特性に根ざした新しい文化と生活様式をもつ人々［日本人］が住む美しい国土、庭園の島ともいうべき世界に誇りうる日本列島を現出させ、地球時代に生きる我が国のアイデンティティを確立する」と述べている。『グランドデザイン』の核心は「美しい庭園の島（ガーデン・アイランズ）」日本の創造である。

過去の四度の全国総合開発計画に「美しい」という価値観がはいったことはない。『グランドデザイン』には「環境」「景観」という言葉が三百以上も書きこまれている。「美しい自然環境」「美しい生活景観」を創造しようという姿勢を、はっきりとうち出しているのである。わたしたちは日常生活で無意識的に無数の価値判断をくだしており、いかに価値中立的になろうとしてもなれない。そうであれば、日本人がどのような価値を大切にしているのかを『グランドデザイン』があえて明確にしたのは一つの見識であろう。

価値の基準には、大きく分けて真・善・美の三つがある。世界には唯一神の真理や善をかかげる原理主義の文化をもつ国々は少なくない。原理主義的なイスラム圏やキリスト教圏の諸民族と比べ、日本人は多神教的な宗教観をもち、「善人なをもて往生をとぐ、いわんや悪人をや」（『歎異抄』）という相対的な善悪観をもっている。一方、散る桜にあわれを感じ、和歌に情感を託して情操を養うなど、古くから独特の審美観をつちかってきた。もとより、何を美しいと感じるかは個人の主観である。『グランドデザイン』に美の定義はない。ただ、国土審議会において、自然環境や生活景観を大切にしようという共通目標がたてられたとき、おのずから「美しい国づくり」という概念が立ちのぼって確固としたものとなった。何をもって美しいとするかは、実際に国づくりを担う個人や地域社会の主体性にゆだねられている。

多軸型国土の構想と多自然居住地域の創造

現代日本の代表的な景観は人工的な都市景観であり、太平洋工業ベルト地帯である。それは首都圏の西に伸びているので『グランドデザイン』では「西日本国土軸」とよばれ、それ以外に、気候・風土・文化蓄積・地理的特殊性などを考慮して、北海道・東北をあわせた「北東国土軸」、かつての表玄関「日本海国土軸」、黒潮に洗われる沖縄・九州・四国・紀伊半島をへて伊勢湾にいたる「太平洋新国土軸」という三つの異なる国土軸がたてられている。多軸型国土の構想は工業ベルト地帯とは異なる生活景観のほうが大切だという価値観をうちだしたものである。

それを実現する大戦略は、多自然居住地域の創造、大都市のリノベーション（改造）、地域連携軸の展開、広域国際交流圏の形成の四つである。すなわち、新日本のフロンティアは豊かな自然に恵まれた多自然地域であり、そこにゆとりと都市的サービスとがともに得られる居住空間を創造することが第一戦略である。多自然地域に居住する人々がふえれば、大都市の過密は解消され、都市の生活空間に緑の潤いをもたらす大改造ができる。それが第二戦略である。多自然居住地域間、また多自然地域と都市間を道路・鉄道・港湾・空路・情報などで結ぶ地域連携が第三戦略である。各地域が東京を通してではなく、直接に国際社会に開かれることが第四戦略である。この戦略順位から知られるように、『グランドデザイン』は何よりも美しい生活文化のフロンティアを内陸の中山間地域の「多自然居住地域」に求めているのである。

アメリカからの真の精神的自立

これによって、戦後の日本人が持つ根深いアメリカ・コンプレックスも払拭できるかもしれない。先の大戦は、個別の戦闘においては、イギリスに負けたのでも、フランスに負けたのでも、オランダに負けたのでもない。アメリカに負けた。アメリカの物質生産力の前に負けたのである。戦後日本の経済発展はアメリカ産業の構成要素（繊維、鉄鋼、自動車、家電、半導体……）を一つひとつ追いぬく過程であった。しかし、産業はあくまで手段である。作ったものをいかに優雅に使いこなすか、つまり暮らしの立てかたが最後の勝負どころであろう。日本人が憧れたのはアメリカ産業の生産力それ自体というよりも、それを基礎としたアメリカン・ウェイ・オブ・ライフであろう。それゆえ日本人はジャパニーズ・ウェイ・オブ・ライフ（日本人の暮らしの立てかた）において、自信をもたないかぎり、アメリカからの精神的自立はありえない。戦後は終わらないのである。

「富国有徳の美しいガーデン・アイランズ」日本の創造は、目下の世界一の旧来型の富国強兵の大国アメリカからの真の自立をねらっている。地球環境問題という観点からみるならば、大量生産・大量消費・大量廃棄のアメリカ型生活様式は、近代西洋史の最後に咲いたバブルであり、徒花である。日本はその真似をして、環境汚染・公害・ゴミ問題などのようなツケをしはらってきた。そのような特殊な生活様式を人類社会に普遍化することは、人類の滅亡をもたらすという認識をもつべきときである。

12　「庭園の島（ガーデン・アイランズ）」日本

1　「力の西洋」対「美の日本」

二十一世紀の日本の国家戦略は、単に戦後の最重要課題であるアメリカ型の「近代」を超えることにとどまらず、日本のアイデンティティにかなうものでなければならない。日本列島の景観が庭のごときガーデン・アイランズという美しい自然景観・生活景観をもつ国土が構想されていることの歴史的背景を瞥見しておこう。

幕末・明治維新期に日本と西洋とが出会った。まず、日本人、とくに明治日本を指導した薩摩・長州出身者は幕末に英国と戦って敗れているだけに、相手が強いという印象は骨身にしみていた。西洋は力のある列強として日本人の前に立ち現れたのである。列強の強さの基礎が経済力と軍事力にあることを見抜いた明治政府は、富国強兵をスローガンに英米独仏に並ぶ大国をめざした。

美しい国——日本のイメージ

一方、西洋人は初めて目にした日本にどういう印象をもったのだろうか。

国家的使命を帯びて一八五三年に来日した黒船の提督アメリカ人ペリー（一七九四—一八五八）やイギリスの初代公使オールコック（一八〇九—九七）らは、来日前に日本について下調べをしている。教養ある外国人は日本について予備知識をもって来日した。彼らにとって必読文献とされていたのが元禄時代に来日したドイツ人医学者・博物学者エンゲルベルト・ケンペルが一六九〇年代初めに滞在したときの記録『日本誌』（今井正訳編、霞ヶ関出版）である。英訳が一七二七年に公刊され翌年には再版され、十九世紀はじめには簡略本まで出たロングセラーである。そこにはこう書かれている。

「ここ（日本）には美しい花や葉の野生植物が、他の諸国に比べて断然多い。これらの花が季節季節に広野や山峡を美しく彩る。しかも、これらの野生植物は住居の庭に移植され栽培されていろいろの品種に改良されている。それらの中で品位の高いものは、ツバキ、サツキ、シャクナゲである」

「キクやユリには、数え切れないほどいろいろの変種がある。キクは栽培によってはバラほどもある大きな花が咲き庭を飾る。ユリは山野に咲き乱れる。スイセン、アヤメ、ナデシコなど、これらの花の咲く頃の自然は、他の諸国では見られぬ美しさである」

「日本の家屋は、どんなに粗末であろうとも必ず目を楽しませる若干の草花が見受けられる」

このようなケンペルの記述から彷彿とする日本のイメージは、強い国ではなく、美しい国というものである。

日本人はきわめて文明化されている

幕末・維新期に来日した西洋人はまさにその現実を目にしたのである。イギリス人ロバート・フォーチュンは名高いプラント・ハンターであった。すなわちキュー・ガーデン（イギリスの王立植物園）の命を受けて、一八六〇年、六一年の二度来日し、観賞用の園芸植物採集を目的に、農家や寺の庭先を見てまわった。フォーチュンは「もしも花を愛する国民性が、人間の文化生活の高さを証明するものとすれば、日本の低い層の人びとは、イギリスの同じ階級の人達に較べると、ずっと優って見える」（三宅馨訳『幕末日本探訪記――江戸と北京』講談社学術文庫）と書いている。

『古代への情熱』で知られるドイツ人シュリーマンは、トロイアやミケーネの発掘にのりだす前の一八六五年に来日し、「日本人はみんな園芸愛好家である。日本の住宅はおしなべて清潔さのお手本になるだろう」「日本人が世界でいちばん清潔な国民であることは異論の余地がない」「日本の家にはかならず庭があり、庭には水槽や、あるいは小さな庭石でふちどられ、扇型の尾をした金魚でいっぱいの、模型のような池がある」「もし文明という言葉が物質文明を指すなら、日本人はきわめて文明化されていると答えられるだろう。なぜなら日本人は、工芸品において蒸気機関を使わずに達することのできる最高の完成度に達しているからである。それに教育はヨーロッパの文明国以上にも行きわたっている。シナをも含めてアジアの他の国では女たちが完全な無知のなかに放置されているのに対して、日本では、男も女もみな仮名と漢字で読み書きができる」（石井和子訳『シュリーマン旅行記　清国・日本』講談社学術文庫）と記している。

豊かな自然の恵み、景観の美しさ

明治五年に来日した近代旅行業の創始者イギリス人トマス・クックは「豊かな自然の恵み、次々に移り変わって終わることを知らない景観の美しさに呆然」とし、旅の人生を送ったイザベラ・バードが明治十一年、東北日本の農村景観を「実り豊かに微笑する東洋のアルカディア（桃源郷）」「エデンの園」と称えたこと、また十九世紀末のフランス印象派に代表されるジャポニズムは日本の美が生みだした芸術の潮流であり、また「日本アルプス」の命名者となったイギリス人ウェストンも日本の山々に深く魅せられていた。江戸をはじめ日本の城下町がガーデン・シティのインスピレーションをあたえ、欧米に庭園都市（日本では誤訳されて「田園都市」の名で普及）がつくられていった。

このように、日本は「生活景観・自然景観が美しい」という強い印象をあたえる国として近代の世界史に登場したのである。日本と西洋との出会いの風景は「力の西洋」と「美の日本」の遭遇であった。この国は花と緑の織り成す庭園のような島国すなわちガーデン・アイランズとして登場したのである。それは西洋人の憧れを誘った。美は必ずしも力より劣るものではない。開国当時の日本は、圧倒的な力をもつ帝国主義列強の前に、文字どおり小国でしかなかった。しかし美しい小国であった。小国日本は美しいことによって、近代ヨーロッパに文化の花を添えた。シューマッハが small is beautiful と述べたことがある。しかし続きがある。美には本然の力がある。beauty is mighty である。

2　美しい日本のルネサンス

市中の山居の景観

美しい国土の創造は、美しい日本の自覚的な再現でありルネサンスである。『グランドデザイン』における「多自然居住地域」という言葉には官僚的な生硬さがあり、味もそっけもない。この名称が伝えんとしているのは「山里とともに市民生活があるべきだ」という精神であり、それは現代日本の都市景観から山里が失われてしまった事態への反省に発している。そこに求められている理想は、日本文化の精華の一つである茶の文化における「市中の山居《さんきょ》」とそっくり同じである。市中の山居とは、混雑した都市にありながら、山中に居住するような感のある脱俗的な緑の生活景観である。

日常茶飯事といわれるほど暮らしに深く溶け込んでいる茶は五百年の輝かしい歴史がある。わび茶の開祖村田珠光は唐物（輸入中国品）への執心から離脱して、草庵の小座敷を尊ぶわびの審美観をはじめてたてた。珠光のわび茶は堺の武野紹鷗をとおして千利休につたえられて完成した。それは茶室・陶磁器・茶懐石料理・露地・待合・華道・書道にいたる衣食住・行儀作法の総合文化である。わび茶の成立とともに市中の山居という独特の生活景観が成立し、当時来日した宣教師たちもその言葉を記録しているほどである。

市中の山居の景観は、茶室、待合（客が茶室にはいるまで待っている所）、露地という待合と茶室をつなぐ小道からなる。露地には利休好みの「樫の葉のもみじぬからにちりつもる奥山寺の道のさびしさ」といった審美観が要求され、人が歩く小道というよりも、景観としては庭である。茶の湯の景観は、待合—露地—茶室の空間を柱とし、自然の山水をとりいれ、茶室の床の間には花が咲く。岡倉天心は『茶の本』において「今日、産業主義は、世界中いずこにあっても真の風雅をますます困難となしつつある。われわれは従来よりもなおいっそう茶室を必要とするのではないだろうか」という警世の一文を残した。

近代英国の紅茶文化と風景式庭園

近世日本の作り上げた茶の文化の生活景観「市中の山居」は誰の目にも美しく、求心力を備えており、模倣を許す普遍性をもっている。茶・庭・社交が一体になった「市中の山居」の理想と美意識は、近代英国の紅茶文化を派生させた。先述のケンペル『日本誌』が出版されたとき、英国はコーヒー文化の爛熟期を迎えていた。ケンペルの『日本誌』の刊行と時を同じくして、英国ではコーヒー文化が凋落し、茶の文化へと劇的に変わる。またヨーロッパ大陸の幾何学式庭園とは異なる庭が出現し、十八世紀後半にはプラント・ハンターが出現した。英国の庭園は、大陸ヨーロッパの幾何学式庭園と区別されて、後に風景式庭園といわれる。その原風景に日本の「市中の山居」がある。都市民の生活に「山里」(庭)をとりもどし、また山里に洗練された市中の文化を広めることは、現代日本の新しい国づくりの課題である。日本の茶の文化の理想「市中の山居」が、二十一世紀の到来を前に、「多自然居住地域」という名称のもとに、日本人が誇りうる美しい生活文化の戦略的目標として再びたち現れたのである。

3 太平洋に浮かぶ庭園の島日本

日本は美しい庭園国家として歴史に登場した。そのすがたは日本のアイデンティティとかかわりがある。

「島」には「庭」という意味があった

『古事記』にイザナギ・イザナミの国生みの神話がある。二神は見合いをして後、最初に生んだのが淡路島で、続いて伊予(四国)、筑紫(九州)、大倭豊秋津島(本州)等、大八洲《おおやしま》を生み落とした。日本が島国であるという自覚は日本のアイデンティティの基層をなすものである。

興味深いことに、当時の「島」という言葉には「庭」という意味があった。『日本書紀』に、蘇我馬子が飛鳥川のほとりに、家をつくり、小池を掘って、その中に小さな島をつくったので、人々は池

に浮かぶ島の庭に感心して、馬子のことを「島の大臣」といったとある。『万葉集』にも「しまを見て作る歌」として、

「鴛鴦《をし》の住む君がこの山斎《しま》今日見れば馬酔木《あしび》の花も咲きにけるかも」（巻二十―四五一一）
「磯影の見ゆる池水照るまでに咲ける馬酔木の散らまく惜しも」（巻二十―四五一三）
「み立たしの島の荒磯《ありそ》を今見れば生ひざりし草生ひにけるかも」（巻二―一八一）
「水伝ふ磯の浦廻《うらみ》の石上《いは》つつじ茂《も》く開く道をまた見なむかも」（巻二―一八五）
（高木・五味・大野校注『日本古典文学大系４』岩波書店）

などと歌われており、島は庭と同じ意味でつかわれている。池のなかにつくられた中島が庭なのである。掘られた池のまわりは海の荒磯を表現するように石が組まれた。つまり島は海洋に浮かぶ庭である。海の景観を模して庭すなわち島が作られたのである。以来、海景模写は日本庭園史の基調をなすことになった。

平安末期に『作庭記』という世界最古に属する造園技術書が生まれている。その根本思想は「人の立てたる石は生得《しょうとく》の山水にはまさるべからず」というものであり、それゆえ庭をつくるには「石のこわんに従う」、いいかえると、自然に従うというものである。庭は自然ではなく、人工を施した第二の自然である。その庭をわが国ではあたかも自然のごとくに表現するという作庭哲学を立てた。

このように島・庭が一体になった美しい庭園の島（ガーデン・アイランズ）が日本のアイデンティティなのである。

西太平洋を豊饒の海の半月弧に

それをどこに展開するか。国内的には、一九九九年末に国会等移転審議会の報告書を尊重し、那須野が原を首都移転先とするのが妥当であろう。国際的には、日・米・中国・EU・ロの五極、日米中の三極、日米二極など横軸（東西軸）でのみみる戦略思考とは一線を画し、横ではなく縦軸（南北軸）に飛ぶことも考えられてよい。ガーデン・アイランズづくりを、日本列島を手始めに、世界でもっとも多くの島々が散在する南の方向に展開するのである。それは「水の惑星」地球を美しいガーデン・アイランズにするという志と結びついている。その第一歩を島々が半月状に散らばっている西太平洋に展開していくのが得策であろう。西太平洋、それは可能性をひめた豊饒の海の半月弧である。

日本の輸出入にアジアとオセアニアがしめる割合は増大しており、西太平洋地域は経済的にはアメリカよりもすでに重要な地位をしめている。西太平洋は世界でもっとも民族が多様であり、文化が多彩である。日本―東南アジア―オセアニアの地域には文化協力がよく似合う。その地域で、ドルという世界最大の債務国の通貨が基軸通貨として使われていることは、短期資本のドルに振り回されて陥った金融危機の苦い経験が明らかにしているように、危険がともなう。日本との取引が深いだけに、西太平洋地域においては円決済を増やし、為替の安定した経済圏の可能性を模索しうる。西太平洋を平和な経済協力地域（Great Peace Zone）につくりあげていくことは、海洋国家日本にとってやりがいのある仕事になるであろう。

II 鎖国と近代世界システム

1　新しいアジアのドラマ

「アジア」と聞くだけで、貧困と停滞をイメージした時代があった。ノーベル経済学賞を受賞したスウェーデンの経済学者ミュルダール（一八九八―一九八七）が一九六八年に世に問うた大作『アジアのドラマ』の副題には「諸国民の貧困の一研究」とある。ミュルダールの思い描いたアジアは「貧困の悪循環」におちいったアジアである。ミュルダールの主張はこうだ――アジアは人口が多いので平均所得は低くなり、所得が低いので貯蓄する余裕はなく、貯蓄の余裕がないので投資に回せる資金がなく、投資に回せないので経済発展の見込みはない。その結果、アジアには「貧困の悪循環」が進行する。このようにかつてミュルダールが作り上げた「アジアのドラマ」は、アジア蔑視をうちにはらんだ、出口のない悲惨なドラマである。

しかし、見よ。二十一世紀のアジアは、「貧困の悪循環」どころか、富国化にむけて「発展の好循環」のドラマを演じている。十九世紀末にアジアで唯一、政治的独立を保持し、かつ経済発展をとげた日本は、ながらくアジアの中の例外国家だとされてきた。もはや例外ではない。明治維新から一世紀あまりを経た二十世紀末あたりから、日本から始まった経済発展の波は「アジアＮＩＥＳ（新興工業経済群)」といわれた台湾・韓国・香港・シンガポールに波及し、その波頭は黒潮をさかのぼって東南アジアに及び、その発展の大波は中国にも、さらにインドにも及んでいる。二十一世紀に語られるべき「新しいアジアのドラマ」はその副題を「諸国民の発展の研究」としなければならない。

幕開け——日本の発展

新しいアジアのドラマの幕開けは日本の経済発展であった。日本はアジアにおける最初の資本主義国家になった。いかにしてそうなったのか。

日本の台頭は、長いあいだ、西洋資本主義文明へのキャッチアップであると信じられてきた。イギリスを追いかけたドイツのような後発資本主義の特色を、色濃くもつと説明されてきたのである。だが、すこし注意ぶかく観察すると、日本の発展は、ドイツのような西洋の後発資本主義諸国とはおなじようには説明できない独特の日本的、また広くはアジア的特質をもっていた。

なるほど、西洋の後発資本主義国とともに日本もまた最初の資本主義国イギリスをおいかけた。だが日本と他の西洋後発国との間に決定的なちがいがあった。それはアジア最初の産業革命を経験した明治期の日本に関税自主権がなかったことである。それに対して、後発資本主義としてスタートしたドイツ、アメリカ、フランス、ロシアにしろ、イギリスにおいつくために、自国の産業を保護し育てる不可欠な手段として保護関税を利用した。すなわち、イギリス製品に対して高率関税を課すことによって、イギリス製品が自国内に流入しないようにする保護政策をとったのである。

だが幕末に日本が西洋諸国と締結した通商条約において、日本は保護関税を課すことのできる関税自主権をうばわれた。いわば丸腰《まるごし》にされたのである。丸腰であったという点では、ほかのアジア諸国のどことも変わらない。アジア諸国はどの国も自由貿易をおしつけられた。自由貿易の「自由」とは欧米列強が輸出先のアジアの地域産業をかえりみることなく、西洋の製品を売りこむことのできる自由であった。それをとらえて「自由貿易帝国主義」だと難詰《なんきつ》した論者も出た。そのように丸腰のまま欧米列強に対峙《たいじ》しながらも日本は、他のアジア諸国がそうなったようには西洋資本主義列強に従属しなかった。アジア諸国は植民地・半植民地になったが、日本はそうならなかったのである。そこに日本の経済発展の謎がある。

すでに第一次世界大戦の前に日本は三大列強に数えられる軍事大国になり、第二次世界大戦後の日本はめざましい高度成長をみせて西洋先進国にならぶ経済大国になった。その過程で、シュミーゲロウが『日本の教訓』で論じたように、欧米起源の経済理論の効果を「戦略的プラグマティズム」によってひとつひとつ試すように実践し、それらをつぎつぎと過去の遺物《いぶつ》にした。日本の経済発展の軌跡《きせき》は欧米の理論がそのまま当てはまらないということを証しているのである。欧米の経済理論が日本経済の現実とは合わないということを証《あか》してきた、日本の経済発展の軌跡である。別のことばでいえば、日本資本主義の歴史は西洋資本主義とは異なる文明空間で起こったということである。アジアの色に染まった文明空間にふさわしい日本経済を主役としたドラマをえがかねばならない。ドラマを演じる場も役者も欧米のそれとはちがうのである。

回転する舞台——文明軸の移動

新しいアジアのドラマは、西洋資本主義ないし近代世界システムの勢力がユーラシアの東辺に波及してきたという単純な話ではない。独自の文明圏が西太平洋地域に立ちあらわれた。そもそも主役の文明は、イギリスを先頭にして西ヨーロッパが近代文明として台頭するまでは、もともとはユーラシア大陸にあった。古代の諸文明はユーラシア大陸を幾筋にも縫って流れる大河の流域にさかえた。近世以前のヨーロッパは、そのようなユーラシア大陸からみれば、文化果つる辺境であった。

しかし、ヨーロッパはルネサンス以降、ユーラシアなかんずくイスラム地域の文明圏からの文物を摂取し、それが成功した結果、文明の軸足はしだいにイスラム圏から地中海を経てアルプスをこえて西ヨーロッパに移った。西ヨーロッパのなかではイギリスが産業革命を実現して、最初の工業国家になった。十九世紀のイギリスは、ナポレオンが大陸封鎖でイギリスをヨーロッパ大陸から締め出したのを契機に、海をめざして大西洋商業経済圏を掌中《しょうちゅう》にし、自他ともに許す海洋帝国になった。十九世紀の文明の軸は大英帝国に移った。一九〇〇年ころの大英帝国はイギリスという小さな島国が七つの海の制海権をもち、世界の陸地の四分の一を、また世界の人口の四分の一を支配した世界史上最大の帝国であった。

二十世紀にヨーロッパは二度の世界大戦を起こし、イギリスはその両世界大戦の戦勝国になったが、国力は疲弊《ひへい》した。その結果、文明の軸芯は、大西洋を超えて西側のアメリカ合衆国へと移動した。アメリカ合衆国は東部から発展を始め、西部開拓が進むとともにフロンティアは西漸《せいぜん》し、一八四六年にはオレゴンを領有し、その二年後の四八年にはカリフォルニアを獲得した。二十世紀の世界大戦において戦場にならずに無疵のまま力を蓄え、二十世紀後半には世界最大の経済大国になった。アメリカの西端は太平洋である。アメリカはヨーロッパ、アフリカとともに「大西洋経済圏」の一角を形成していたが、ヨーロッパ諸国がナポレオン戦争に巻き込まれている間隙《かんげき》をぬって太平洋に乗り出したのである。

アメリカの太平洋での活動が活発になったのは十九世紀前半期に北太平洋に捕鯨場が発見されてからである。アメリカの捕鯨業は十九世紀なかばに黄金期をむかえた。ただし、太平洋へのルートは、アメリカ東海岸から大西洋を南下して喜望峰を回り、インド洋を横切って来るというものであった。ペリー提督も同じルートで来日した。ペリー提督の来日の目的は、表向きは通商条約の締結をめざしたものであったが、長い航海を経てくるアメリカ捕鯨船の乗組員のために、新鮮な食料・水のほか欠乏品や燃料を確保することが最大の関心事であり、一八五四年に締結された日米和親条約は、そのための取り決めであった。条約は全十二カ条からなるが、その最初の二カ条を紹介しよう。

第一カ条　日本と合衆国とは、其《そ》の人民永世不朽《じんみんえいせいふきゅう》の和親《わしん》を取り結び、場所・人柄の差別《さべっこ》之れ無き事。

第二カ条　伊豆下田《いずしもだ》・松前地箱館《まつまえちはこだて》の両港は、日本政府に於いて亜墨利加《アメリカ》船、薪水《しんすい》・食料・石炭欠《せきたんけつ》乏《ぼう》の品を日本にて調《ととの》へ候丈《そうろうだけ》は給《たま》ひ候為渡来《ためとらい》の儀差《ぎさ》し免《ゆる》し候（以下略）。

このようにアメリカの捕鯨船への援助が日米和親条約の柱であった。石炭を別にすれば、石油が発見されるまで、鯨油はアメリカの社会生活の燃料源の一つであった。アメリカ人は鯨油のためにだけ捕鯨をしたのであり、鯨は食用ではなかったから、油をとった後の鯨の巨大な身は投げ捨てられた。食用としての捕鯨をし、鯨の身をあまさず大切に活用してきた日本の捕鯨文化にアメリカ人は今日に至るまで無知なところがある。

さて、アメリカ合衆国とアジアとの貿易は十九世紀には中国が主な相手であった。だが、二十世紀には日本の茶・生糸がアメリカで好まれて流行した。一方、日本では紡績業の原料としてアメリカ綿花を輸入したので、アメリカは輸出・輸入の両方で主要貿易国は日本になった。日米関係は友好を深めた。二十世紀のあけるころには日本は「東洋のイギリス」として力をつけ、アメリカもまたイギリスに対抗できる競争力をつけ、日米両国は太平洋の制海権をめぐって利害が対立するようになった。第二次世界大戦を日本は「大東亜戦争」とよんだが、アメリカが日本との対決を「太平洋戦争」と名づけたように、太平洋は争いの海でもあった。日本は「大東亜戦争」を、アメリカは「太平洋戦争」を戦った。日本はその戦いに敗れた。だが、戦後の日本は奇跡的な復興を果たした。それとともに日米の経済的紐帯は深まった。また東アジア地域が日本と同じような発展を開始し、一九八〇年代にアメリカ合衆国の太平洋貿易は大西洋貿易を上回った。アメリカ合衆国にとって、アジアの方がヨーロッパよりも経済的には重要な位置を占めるようになった。

西洋文明の軸芯は、海の名称でいえば、中世には「地中海交易圏」にあり、中世から近代にかけては地中海交易圏から「大西洋経済圏」へと移動し、近代から現代にかけては大西洋経済圏から「太平洋東西文明交流圏」に移動してきたのである。

新しい脚本《シナリオ》——東アジアの奇跡

では二十世紀末に「東アジアの奇跡」（一九九三年の世界銀行報告）としてライムライトを浴びた西太平洋地域は、いったいどのようなシナリオで檜《ひのき》舞台に登場してきたのであろうか。これまでの通念では、経済発展は、それがどこの国・地域でおころうと、ヨーロッパ起源の経済発展のシナリオを用いて説明されてきた。しかし、舞台装置も配役も異なる東アジアに欧米で使い古されたシナリオを当てはめても、そのままでは通用しないのである。

まず「欧米へのキャッチアップ」という既成《きせい》のシナリオの筋書きから精神を解放しなければならない。もっともそれは西洋における近代資本主義の勃興のシナリオが無用だということではない。近代西洋社会は人類社会の公共財を提供してきた。近代社会の基礎をなすのは個人主義、私有財産権、民主主義であるが、ギリシア・ローマの古典を継承する文明の担い手としての使命感にも裏打ちされており、これらは近代西洋社会が発信した価値であり制度である。フランス革命における自由と平等、イギリス資本主義における自由主義、ドイツ資本主義における保護主義、さらに社会主義・共産主義なども、すべてではないにしてもシナリオを構成するいくつかの要素は今日でも有効である。

同時にマルクスやラスキンの例をあげるまでもなく、西洋社会の内部で真摯《しんし》な資本主義批判が生みだされてきた。マルクスは資本主義の負の産物である貧富の格差を克服する共産主義のビジョンをつくりあげた。ラスキンは拝金主義を道徳的かつ審美的《しんびてき》な観点から批判してヴィクトリア朝イギリスに風格をそえた。そのうちのいくつかは淘汰《とうた》され、いくつかは人類社会の共有財産になっている。科学、技術、膨大な商品、芸術・人文学、社会科学など、近代西洋のつくりあげた資本主義文明の直接・間接の影響をぬきにして東アジアの近代を語ることは不可能である。

しかしもはや西洋の近代資本主義をアジアの将来モデルにするのは適当ではない。欧米資本主義には衰退の兆《きざ》しがはっきりと見えてきた。第一次大戦の前夜のヨーロッパは世界の工業生産の約二分の一を占めていたが、第二次世界大戦後には四分の一に減少し、一九八五年のEC（ヨーロッパ共同体）十二カ国の一人当たりの国民総生産は、アメリカ合衆国の二分の一になった。そのアメリカ合衆国は一九八〇年代後半から世界最大の債務国に転落した。経済成長に翳《かげ》りが見えてきた欧米諸国はEU（欧州連合）やNAFTA（北米自由貿易協定）のような広域経済圏を形成し、そのなかで生産要素の自由な移動を認めて経済効率をあげ、規模の収益性を享受しようとしている。それは欧米諸国の経済力の弱体化の現れであり、防衛的な性格をもつものであろう。

西洋の生んだ資本主義を古い革袋にたとえるならば、ほころびの見えた革袋に新しい酒を盛らないのが賢明である。東アジア、西太平洋地域は発展の途上にある。

近代アジアの発展の旋回軸になったのは日本の経済発展であり、それが欧米への単なるキャッチアップでなかったとするならば、そのダイナミズムはアジアという、借り物ではない本来の舞台のもとで、それにふさわしい新しいドラマを物語るべきである。新しいアジアのドラマの背景を設定し、アジアの将来を展望するシナリオがいる。新しいシナリオにふさわしい新しい舞台、すなわち自己がその中で演じるべき舞台装置が見えなければ、名優でも足をふみはずさないともかぎらない。未来を切り拓く夢やビジョンを観客の前に披露もできない。アジアという舞台装置を踏まえた新しいシナリオを描くときである。

舞台背景——五百年のダイナミズム

どこから説きおこすべきか。ヨーロッパの資本主義の勃興は、中世から近代への過渡期にあるルネサンス、一四九二年にアメリカに到達したコロンブス以後の大航海時代、一五一七年にルターの始めた宗教改革等、ほぼ五百年ほども歴史をさかのぼる。アジアにおける現状を見るにも、すくなくとも同じくらいの五百年あまりのタイムスパンで見ることが必要であろう。日本の経済発展が、西洋の資本主義のチャレンジしてきた外圧に対するレスポンスであったことは争いがたい事実であり、西洋資本主義は大航海時代のころから五世紀余の歴史をもっている。

興味深いことに、時代を遡《さかのぼ》れば遡るだけ、西洋資本主義の担い手であった西ヨーロッパ諸国の影は薄くなる。大航海時代にまで遡れば、ヨーロッパは決してドラマの主役であったのではなく、アジアはドラマの脇役であったわけではない。逆である。五百年前の世界史の舞台はアジアを中心に展開していた。イベリア半島からアフリカの南端喜望峰を越えてインド洋にでたポルトガル、またマゼラン海峡を越えて太平洋にでてフィリピンに出たスペインのあとを追って、オランダ、イギリス、フランス、ベルギー、デンマークなどが陸続と「東インド会社」を設立し、アジアの物産を求めた。ヨーロッパに資本主義をもたらした大航海時代における世界の磁場は、他にあらず、「東インド」すなわちアジアに存在した。ちなみに当時の「西インド」と呼ばれた地域は今日のアメリカ大陸のことを指していた。

アジア固有の内発的発展の道筋をさぐることは、西洋の資本主義勃興のシナリオを無視することではなく、それをアジアの磁場にひきつけたシナリオに組み替えて見直すことである。すなわち西洋の資本主義を、拡大の脈絡で語るのではなく、西洋諸国をひきつけたアジアの磁場から見直すというように視座を転換するのである。

もっとも、目下の最大の関心はアジア全域ではなく、アジアの東端にある日本がアジアとどのようにかかわったのかというものである。それは日本を、ヨーロッパからではなく、アジアから見直すことである。アジア最初の資本主義として台頭した日本が、いかにしてアジア最初の経済発展をとげたのかということがテーマである。

日本の歴史は、鎖国志向と海洋志向とを交互に繰り返してきた。海洋志向（遣隋使・遣唐使の時代）―内陸志向（国風化の平安・鎌倉時代）―海洋志向（倭寇・遣明船の室町時代）―内陸志向（鎖国の江戸時代）―海洋志向（幕末開港以後～）という軌跡を描いているのである。それと同じ脈絡でみれば、過去五百年の日本史は次のようにまとめられる。

海洋志向の時代（室町時代）
陸地志向の時代（江戸時代）
海洋志向の時代（東京時代）

なお最後の「東京時代」という呼称は私の命名であるが、そう呼ぶ理由は日本史の時代区分を地名でするという日本独自の歴史文化があるからである。その説明については拙著『経済史入門』（日経文庫）を参照されたい。

一五〇〇～二〇〇〇年の五百年の間に日本が一貫して深い関係をもったのは東シナ海・南シナ海をはさんだアジアの隣国である。倭寇・勘合船・朱印船の海洋志向の時代はいうまでもなく、鎖国の江戸時代でさえ、ロナルド・トビ『近世日本の国家形成と外交』（創文社）が論証しているように、朝鮮との外交を徳川幕府はその支配を正当化するうえで不可欠の条件としたのである。

文化は交流をとおして伝播する。文化力が働くのである。文化とは生活様式のことであり、生活は衣食住からなる、つまり生活様式は文物からなる。文物は地域や国ごとにまとまった集合をなしており、それを「文物複合」となづけると、文物複合の魅力が文化力の強弱を決める。文化は文化力の高い地域からその周囲に流れ出ていく。江戸時代に先立つ時代の日本に圧倒的影響を及ぼしたのは、日本海・東シナ海・南シナ海から舶来した文物であり、そのおもな供給源は中国・朝鮮であった。中国・朝鮮の文化力は日本のそれより高かった。日本は中国・朝鮮の両国から文物を摂取し、影響を受ける立場にあった。

幕末開港以後の日本は、逆に、朝鮮半島・中国大陸をはじめ、爾余《じよ》のアジアに文物をもたらし、影響を与える立場へと劇的に上昇転化した。日本は文化力を高めた。過去五百年のうちに、日本とアジアとの関係は逆転したのである。アジアとの関係を抜きに、日本を語ることは、西洋との関係を抜きにして日本を語ることができないのと同様に、視野狭窄《きょうさく》におちいるであろう。

脚本の課題と粗筋《あらすじ》——東アジアの新しいドラマ

グローバルな視野にたって、過去を展望しやすいかたちに整理し、アジア五百年の歴史のダイナミズムに骨太の一本の筋を通すことが課題である。一本の筋の粗筋は以下のとおりである。

中世から近世への転換期としての「長期の十六世紀（一四五〇—一六四〇年）」に成立したヨーロッパの「近代世界システム」が「イスラム・アジア文明圏」から自立したシステムであったように、江戸時代に成立した日本の鎖国は中国的アジア文明圏から自立した体制であった。ヨーロッパの近代世界システムと日本の鎖国とは、ユーラシア大陸の文明圏からの自立であり、それは「脱アジア」の文明として、対等の世界史的地位を占める。脱アジア文明は「生産革命」によって達成された。ヨーロッパでは資本集約的な産業革命、日本では労働集約的な勤勉革命という違いはあるが、ともに「ものづくり」を社会推進のエートスとする社会がユーラシア大陸の両端に出現したのである。

中世から近世へと転換する「長期の十六世紀」にいたるまで、ヨーロッパへの文物の流れを取り仕切っていたのがイスラム商人のネットワークであったように、日本への海上の道を牛耳っていたのは中国人のいわゆる華僑(以下では「海洋中国人」と呼称)の通商ネットワークであった。イスラム世界に「大陸イスラム」と「海洋イスラム」という顔があるように、中国には「大陸中国」という顔とあわせて「海洋中国」というもうひとつの顔がある。東アジア海の交易網を支配したのは、海洋中国人であった。江戸時代における最大の海外の窓口である長崎においても、海洋中国人の唐人屋敷のほうが、オランダ人の出島よりも、面積においても出入りする商人の数においても、大きかったのである。

幕末の開港に際しては、来日した欧米人が注目されがちであるが、開港場を数で圧倒した外国人は海洋中国人である。江戸時代の日本人が日本列島内の国土の中ですべてを自給自足できるようにする「ものづくり」に精を出したのも、日本を取り巻く海域における通商力において、海洋中国人にかなわなかったからだともいえるのである。実際、室町時代の日本の倭寇は朝鮮・中国沿岸部ではおそれられたが、倭寇は十四世紀の前期倭寇と一六世紀の後期倭寇とに分けられるが、後期倭寇の大半は海洋中国人であった。

幕末の開港後に、中国・朝鮮・日本の三国は、西洋資本主義列強の外圧に対して異なる対応を見せた。中国・朝鮮は旧套《きゅうとう》を墨守《ぼくしゅ》したが、明治日本はいちはやく旧来の陋習《ろうしゅう》をうちやぶって海洋志向に転じ、江戸時代につちかったものづくりのエートスと技量を活用して、西洋からの舶来品の模倣につとめて国産品によって代替し、またアジアの民衆の生活需要に見合った雑貨品を供給した。アジア市場に乗り出すにあたって、明治政府は領事を派遣し通商報告を作らせ、官民一体となってアジア・マーケットの実態把握につとめたが、強力な競争相手としてたちはだかったのは、欧米商人にもまして、海洋中国人であった。

現代のアジアの新しい潮流は、日本が西洋資本主義の後塵《こうじん》を拝していた時期を、昭和末期までに脱して自立し、メイド・イン・ジャパンの製品が価格・品質において世界トップクラスになったことから始まっている。一九八五(昭和六十)年のニューヨークにおけるプラザ合意は日本が欧米資本主義を超えたことを示す分水嶺のセレモニーであった。それと踝《くびす》を接するように、日本の近隣アジアにおいて日本のものづくりを真似た工業力をつけてきた。すなわち一九八五年のプラザ合意による円高を受けて、日本は内需拡大に向かい、当時、NIES《ニーズ》と言われた台湾・韓国・香港・シンガポールからの輸出を吸収する一方、日本からNIESへの直接投資が増えた。その結果、NIES経済は高度化し、それがASEAN《アセアン》(東南アジア諸国連合)からのNIESへの輸出を誘発し、見返りにNIESからASEANへの直接投資が増えた。それが、ひるがえってASEANの経済発展を軌道に乗せることなり、それが東アジアの奇跡といわれるまでになった。一九九七年のアジアの金融危機で、その発展は頓挫したかに見えたが、東アジアの日本→NIES→ASEANとつづく躍動的な連鎖は、それらに隣接していた眠れる獅子の中国に及び、中国はいまや「世界の工場」という、かつて産業革命後のイギリスについて言われた形容辞がつかわれるほどに経済発展のただなかにある。中国の経済発展は沿海地域から内陸部に向かう勢いを見せている。

アジアの経済発展のドラマは、長期の十六世紀に、日本が中国の文物に学びつつ、そこから自立していくベクトルを展開させることによって幕を開けた。いまやそのベクトルは、日本を折り返し点にして、明らかに反転し、日本周辺のアジア諸地域を巻き込みながら、中国内陸部へと向かう方向性を見せている。アジア五百年のドラマを動かす駆動力は、その起源を中国にもち、日本を旋回軸に、中国に回帰する大循環を描いている。

2　イギリスと日本の近世

ここでは「近世」という用語を使う。ヨーロッパの近代化はルネサンス・宗教改革・大航海に始まったが、近世（Early Modern）と近代（Modern）を区別するときには、ルネサンス・宗教改革・大航海からフランス革命・イギリス産業革命までの、すなわちほぼ一五〇〇〜一八〇〇年の三世紀をもって近世とし、以後を近代とするという考え方にしたがう。日本の近世とは慣例通り主に江戸時代をさす。

論旨は大きく二つある。第一に、江戸時代の日本と同時代のイギリスとは、ともに旧アジア文明圏からの離脱、すなわち「脱アジア」に成功して近代化した国である。日本とイギリスの両国はたくまずして同じ経験を共有した。脱アジア＝近代化は同時並行的に起こり、日本とイギリスは新しい近代文明の形成者として対等の地位をもつ。

第二に、日本とイギリスとは島国として海洋性をもち「脱アジア文明」として対等であるが、日本人学者の多くが大塚史学に代表されたように、イギリス型の資本主義を近代のモデルとする西洋中心主義の偏見にたち、アジア最初の近代文明の日本の経験がアジア域内のダイナミズム（「アジア間競争」）のなかで起こったことを見落としてきた。その「隠された日本近代化」論を提示したい。

物に問う

ヨーロッパの近代化において近世と近代を分けるのが「産業革命」である。産業革命は社会生活の変化をもたらした。その変化をとらえる一つの方法として、社会生活を構成する〈物〉に焦点を当て、生活を構成する物の集合を「社会の物産複合」と名づけてみる。そうすると、社会生活の変化は物産複合の変化という観点からとらえ直すことができる。社会で使われる物には名称がある。言葉は文化の枠であるから、名前のついた物は文化的な存在である。言語は文化体系の基礎だからである。物は名前をもつだけでなく、用途をもつ。用途は言葉で決まるといってよい。たとえば、二本の短い棒の切れ端を「箸《はし》」とよべば、その用途が食事のためということになるように。物には名前があり、その物の文化の総体を「文化複合」と名づけると、「物産複合」はその下部構造である。

資本主義の成立を考察する際に、社会生活を構成する「物への問い」はないがしろにされてきた。というのも、社会科学にマルクスの影響が色濃く、資本主義の成立は、封建制から資本主義への移行としてとらえられ、その理論は『資本論』第一巻の末尾をしめくくる「本源的蓄積《ほんげんてき》」という概念によって、生産者と生産手段の分離、すなわち賃労働者と資本家という階級関係がどのように形成されたのかをさぐることが研究目的とされたからである。

しかし、二十世紀後半の最高の歴史家と目されるフランスのフェルナン・ブローデルが大作『物質文明・経済・資本主義　十五〜十八世紀』全三巻を著して、異なる見方を提起した。その第一巻は『日常性の構造』（みすず書房）というタイトルをもっている。そこであつかわれているのは日用の糧《かて》である「小麦」「米」「トウモロコシ」である。あるいは「食卓」「飲み物」などを各章の主題として「十八世紀の食品革命」を正面から論じている。その影響で日常の社会生活において使われる物への関心がヨーロッパ圏の社会科学者のあいだに高まった。ブローデルは一五〇〇〜一八〇〇年の近世期にヨーロッパ社会の生活が一変したことを豊富な事例をもって描いた。まさに資本主義への移行を、そのような物の観点から描いたのである。

ではいったいどのような物がヨーロッパの社会生活を一新させたのか。それは「旧世界（アジア）」と「新世界（アメリカ）」からもたらされた物産である。ちなみに近世のヨーロッパ人はアジアのことを「東インド（East Indies）」と呼び、新世界のことを「西インド（West Indies）」と呼んだ。東インドの呼称はヨーロッパ各国が「東インド会社」をつくったので歴史の教科書には出てくるが、現在では使われなくなった。「西インド」の呼称は今日でも「西インド諸島」として残っている。それら「東インド」と「西インド」から新しい物産がヨーロッパ人の生活のなかにはいったのである。

新世界のアメリカには旧世界の稲、小麦、サトウキビ、コーヒーがはいり、旧世界には新世界のトウモロコシ、ジャガイモ、サツマイモ、トマト、タバコ、インゲンマメ、アボカド、チリ、ココア、パイナップルなどが入った。未知の物産が西洋人の日常生活のなかに加わったことにより社会の物産複合は変わり、文化すなわち生活様式が一新した。

それは産業革命にも影響した。木綿を例にとってみよう。木綿は十九世紀イギリス人の大衆衣料である。しかし中世のイギリス社会には純綿はない。木綿はイギリス産業革命の花形商品であるが、イギリス製の木綿がイギリス人の普段着となったのは十九世紀である。それ以前は木綿といえば、インド木綿のことであり「キャリコ」の名称はそのひとつであった。木綿はイギリスにとっては輸入品であった。イギリスがインド木綿をさかんに輸入するようになるのは十七世紀後半からで、十七世紀末には「ファッション革命」ともいうほどの急速な人気を博したのである。

なぜインド木綿がイギリス社会で圧倒的ともいえる人気を博したのか。それは中世のイギリス人の衣料では、皮革もまだ使われており、繊維製品としては毛織物が主流であった。それらは洗濯《せんたく》に適さない。中世ヨーロッパには疫病がたびたび流行するが、それは不潔な衣料とも関係していたにちがいない。一般大衆は下着を身につけていなかった。下着に使われたリネン（亜麻）は高価だったからである。そういう衣料文化のなかに純綿のインド木綿が入った。インド木綿は、安価で、着心地がよく、洗濯ができるうえに、洗濯しても色も模様も落ちない。上流階級だけでなく、一般大衆もインド木綿を下着として身につけることができる。イギリス人は上下こぞってインド木綿に魅了され、輸入を止められなくなった。それまでの毛織物は衣料としては、冬用や上着には適している。一方、インド木綿は夏用や下着に適していた。インド木綿は重ね着もできるので、おしゃれを楽しむこともできた。インド木綿はイギリスだけで流行したのではなく、イギリスからヨーロッパ各国へ再輸出され、また移民先のアメリカにも再輸出されたので、イギリスで始まったインド木綿によるファッション革命は燎原《りょうげん》の火のごとく西洋全体にひろがった。

インド木綿の輸入には対価がともなう。イギリスはインド木綿への支払いをしなければならなかった。金銀なかんずく銀がイギリスからインドへ大量に流出した。ひとくちにインド木綿といっても、その種類は多く、イギリスでもっとも人気を博したのはキャリコとよばれたものである。そこでイギリス議会は銀の流失を止める目的でキャリコ輸入禁止法を一七〇〇年に制定した。しかしそれでも密輸入がとまらない。そこでイギリス議会は一七二〇年にはキャリコ使用禁止法を制定した。これらの法令はあまり効き目がなかった。というのもインド木綿に対する需要ができあがっていたからである。

インドに対する貿易赤字の根本的解決はイギリスが自力で木綿を生産する以外にない。イギリス人は国産化に一世紀かけて成功した。アメリカに自生していたワタを発見し、それを紡ぐジェニー紡績機、ワットの発明した蒸気機関を動力として利用したアークライトの発明になる水力紡績機、クロンプトンの発明したミュール紡績機などによって、コストを削減し、インド木綿に価格・品質の両面で太刀打ちできるイギリス国産の木綿を生産することにこぎつけたのである。

木綿の生産において、イギリスがインドに追いつき、追い越すほどの実力を名実ともにつけたのは一八一〇年代である。それを具体的な数字で示すと、一八一四年のインド木綿のイギリスへの輸出は一三〇万包《pieces》であったが、それが二〇年後には三〇万包に激減した。それはインド木綿を模倣したイギリス木綿が価格と品質において優位にたったのである。それを受けて、今度はイギリス木綿がインドへ逆流し、同じ期間に八〇万ヤールから五一八〇万ヤールへと七〇倍以上に激増した。キャリコの輸入・使用禁止法のときから数えると、ほぼ一世紀を要している。

イギリスは国産化によってインド木綿の輸入代替に成功したのである。そのことの意義は何か。イギリス産業革命については、それを人類史における農業革命につぐ画期とみる説から、その存在を否定する説まである。またイギリス産業革命を木綿工業の勃興で説明する説もあり、この説をとれば、イギリス産業革命はインド木綿の輸入代替化過程であったということである。「東インド（旧世界のアジア）」からもたらされた新奇な物産の国産化すなわち自給自足のための生産革命であった。この生産革命によってイギリスはアジアから経済的に自立できたのである。

「東インド（旧世界のアジア）」からイギリスにもたらされたのはインド木綿ばかりではない。インディゴ（染料の藍《あい》）、砂糖、コーヒー、茶、陶磁器など、いずれも産業革命以後のイギリス人の生活品になったものであるが、もとはアジア物産である。イギリスはこれらをアジアから輸入し、その見返りに金銀、特に銀を運んだ。アメリカ大陸にヨーロッパ人が到達してから、最初の一世紀においてヨーロッパ人が関心を示したのは金銀だけであったといわれるが、アジア物産の流入の見返りに、アメリカ産金銀の三分の一とも四分の一とも推定される莫大《ばくだい》な貴金属がアジアへ流出した。その帰結はヨーロッパ史上未曾有《みぞう》のアジアに対する貿易赤字である。この状態は産業革命が軌道にのるまで続き、産業革命が終わるとともに、アジアに対しては貿易黒字に転じた。ヨーロッパとアジアの力関係が逆転したのである。まさに革命であり、文明史上の大転換である。

イギリスは「東インド（旧世界のアジア）」に対するその巨大な貿易赤字を解消するために、アジア物産を自国領で獲得する工夫を講じたのである。すなわち、かつて海洋アジアの一角をなすインド洋交易圏と結びついていたコーヒーや砂糖は新大陸の植民地に移植した。インド木綿の原料ワタのように、それと類似したアメリカ原生のワタを発見して、そのプランテーションをつくりあげた。このようにして「西インド（新世界のアメリカ）」を新しい原料供給地とすることによって、その目的を果たしたのである。

では、この資本主義の勃興の過程を、理論的にとらえると、どうなるであろうか。マルクスは「封建制から資本主義への移行」という脈絡でとらえた。移行の核心をなすのは「本源的蓄積（原始的蓄積ともいわれる）」である。資本家と労働者という二大階級が出現する過程である。マルクスの影響を受けた日本の経済史家も同様の脈絡で論じた。そのなかでもっとも影響力をもったのは大塚久雄であった。大塚久雄は、資本家も労働者も近代的人間類型でなければならず、そのような人間類型が生まれてくるのにプロテスタンティズムの世俗内禁欲と神への奉仕としての勤労が貢献した、と論じた。そして資本主義を担う代表的人間類型としてデフォーの小説の主人公ロビンソン・クルーソーを、代表的産業として毛織物工業をとりあげた。しかし、毛織物工業をいかに発展させても、木綿はつくれない。マルクスも大塚久雄も「誰が作るか」「誰が利潤を獲得するか」に関心があったが、「何をつくるか」を無視して議論を展開した。

何をつくるかという物に着目する点で理論的に参考になるのは、シュンペーターの経済発展の理論である。シュンペーターは経済発展の根本現象を「新結合《しんけつごう》」となづけた。新結合とは、新しい原料、新しい生産方法、新しい生産組織、新しい商品、新しい市場の出現によって、原料供給地から最終消費地にいたる人と物との結合関係が変わることをさしている。新結合がおこると、経済過程に景気の波がおこる。景気は不況―恐慌―好況―不況……というように循環するのである。経済は景気循環という特色をもっているが、統計的に確かめうるもっとも短い景気循環は二〜三年で、その発見者の名にちなんで「キッチン波《は》」といわれる。もっとも長い景気循環はほぼ五〇年で、その発見者の名にちなんで「コンドラチェフ波」といわれる。シュンペーターが関心をもったのは二〜三年周期のキッチン波、十年周期のジュグラー波、半世紀周期のコンドラチェフ波の三つの波であった。

しかし、コンドラチェフ波よりも長い波があるというのが私の立場である。西洋の資本主義が十七・八世紀から二十世紀までに重商主義―自由主義―帝国主義という三段階を経たことは日本の宇野弘蔵によって発見されていたが、その三段階も波といってよいであろう。それぞれの段階には資本の支配的な蓄積の形式が、安く買って高く売る商人資本の形式、生産過程で剰余価値を得る産業資本の形式、利子や配当で利益を得る金融資本の形式というように変わった。宇野弘蔵の資本主義論は「宇野理論」といわれるが、その影響を受けて、一国の資本主義のなかにそれをみいだすことができるとして、日本資本主義を論じた大内力《おおうちつとむ》がいる。大内力の日本資本主義論は、その段階を重商主義段階、自由主義段階、帝国主義段階に分けるものである。その影響は小さくなく、大内力をふくむ四人の学者が『日本資本主義の生成・発展・没落』の著作をものしている。こうしたことからしても資本主義を超長期の波としてとらえることができるのである。

私の見ている波はシュンペーターが経済現象における最も長い波として重視したコンドラチェフ波よりもはるかに長い。西洋資本主義そのものの生成―発展―没落の五百年におよぶ超長波である。西洋資本主義を超長期の波としてとらえて相対化する視点を私がもちうるのは外部から見ているからであろう。西洋の外部に立つといったが、それはどこかといえば日本である。なぜ日本なのか、それを次にのべよう。

脱亜としての近世

日本社会でも、ヨーロッパ資本主義の勃興期に、ブローデルが描いたような物産複合(この概念をブローデルは使っているわけではないが)の変化に匹敵《ひってき》する変化があった。それは革命的ともいえる変化である。しかもそれはヨーロッパと同じ近世における日本社会の物産複合の変化である。

ヨーロッパ史における大航海時代には、日本が当時「唐・天竺」と呼んだ「東インド」と交易していた。「東インド」とはヨーロッパ人のつけた名称であるが、アフリカ大陸よりも東にあるインド洋圏・シナ海域をさしており、その名称が生まれた当時は日本もそのなかにはいっていた。東インドとの交易をしていたのはヨーロッパだけではなく、日本も交易に従事しており、その交易を通して、日本にもアジアの海域から新しい物産が流入し、サツマイモやタバコのような新大陸起源の物産もあった。そのなかに、木綿、砂糖、陶磁器が含まれており、ヨーロッパ社会におけるのとおなじように、日本もそれら新規の輸入品に対する需要がつくりあげられ、それを自前で国産化する生活革命がおこったのである。内藤湖南が「応仁の乱以前の事は外国の歴史と同じくらい」(『日本文化史研究』講談社学術文庫)と述べたように、近世初期の日本社会の物産複合は巨大な転換期をむかえた。

似ていたのはそれだけではない。日本もヨーロッパとおなじく輸入品を購入するために、量的にはヨーロッパに勝るとも劣らぬ金・銀・銅の貨幣素材をアジア文明圏へ輸出していた。ところが十八世紀から十九世紀にかけての近世から近代への移行期に、日本からの貨幣素材の流出はほとんどなくなった。日本は近世前期にアジアの新物産の原料とその加工技術を国内に移植することに成功し、近世後期にはそれらをことごとく国内で自給生産したのである。それはヨーロッパにおける資本主義の生成期における新結合に匹敵する新結合が日本でもあったことを物語るものである。

新結合の基礎は生産革命である。経済史家の速水融《あきら》氏はそれを、イギリスの産業革命との対比において「勤勉革命」と名付けた。イギリス産業革命と日本の勤勉革命とは生産要素の組み合わせ方が違った。新結合の中身が異なったのである。生産要素には労働・土地・資本の三つがある。イギリスは、アメリカ大陸という植民地の広大な「土地」に対して「労働」が稀少であったので、労働者一人当たりの生産性をあげることが、生産要素の合理的な新結合であった。その結果、資本を集約し、労働を節約する技術革新の新結合となったのである。それにたいして、日本は国土の三分の二が山であるために「土地」はせまいが、そのわりには人口が多い。土地が稀少なので、一反当たりの生産性をあげることが、生産要素の合理的な新結合となった。その結果、土地に大量の労働と肥料を投入するという多肥・労働集約型の生産要素の新結合となった。イギリスと日本の相異なる新結合は、どちらが上位とか、どちらかが基準になるとかの性質のものでない。両者とも、既存の生産要素の賦存《ふぞん》条件のもとで合理的な選択であった。

なぜならば両者はともに生産革命の結果、アジア物産の輸入から脱却することに成功したからである。そして両者ともに旧アジア文明圏から経済的に自立した。イギリスを中核として成立した「近代世界システム」と日本の「鎖国」は、アジア文明からの脱却の相異なる二つの形である。なぜ、そのような新しいシステムが形成されたのか。それは日本人もヨーロッパ人もアジアから得られる物産に魅せられたからにほかならない。それを自国にとり入れるには貴金属で対価を支払わねばならなかった。その支払いが過分になれば、それを止める方法を講じざるを得ない。大西洋を股にかけてそれを賄った「近代世界システム」はその一つの帰結であり、国内にすべてを移植した「鎖国」はそのもう一つの帰結である。

ウォーラーステインによれば、彼が「ヨーロッパ世界経済」と呼ぶ「近代世界システム」の成立過程は一四五〇―一六四〇年頃である。それは日本における戦国時代から寛永の「鎖国」体制の成立期にあたる。「鎖国」体制とは一六二二年から二九年にかけての、ポルトガル船の来航禁止・キリスト教厳禁・日本人の海外渡航禁止・在外日本人の帰国禁止の一連の法的措置を指すが、それらが一六四〇年には形を整える。両者の成立時期が一致している事実に注目したい。

「近代世界システム」と「鎖国」とでは、母胎としたアジアが異なる。日本文明は、西洋文明とは異質なアジアを母胎とした。日本が主に関わったアジアは中国文明であり、ヨーロッパが主に関わったのはイスラム圏でありインドあった。しかし「近代世界システム」と「鎖国」とはアジア文明の精華である諸物産を、自家薬籠中のものにする「脱亜」の過程であったという点において共通している。「近代世界システム」の場合、産業革命によって「脱亜」を完成したことは素人目にも理解しやすい。しかし「鎖国」日本における「脱亜」は必ずしもそうではない。そこでつぎに貨幣に焦点を絞って、この点を補足しておこう。

日本とイギリスにおけるアジア物産の国産化過程は、貨幣の流出問題に対処する過程でもあったが、貨幣素材の流出が問題となるには、そもそもの前提として貨幣金属の手持ちがなければならない。金・銀・銅の貨幣を一国内で自給し管理していたのは、世界広しといえども鎖国時代の日本だけである。日本は初めから貨幣の自給国であったのではない。それどころか、中世の幕があける平安時代末から室町時代の日本は中国銅銭の純輸入国であった。日本が中国から大量に銅銭を輸入するようになるのは十二世紀半ばからであるが、当時の中国銭(宋銭)はアジアの国際通貨であり、日本の通貨も近世江戸時代の初期に至るまで、そのような国際通貨としての中国銭に頼っていた。

近世江戸時代の貨幣制度は、金・銀・銅の三貨によって特徴づけられる。特筆すべきは、幕府による銅銭の公鋳である。渡来銭の中心は明の永楽銭であり、幕府はそれを模して慶長通宝・元和通宝を鋳造したが、とって代われなかった。公鋳銭による銭貨統一が果たされたのは寛永通宝によってである。これにより中国からの輸入銭は十七世紀末になって、日本史上初めて国内から姿を消した。寛永通宝の意義は大きい。新井白石『本朝宝貨通用事略』によれば、銅の輸出高は寛文三(一六六三)―宝永五(一七〇八)年の四十六年間に「銅一億一万《ママ》一四四九万八七〇〇斤余」に達した。近世日本は、銅銭の輸入国から輸出国へ転換した。

銅銭はアジアの国際通貨であったから、日本銅銭がアジア市場へ登場したことは、日本経済史上、否、アジア経済史上、画期的である。アジアの銅産出地域は日本以外にも、中国、ペルシア、インドと数えることができるが、いずれも国内産出高に不足をきたしていた。十七世紀の日本はアジア最大の銅の供給国にのし上がり、アムステルダムへも運ばれ、西洋の銅相場に深刻な影響を及ぼすほどであったが、その量はアジアで需要された量に比べるならば、ものの数ではない。

中国を中心とする世界秩序は華夷秩序と呼ばれ、貿易は朝貢の形態をとった。その眼目は朝貢国が中国から銅銭を供給してもらうことであった。ところがその中国が銅の輸入国になり、しかも一七一五年の正徳新例によって、日本政府の発行する「信牌《しんぱい》」という通交許可証をもたない限り、銅の供給を受けられなくなった。「信牌」は、足利時代に中国から給付された勘合符《かんごうふ》と変わるところのないものである。中国と日本との朝貢関係は、形の上では逆転したのである。

清朝では銅不足と信牌による貿易制限のために、ついに一七二〇年代に雲南銅山の開発に乗り出すが、北京から雲南へは地理的に遠く、北京政府の管理が徹底せず、清朝後期にはその通貨体制である銭法が瓦解した。近世日本は貨幣素材を国内で完全に掌握管理し、あまつさえ輸出にも回して、中国経済ひいてはアジア経済に影響を及ぼしうる位置を占めていた。近世の日本はアジア社会における交換手段を一貫して掌中にしていたことにより、アジア物産をことごとく買いうる立場にたっていた。マルクスが「生命がけの飛躍（Salto mortale）」とよんだ「W→G（商品から貨幣への飛躍）」をつねに果たしうる立場に立ったのが日本である。江戸時代の日本は、中国に代わって、アジアにおける貨幣素材の最大の供給国になり、かつての「中華帝国」の役割を果たしていた。アジア物産の国産化が進む近世中期以降、日本は国内の貨幣需要を優先させて貨幣の流出を制限したが、十九世紀には自給化の達成によって貨幣素材が国外に出ていくべき理由がなくなった。それは「脱亜」の完成である。

「鎖国」と「近代世界システム」

イギリスを中核として西洋に出現した「近代世界システム」においては、資本集約型・労働節約型の生産革命によって、旧アジア文明圏の物産を環大西洋圏で需給するシステムを作りあげて輸入代替・自給化を達成した。日本においては、江戸時代に資本節約型・労働集約型の生産革命によって、旧アジア文明圏から輸入していた物産をほぼすべて国内土壌に移植して輸入代替を図り、国内自給を達成した。その体制的表現が「鎖国」である。「近代世界システム」は開放体系であるのに対して、「鎖国」は閉鎖体系である。物資の需給方法は対照的である。両者の相異点をいくつか拾ってみよう。

西洋文明の母胎はメソポタミア、エジプト、ギリシアなどの諸文明の数千年にわたる巨大な知的遺産を吸収したローマ文明であるが、十二世紀頃からはアラビア文明の遺産を摂取しており、ユーラシア大陸西部の有力な文明の遺産の上に成立したものである。一方、日本社会は中国文明の周辺地域としてスタートしたが、中国文明はメソポタミア、エジプト、インダス、ローマの諸文明とは性格を異にしている。日本文明は西洋文明の根ざしている旧文明グループとは異質な、ユーラシア東部の孤立文明である中国文明を母胎としたのである。

日本とイギリスの近世社会の母胎となったユーラシアの文明世界は西部と東部の二つに分けられるが、インド文明は東西両方の中間域にある。たとえば食文化を構成する物産複合からみれば、小麦を物産複合の中心にしたユーラシア西部（インド以西）と、米を物産複合の中心にしたユーラシア東部（インド以東）の二つのタイプに分けられる。地理的に中間にあるインド社会の物産複合は、食料として小麦・米の両方をもっている。インド以西では小麦が好まれ、インド以東では米の食文化が広がっている。小麦は西方のザグロス・イラン高原からインダス川流域に伝播し、米は揚子江流域から南方の雲南・アッサムを経てガンジス川流域に伝播した。インドは、米と小麦の両方の大産地である。衣料についても、木綿の起源はインドであり、インドから東西両方向に伝播した。西方へは、ワトソンのいう八〜十一世紀の「アラブ農業革命」によって小アジア・中東に伝わり、地中海沿岸に移植されてヨーロッパに伝わった。一方、東方へは、中国に綿作が伝わったのは十三世紀、朝鮮へ伝わったのは高麗末期の十四世紀末、日本に伝播したのは戦国時代である。このように、インドはユーラシアの東西文明社会の主要食料・衣料を併せもつ混合型であった。アレクサンダー大王の東方遠征から「東インド会社」に至るヨーロッパとインドとの関わりからすれば、西洋社会への影響は無視できない。また中国経由ながら、日本にはインドから仏教が伝わっており、日本社会への影響は明白である。インドは西洋と日本の両方に関わり、両方に影響を与えた。

このように、西洋の近世社会はユーラシア西部（インド以西）のアジア文明の遺産を吸収して成立したものであり、ユーラシア東部の文明の遺産の大部分は、西洋社会にとっては十九世紀の東アジア諸国の開国に至るまで手つかずのまま残されていたのである。このユーラシア東部の中国文明は、ユーラシア西部の諸文明と堂々と肩を並べうる。ユーラシア西部のアジア文明を吸収して西洋近世が成立したのに対し、日本近世はユーラシア東部の文明の遺産の消化吸収の上に成立した。すなわちヨーロッパに出現した「近代世界システム」は、西アジア文明圏からの脱亜の形であり、「鎖国」は東アジア文明圏からの脱亜の形である。

「近代世界システム」の淵源は「十四世紀の危機」である。その危機を克服する過程で、大西洋をとり囲む地域に、「近代世界システム」は中核–半辺境–辺境の三層構造をもって成立した。「十四世紀の危機」はヨーロッパに限られた現象ではない。ユーラシア大陸の広域にわたる危機であった。十四世紀中葉に中東では疫病によって人口の三分の一が減少し、中国では元朝が滅び明朝が樹立される過程で人口が一億二千万人から六千万人へと半減し、日本では南北朝の内乱が始まった。この危機の克服の動きの中から、それまでは世界の諸文明のはずれにあり、呪術的な中世世界に閉塞していたユーラシア大陸の両端の地域が対外進出を開始した。進出の舞台はアジアの海であり、時期は、ヨーロッパは「大航海時代」、日本は「倭寇の時代」である。

その結果、日本人とヨーロッパ人は同じ時間・空間を共有した。すなわち中世末から近世にかけての「東インド」である。その時空間に日本人もヨーロッパ人もあまたの民族にたち混じって華やかな交流をくり広げつつ、貿易活動に従事した。そしてアジアの文物をもち帰ったのであるが、前述のように「近代世界システム」は主にインド以西のアジア文明を受容し、それを自力生産して成立した。それはユーラシアの西方系統の文明を母胎とした、「新文明の西洋型」である。一方、「鎖国」は主にインド以東の文明を受容し、それを自力生産して確立した。これはユーラシアの東方系統の文明を母胎とした、「新文明の日本型」だということである。

幕末の開港は、両文明の出会いをもたらした。なるほど日本は西洋列強によって開国させられた。だが、日本が関係をもったのは西洋諸国とばかりではない。アジア諸国とも関係をもった。新しい自由貿易システムのもとで日本と経済的に競合したのは、西洋諸国というよりむしろ自由貿易に組みこまれたアジア、なかんずく東アジア諸国であった。生糸・茶・砂糖・木綿等、近世前後に日本が東アジアから移植し、自給した物産をめぐる競争である。この「アジア間競争」において優位を占めることにより、近代日本は東アジアに地歩を築いたのである。

西洋型近世の破産

脱亜の形は西洋型と日本型の二つがあったが、十九世紀以後は西洋型が幅をきかせた。それは新大陸を背景にフロンティアの無限の存在を前提にした、資源浪費型の文明である。またそれは絶えざる戦争を内包した文明である。しかし早くも十九世紀末には「稀少資源の最適配分」が経済学の課題になり、二十世紀末には資源の絶対的消滅が環境問題として立ち現れ、西洋型近世の限界が露呈している。そこに日本型近世の現代的意味を見直す意義がある。

十六世紀後半の日本は鉄砲の大量生産に成功し、ヨーロッパのどの国にも勝る軍事大国であったが、近世期には火器の開発をやめて花火に夢中になり、武器としては刀剣に後もどりした。鉄砲の起源は中国であり、それがヨーロッパに伝えられ、さらに海路日本に伝わったのが一五四三年である。その後の半世紀において、日本は鉄砲の世界最大の生産・使用国となった。だが十七世紀以後、鉄砲に対する態度は、その使用・改良・拡大に向かった西洋と、その制限・縮小に向かった日本という鮮やかな対照がみられる。近世日本は、なぜ軍縮をしたのであろうか。

すべての国家は物理的強制力=暴力の上に築きあげられているが、暴力=軍事力を国家が管理する政治哲学は一つではない。旧アジア文明圏からの経済的自立は、政治にも反映したはずである。「鎖国」日本の軍縮の論理を、日本文明の母胎となった中国文明との関連で探りながら、「近代世界システム」の軍拡の論理と比較することが必要であろう。

現実はイデオロギーの基盤であるとともに、イデオロギーは現実を創りだす。ヨーロッパにおいて国際関係を律する国際法の原点は、「三十年戦争」のさなかの一六二五年にオランダ人グロチウスが著した、『戦争と平和の法』（酒井書店）である。この書により、グロチウスは「国際法の父」としての名を残した。グロチウスはそこで、何を述べたのか。ほかでもない戦争の正当化を試み、軍事力の行使を国家主権の一つとする政治哲学を開陳した。グロチウスは戦争のなかに合法的な戦争、すなわち「公戦」（ないし「正戦」）があると主張し、「公戦」を国家主権の行使として正当化した。この書物の出現によって交戦権が国家主権の正当な構成要件となり、国際関係を〈戦争〉という観点から見る世界観がヨーロッパに誕生した。そこに同書の歴史的意義がある。

『戦争と平和の法』の出現以来、ヨーロッパ人は「戦争と平和」を基本的座標軸として国際関係を律してきた。一方、近世江戸時代の日本は戦争とは無縁であり、〈戦争〉という観点から世界を了解するパラダイムをもっていなかった。軍備は国家の存立に関わるから、軍縮は徳川国家システムと関連していた。軍縮は、徳川幕府が儒教を採用したことと無縁ではないであろう。「意誠にしてのち心正し、心正しくしてのち身修まる、身修まりてのち家斉う、家斉いてのち国治まる。国治まりてのち天下平かなり」（『大学』）という儒教的世界観のもとでは、統治の正当性の源泉は力ではない、徳である。徳を積み、身を修めれば、家が斉い、国が治まり、天下が泰平になるという政治哲学に立てば、軍事力による統治はなじまない。徳のある主君は明君と仰がれた。これは覇権主義ではなく、徳治主義である。

徳川幕府の道徳的な相貌は、国外にも向けられている。家康の時代には、未だヨーロッパに国際法は誕生していない。通常「鎖国」といわれる江戸の対外政策が形を整える一六三〇年代になっても、徳川幕府が参考にし得たであろう国際秩序のなかには、「国際法」のような西洋モデルは未だこの世に存在していなかった。

だが日本の近隣地域には、国際関係を律すべき独特の国際秩序が存在していた。それは「華夷秩序」である。「華夷秩序」は東アジア世界を律した国際関係であり、冊封体制と朝貢貿易とを二つの柱とする。当時の日本が選択し得た国際秩序は、中国の作りあげた華夷モデルしかなかった。「華夷秩序」にもとづいて作りあげられた近世江戸時代の日本の対外関係は、「大君《たいくん》」外交として知られる。「日本国大君」とは徳川将軍の正式の対外的呼称であるが、この称号が成立したのは、ロナルド・トビ『近世日本の国家形成と外交』(創文社)によれば一六三五年である。それは皇帝-国王という中国中心の「華夷秩序」から、日本中心の「華夷秩序」への転換を狙ったものである。

日本型華夷秩序にもとづいて、日本は朝鮮、琉球、オランダ、中国との関係をもっていた。無批判に近世日本を「鎖国」と特色づけるのは問題がある。「鎖国」という用語はケンペルの『日本誌』の一部を、一八〇一年に志筑忠雄が『鎖国論』と翻訳して生まれた。志筑は「鎖国」という用語に、当時の海外雄飛派の林子平や本多利明に対する反論という政治的意図をもたせており、近世日本の実態を描くためにのみ使ったわけではない。ただし幕末になると、家光以来の祖法としての「鎖国」という用法がでてくる。これは、「開国」に反対するための政治的脈絡で使われている。「鎖国」という用語はアメリカのモンロー主義と同様、実態というよりも政治的イデオロギーをはらんだ用語であったとみられる。一八〇〇年までの日本人は「鎖国」という言葉を知らず、したがって「鎖国意識」もなかったと言うべきであろう。たとえば一七九二年のラクスマンの通商要求に対し、老中の松平定信は、日本は朝鮮と琉球と「通信」、オランダと中国とは「通商」の関係をもっているが、それ以外の国との交際は断ると返答した。「通信」とは外交関係、「通商」とは貿易関係であり、れっきとした国際関係である。

日本の対外政策が形を整えるのは、「大君外交」が成立する前後の寛永年間、一六三〇年代である。「華夷」をいいかえれば「文明と野蛮」である。つまり十七世紀前半に、日本における「文明と野蛮」の二分法的世界観と、ヨーロッパにおける「戦争と平和」の二分法的世界観とが、同時に生まれたのである。前者はモラル・ポリティックス、後者はパワー・ポリティックスを生んだ。

日本は明治維新を機に「富国強兵」のパラダイムを受容し、日清戦争以後、軍事大国化の道を歩み、日露戦争、第一次世界大戦、シベリア出兵、山東出兵、満州事変、日華事変というように軍事拡張の道を突っ走り、大東亜戦争で大敗北を喫した。第二次世界大戦に至る日本近代史は、「戦争と平和」のパラダイムに「文明と野蛮」のパラダイムがけちらされた歴史であったとみることもできよう。しかし、勝者であったソ連が軍事力を突出させて瓦解し、アメリカもレーガン政権のもとで軍事費を膨張させて経済が低迷した。「戦争と平和」の世界秩序観に基づく「富国強兵」のパラダイムは、必ず破産するといわねばならない。それは一つのヨーロッパの「近世の形」の破産である。歴史の中に日本人が自ら捨てさったもう一つの「日本の近世の形」には、ポスト・モダンの現代に生かせる新しい可能性がある。

3　アジアにおける「近代の超克」

アジア経済圏はアジアで閉じられていない。それは、ＥＵ（欧州連合）やＮＡＦＴＡ（北米自由貿易協定）が内部指向をもつのとは異なり、ブロック経済とは縁のないものであり、外部指向性をもつ。中国を起点とし、近代西洋を媒介とし、日本を旋回軸として始まったアジアのダイナミズムは、東アジア域内からあふれ出て諸大陸に及び、海洋地域に波及して、オーストラリアやニュージーランドのオセアニアを巻き込みつつある。それは新しい文明の胎動であろう。

日本がどのようにしてアジアにおける最初の工業国家になったのか、という問いかけは、イギリスがどのようにしてヨーロッパにおける最初の工業国家になったのか、というのと同じくらい、近代文明史上のきわめて重要な問いである。中世のヴェニスが西地中海（キリスト教圏）と東地中海（イスラム圏）とを結んだように、近代の大英帝国は、環大西洋圏（キリスト教圏）と環インド洋圏（イスラム圏）の二つの大洋の支配の上に、新世界と旧世界とを結びつけた大海洋文明であり、「パクス・ブリタニカ（イギリスの平和）」は旧世界の文物の受容の上に花開いたものであった。それはまたイスラム文明の成果をとりいれたルネサンスの系譜をもち、パクス・ロマーナのアナロジーでとらえられた。かくして、大英帝国は様々な要因の総合的所産、いわば西洋におけるギリシア・ローマ以来の諸文明の総合的所産であった。

それと同じように、日本の台頭は、明治期以降に受容された西洋文明のみならず、それ以前に受容したアジア諸文明の総合的所産である。それは「日本文化論」では説明し切れない。日本の発展は近隣のアジア諸国から影響され、そこに影響を与えつづけてきた大事件である。国際的広がりの中で「日本とは何か」を問うとき、その対象は、個別的な文化のみならず、普遍的な経済をも内に含む「日本文明」という名称がふさわしいであろう。ヨーロッパ資本主義に「近代文明」の名が冠せられるように、茶の湯や浮世絵のような日本に特殊な文化要素のみならず、カメラ、時計、自動車、電気製品、半導体などの物質的所産を含む日本資本主義の形容には「日本文明」という語が似合っている。「西洋資本主義」と「近代文明」との対比において、「東洋資本主義」と「日本文明」が浮き彫りになれば、新しい比較文明論にも道を開くであろう。

結びに大きな課題を二つ取り上げたい。一つはアジアにおける「近代の超克」であり、もう一つはアジアの暮れ方でありドラマの大団円への見通しである。

近代の超克

トインビーは『歴史の研究』（『世界の名著』七三巻に抄録、中央公論社）において、文明の興亡をチャレンジとレスポンスという用語で説明した。レスポンスには受容と反発とがあり、それぞれに積極的なものから消極的なものまで広い幅がある。西洋文明をフルセットで主体的に受容したのは、アジアでは、いや非欧米圏をながめても、日本のみであり、日本は西洋文明の積極的受容の典型的事例である。中国はアヘン戦争を戦ったことに示されるように積極的反発の例であり、朝鮮は列強の挑戦に直接応戦したというよりも、清帝国と明治日本のはざまにあって揺れうごき、西洋文明に対しては消極的反発と消極的受容を示した例であろう。

アジアにチャレンジしたヨーロッパは、二十世紀になって第一次世界大戦で焦土と化し、嘆いたシュペングラーは『西洋の没落』(五月書房)を著した。復興の実現せぬ間に第二次世界大戦で再び焦土となり、冷戦の崩壊はフランシス・フクヤマに『歴史の終わり』(三笠書房)を書かせた。二十世紀のヨーロッパは自己破壊で特徴づけられ、その自己確認には終末観が影を落としている。すでに西ヨーロッパに文明の花が咲き誇った近代の秋に、マルクスは資本主義社会の没落の必然性を説き、ニーチェはヨーロッパの没落を予感し、ウェーバーは西洋の近代合理性の限界を認識していた。

すなわち、いわゆる「近代の超克」は、単に日本の問題であっただけでなく、十九世紀以来、近代西洋自体の課題であったといわねばならない。近代は、鬼子として世界戦争と地球大の環境破壊という負の成果を生み落とし、またアジア・アフリカ地域にとっては植民地化という屈辱を生んだ。屈辱からの解放、それはアジア・アフリカにとっては、近代化というより現代化といわれる。とすれば、近代の超克はまさに世界大の問題だ、といわねばならない。ではアジアにおいて近代資本主義はいかに超克されてきたのか。

十九世紀中葉、アジアの前に近代西洋資本主義は「富国強兵」として立ち現れた。アジアにおける近代の超克とは、西洋に起源する「富国強兵」の克服を意味する。ほとんどのアジア諸国はその前に屈服したが、二十世紀のアジアは西洋列強に従属しつつも抵抗し、富国強兵を自家薬籠中のものとする軌跡を描いている。十九世紀後半のアジアにおいて、富国強兵に成功したのは日本だけである。二十世紀は日本の軍事的台頭で幕をあけた。日露戦争はアジア人が西洋列強を破りうるという衝撃をアジアに与えた点で重要である。戦後日本は「富国」の金色に濃く染まった。その後を追うようにNIESとASEANが「富国」の道に踏み出した。二十世紀は東アジア諸国が富国化にむけて離陸したところで幕が下りた。一方、北朝鮮は「強兵」、毛沢東の「文化大革命」の失敗以後の中国は開発独裁の共産党のもので「富国強兵」の路線を固めている。強兵路線をとってきた北朝鮮は人民が貧困である。そこにアジア諸国がとるべき将来の指針が示唆されている。

まず富国化の基礎として留意すべきことは、日本には物づくりに対する偏見がなかったことである。物づくりを重視するエトス(精神)はどこにでもあるわけではない。中国では王朝の交替期に戦乱を繰り返し、どの中華帝国も朝貢システムによって万邦から物を集め、李氏朝鮮は朝貢によって中国から貴重な諸物を得た。そのような朝貢システムのもとでは、物づくりへの志向は育ちにくい。しかし江戸時代の日本は中国に朝貢せず、明・清帝国からの回賜品であった絹織物や銅銭などを入手するには、自力で作る以外になかった。その自力生産の過程が「勤勉革命」といわれる生産革命である。この物づくりのエトスが農書等を通じて国民にゆきわたり、地域的・社会的分業が発達し、近世日本に「経済社会」が成立した（速水融他『経済社会の成立』岩波書店）。一八五四年の黒船来航に際し、通商の利益を論じるペリーに対して、応接した林大学頭は日本は物に不自由はしていないと答えている。日本は十九世紀には自給自足を達成していた。

ところで、幕末日本に存在した「自足」の意識は東アジア諸国に共通したものであった。一七八三年のイギリス使節マカートニーに対し、乾隆帝は「種々の貴重の物、ことごとく集まり、あらざるところなきは、爾の正史等の親しく見るところなり。爾の国の製弁せる物件をもとむることなし」（『中国訪問使節日記』平凡社、東洋文庫）と応じた。李氏朝鮮も鎖国をしていた。日本・朝鮮両国の鎖国＝自足体制は、近代以前の東アジアに決定的影響を与えていた中国の模倣であったとみなしうる。欧米列強の「通商」システムに対し、東アジアは「自給自足」システムをもっていたのである。

近代の「富国」路線には様々な問題があるが、何よりも、近代日本は「通商」システムによる富国化を進めた結果、「資源小国」になったことである。「持たざる国」「資源小国」という国民意識は大正〜昭和期に生まれた。日本は近代化に成功することによって、皮肉にも「持てる国」から「持たざる国」へ、「豊かな国」から「欠乏国」へと国民意識が変化した（今津健治『近代日本の技術的条件』柳原書店。安場保吉「日本経済史における資源」大阪大学経済学部ディスカッション・ペーパー・94—3）。「アジアにおける最初の工業国家」となった近代日本は、西洋文明を受容した結果、「自足」意識が喪失し、不足感が常態となり、生産者は資源を、消費者は満足をあくことなく追求する社会が出現した。世界トップクラスのGNPという物質的富裕のただ中で「心の豊かさ」を求める欠乏感が存在している。これは異常である。近代の超克は、「豊かさ」の意識革命をいずれ伴うものでなければならないであろう。それは、「自足」の意識の回復を伴うにちがいない。

文明の自己回帰

西洋文明に対し、明治期の日本人は劣等意識をもった。それは李氏朝鮮では目立たない。李朝の知識人が西洋科学に無知だったからではない。すでに十七世紀の朝鮮には、漢訳されたジェズイットの西洋科学書が中国からもたらされ、地動説（朝鮮では「地球説」といわれた）も伝わっていた。しかし「地球説」は、天下の中心が中国ではないという意識をもたらし、中華思想の世界観から離脱する理論的根拠となった。朝鮮において西学は、中国型中華思想から朝鮮型中華思想への転換をうながしたのである。日本の場合、蘭学の果たした役割は正反対である。それは「遅れている」という意識の誕生として重要である。蘭学は、杉田玄白『蘭学事始』（一八一五年、文化十二年、岩波文庫）の苦心談にあるように独学独習であったが、アヘン戦争で中国が敗戦するにおよんで軍事技術に関心が高まり、軍事面で「日本は遅れている」という事実が蘭学を通じて確実に認識されていた。明治期日本にはお雇い外国人を含め近代西洋文明は人・物・技術が三位一体で導入され、近代化が始動したが、それは福沢諭吉が『文明論之概略』（岩波文庫）で日本を「半開」と位置づけたように、西洋文明に対して「遅れている」という意識を内在させていた。

「遅れている」という意識は明治の知識層に共有されていた。岩倉遣外使節団（明治四―六年）は「当今ヨーロッパ各国、みな文明を輝かし、富強をきわめ、貿易さかんに、工業秀で、人民快美の生理に、悦楽をきわむ。その状況を目撃すれば、これ欧州商利を重んずるの風俗の、これを漸致せる所にて、原来この州の固有のごとく思わるれども、その実はしからず。欧州の今日の富庶をみるは一千八百年以後のことにて、著しくこの景象を生ぜしは、わずかに四十年にすぎざるなり」（『特命全権大使米欧回覧実記』岩波文庫版（二）六六頁）と述べている。使節団は、西洋文明に対してわずか四十年ほど遅れているにすぎないから、日本が工芸（産業）において欧州に追いつき、肩をならべる日の遠くないことを確信したのであるが、重要なことは、はやくも明治初年に文明は時間的尺度のなかにおいてとらえられていたことである。

時間軸に立った文明観は、東アジアに存在した文明観が華夷の別を地理的に区分する空間軸に立った文明観と対照的である。日本人の文明観の軸が明治維新期に空間軸から時間軸へ転換した。そのことが「遅れている」という意識を醸成し、その意識が日本を発展にかりたてる原動力になった一番大きなエートスになったものであろう。

時間軸にたつ文明観が日本に定着したことは進化論の受容ともかかわっている。エドワード・モースは一八七七～八〇年に東京大学で進化論を講じ、その『動物進化論』が石川千代松によって一八八三年に訳され、進化論が日本に入った。田口卯吉の『日本開化小史』（明治十―十五年、岩波文庫）から北一輝の『国体論及び純正社会主義』(明治三十九年、みすず書房)に至るまで、社会進化の法則を信じる社会進化論は明治日本を風靡した。北一輝は、進化の果てに人類は「類神人」になるといっている。神が人間を創造したものだとすれば、進化の果てに神をたてるのは自己回帰といえるであろう。目標は原因のうちにある。進化論の行き着く先にあるのは、進化の原因への回帰であろう。

時間軸の先には西洋文明という目標があった。だがその目標が目標でなくなったのが二十世紀から二十一世紀へと変わる頃のことである。新たに問われるのは、いま日本はどこにいるのかという位置づけである。改めて空間的世界認識の回復が求められているともいえよう。アジアのダイナミズムが自己回帰する場はどこであろうか。

アジア諸国の大半は、戦争や通商条約の締結を通して西洋列強に従属した。それはアジアにおける屈辱の歴史である。松本健一が『近代アジア精神史の試み』(中央公論社)で論じているように、アジアは屈辱において一つになり、屈辱を抵抗に転じ、覚醒し、独立を求めた精神の軌跡をもっている。日本は安政の開国という「屈辱」のもとに、富国強兵を実現し、ロシアと戦い、英米と戦った。そこには幕末以来の攘夷意識の連続がある。西洋列強の覇道に対し王道を宣揚した孫文の「アジア主義」にも抵抗の精神が脈打っている。朝鮮では「東学」をもって西洋の「西学」に抵抗した。インドでガンジーが紡ぎ車を「インドの魂」と自覚したのは、イギリスの紡績機械に対する抵抗精神の発露である。アジア諸民族は西洋列強に屈服したが、「富国強兵」を手段として利用して抵抗しつつ、その原点をさぐる中から民族のアイデンティティに覚醒してきたといえる。その起点となった日本の台頭がアジア間競争、なかんずく中国との競争に源をもつとすれば、起点である中国はゴールでもある。日本の鎖国体制は、中国の自給体制の模倣であった。それを日本は物作り（産業主義）によって達成したが、日本の産業主義が旋回軸となって、NIES、ASEANの経済構造の転換を誘発し、さらにそのダイナミズムは中国内陸部に波及していく可能性は高い。では、その果てに何が見えるであろうか。「死せるもの、常に生ける者を動かす」という千古の言い伝えがあるように、現在の中には過去が生きている。過去との連続性が国のアイデンティティをつくっている。それは自国イメージとかかわっている。中国は強烈な天下意識のある国である。中国の自己回帰は超長期的には自給自足へと回帰するという可能性を否定できない。

日本の近代化は「脱亜」であると論じてきた。ただし私の脱亜論は、福沢諭吉の脱亜論とは異なる。福沢は朝鮮が事大主義、すなわち中国の華夷秩序のもとで大（中国）に事《つか》える状態から独立するように望んだ。福沢がそのような立場をとれたこと自体のうちに、明治期の日本がすでに中国から独立していたという紛れもない現実がある。中国からの独立は近世に達成されたのである。日本が中国的華夷秩序から独立したこと、それが私のいう脱亜である。ちなみに、脱亜にはイスラム的アジアから独立したヨーロッパと、中国的アジアから独立した日本との二つの形がある。前者の典型であるイギリスは自由貿易型、日本は鎖国型であった。両者の型の違いは、それぞれが対抗したイスラム的アジアが通商を軸にし、中国的アジアが公式的には自給自足を軸にした文明である、という旧文明の原型の違いによった。

日本は近世に自給自足の原理を生産革命によってものし、近代には自由貿易の原理を文明観の転換によって実現してみせた。「脱亜」の二つのシステムを一国において存分に生かしえたところに日本の文明力がある。しかし、それはあくまで外来文明を受容し、マスターする力である。第二次世界大戦の前における「強兵」の突出と戦後における「富国」の突出とを、近代日本の歪みだという見方もできようが、アジアにおいて近代西洋文明を日本ほどトータルに受容した国はない。その事実に照らせば、近代日本にみられる「いびつな近代化」とは、逆に「近代西洋文明」の普遍性の限界が、受容国のモデルである日本で露呈したとみなすこともできる。別言すれば、日本の近代化自体が、意図せざる結果として、「近代の超克」の条件を形成してきた、ということである。

二十一世紀の日本は、日本史上はじめて、文明を受容する立場から、能動的に働きかける立場に転じうる新しい局面を迎えている。高谷好一『新世界秩序を求めて』(中公新書)はその立場を自覚し、岩石における自形と他形のたくみな比喩を用いて、日本のよって立つべき姿勢を示唆している。自形とは長石や水晶のように、しっかりとした結晶形をもつ鉱石であり、他形とは結晶の間を埋める充填物であり、さまざまな形をとりうる。世界には自形型の文明と他形型の文明があるだろう。中国、ヨーロッパ、イスラムの諸文明が文化一元的な特長をもつ自形型の文明であるとすれば、日本は、文化多元的な特長をもち、それゆえ諸文明の共存を可能にする他形型の特長をもっているといえるかもしれない。そうだとすれば、アジア諸地域がそれぞれの民族の固有の文化に自己回帰する媒体となるところ、すなわち相手の文化の発展に資するところに、日本の役割があるともいえよう。

しかし諸地域が自己の文化に回帰しつつ、互いに共存するに至るまでの道のりは遠い。アジアには貧困を克服する基礎条件さえいまだない国があり、軍事のシビリアン・コントロールを必要とする国もある。日本は「近代西洋文明」をアジアで最も巧みにものしたという実績の上にたち、その限界への自覚とともに相応の自信をもって、人類の遺産としての近代文明の肯定的な側面を生かしていくこともできるであろう。そのことは、これからまだしばらくは功罪半ばする「近代」に振り回されながら、富国化と強兵化、なかんずく前者のレベルにおいて、激しいアジア間競争の時代が続くであろうことを意味している。

書評　鈴木成高著『ヨーロッパの成立・産業革命』（京都哲学撰書第六巻、燈影舎、二〇〇〇年）

鈴木成高（一九〇七―八八）の専門は世界史であった。主著に『ヨーロッパの成立』（筑摩書房、一九四七年）と『産業革命』（弘文堂、一九五〇年）の二冊があり、それが右の一書にまとめられた。まず、その目次構成を示そう。

第一部　ヨーロッパの成立
　序
　第一章　ヨーロッパの形成
　第二章　世界史観の歴史
第二部　産業革命
　序
　第一章　産業革命とは何か
　第二章　イギリスの産業革命

第三章　第二次産業革命（運輸革命、電力革命、化学工業と重工業）

原著『産業革命』第二章の「初期の発明」と「工作機械」の二節、第三章の「各国における産業革命」の一節、そして巻末年表の計五十ページ余りは紙幅の制約で省かれているが論旨は損なわれてはいない。両著はあいまってギリシア・ローマの古典古代から現代にいたる三千年余りの西洋史像を提供している。鈴木成高は昭和を生きた歴史家の代表として「近代の超克」を論じ、世界史の泰斗として名を残した。碩学・鈴木成高の抱懐した世界史像は本書によってもっともよく体系的に提供されることになった。

『ヨーロッパの成立』は鈴木成高が四十歳のとき、『産業革命』は四十三歳の作品である。『ヨーロッパの成立』は一九四二（昭和十七）年の「近代の超克」の座談会に京都大学助教授として出席した戦時期に執筆され、翌一九四三（昭和十八）〜四四（昭和十九）年には脱稿されており、鈴木成高が京都学派の一翼を担っていた戦時中の仕事である。『産業革命』は一九四七（昭和二十二）年に京都帝国大学を辞職して三年たった戦後の仕事である。

このように、両著の間には著者の境遇に大きな変化があり、文体も異なっている。とはいえ、その文章は多くの読者を魅了したランケ『世界史概観』（岩波文庫）の名訳で知られるように読みやすい。『ヨーロッパの成立』の行間には危機感と緊張感があふれ、『産業革命』は平明で達意の文章でつづられて余裕のある心境を感じさせる。

鈴木成高の問題意識は一貫していた。世界史家として「ヨーロッパとは何か」、また「世界史の中での非ヨーロッパ世界、とくに東洋および日本の位置を見定め、さらに、第二次世界大戦がなぜおきたのか」、この問題を世界史家としての視野で考察しようという構えである。

『産業革命』について、「その歴史を記述したにとどまる」と謙遜しているが、単なる過去の記述ではない。日本が総力をあげて戦った第二次世界大戦の原因について、その文明史的起源を鈴木成高が「産業革命」にもとめていたことが同書の最後にサラッとあかされている。産業革命（特に第二次産業革命）がなぜ戦争に帰結したのか、その本質にせまろうとしたところに執筆の動機があり、類書とは異なっている。

さて、鈴木成高は三十二歳で処女作『ランケと世界史学』（弘文堂、一九三九年）を著した。ドイツの歴史家レオポルド・フォン・ランケ（一七九五―一八八六）は近代歴史学の父である。鈴木は、ランケの歴史を見る目が処女作から遺作にいたるまで一貫していたと論じているが、同じことは鈴木自身にもあてはまる。鈴木成高が世界史家になったのは疑いなくランケを通してである。『ランケと世界史学』の序に「世界史は単なる博識から生まれるのではなく、偉大なる精神から生まれる」と記されている。同様の趣旨の文章は随所に見られる――「世界史は単なる該博さによって生まれるものではない。それは精神の深さによって生まれるものである」「世界史は単なる量の知識、事実の算術ではない」「良き国民史を集めても決して良き世界史にはならない。国民史と世界史との差異は量の差異ではなく質の差異である」等々。まさにこのような世界史への姿勢こそ鈴木成高がランケから学んだ「世界史の立場」である。

日本における世界史（西洋史）の研究は輸入学問であり、外国人の研究の紹介や解説であるという批判は古くて新しい。この点について、鈴木成高の立場は明瞭である――「私自身はそれを詰まらないと思ったことは一度もない。率直にいうならば、片々たる独創を求めるよりも卓れた糟粕を嘗めることに、より多くの満足と意義とを感じてきた」。こうキッパリ言い切れる者は単なるエピゴーネンではありえない。

鈴木には「（すぐれた史家ランケの）糟粕を嘗めることをいとわない」姿勢があった。それは「世界に妥当する一定の学的水準の高さをもつ」ためであった。「ランケ以後に歴史家はあるけれども世界史家はいない」と鈴木成高が記すとき、それは世界史家としての自覚を物語っている。鈴木はこう書く――「ランケによってつくられた世界史像はランケ史学の継承者と自称する専門家たちによって断片へと引き裂かれてしまった。いまこの危機において、これからの正しい歴史は必ず世界史でなければならぬ。歴史主義の危機を克服する道は世界史の道以外にない」と。世界史をひきうけるという自覚と決意において、鈴木成高はその処女作からすでに自立した世界史家として登場した。

鈴木成高の著作をひもとく者のなかには、そこに引用されている文献をながめ、半世紀以上前の西洋史の学説の糟粕を嘗めたものだ、と批判する向きがあるかもしれない。『ヨーロッパの成立』も『産業革命』も執筆当時の西洋史学界の成果に拠っている。しかし、それは鈴木の本が古くなったことを意味しない。鈴木の構想した「世界史」は西洋の学者が提示した見解や事実を集めただけのものではない。ヨーロッパ世界と非ヨーロッパ世界との関連をさぐり、東西両洋を視圏におさめた世界史を立てるという姿勢が脈うっている。それは著者の歴史哲学（世界史観）と不可分のものであり、真似のできない世界史家としての精神があり、朽ちる性質のものではない。

鈴木成高の世界史におけるキー・ワードは「関連」である。個別の事実のいずれをも世界史にかかわらせる。生ける統一として世界を把握するという態度から個別事象が眺められる。個別を個別たらしめている関連が世界史である。成れるものと成りつつあるものとの関連から歴史が構成される。

トレルチがいうように「物を知るとは結局物をその由来において知ることである」。そのように、世界を知るとは、世界をその由来において知ることであろう。ローマはあたかも湖のごとく、古代のすべての歴史がそこに注ぎこみ、以後の歴史はすべてそこから流れ出る。ローマという湖を媒介にしてギリシア風ローマ風の古代が、ローマ風ゲルマン風の中世以後の世界に変容する。そのようなローマ・ゲルマン風世界こそ、ランケにとってはすべてであり「世界」であった。

だが鈴木成高にとって、ヨーロッパは自己完結性をもった世界ではない。個別の一つである。鈴木成高はランケに学び、ランケの精神を通して、ランケを超えようとした。ランケは国民ないし民族を単位にしたヨーロッパを「唯一の世界」とみたが、鈴木成高はヨーロッパを世界と文明の単位の一つとみている。ヨーロッパは鈴木成高にとって「一つの世界」「一つの文明」でしかない。ここに鈴木のランケと異なる独自の立場がある。今日もなお牢固として存在するヨーロッパ（西洋）がすべてであるというヨーロッパ中心主義は克服されるべきものである。鈴木成高は『ランケと世界史学』において、すでに「現代が清算しなければならないものは、まさにこの十九世紀の欧州でなければならない」と述べている。ランケの「世界」が清算の対象になっているのである。清算され超克されるべき「ヨーロッパ世界」がいかにして形成されたのか。それを明らかにするために歴史的展望をもつ必要性をもっとも痛切に感じていたのは処女作の執筆時からであった。

鈴木成高にとって、現代は西洋と東洋との統一によって構造づけられるべき世界である。そのような統一的世界はランケの世界史には存在しない。鈴木成高が強調する「地中海世界」と「ヨーロッパ世界」との区別は、東洋・アジアの自覚なしには生まれない。「地中海世界」とはヨーロッパとアジアとを同時に含んでいる。「ヨーロッパ世界」とはローマ・ゲルマン・キリスト教の世界であり、東洋のオリエントと対立する。中世以後のヨーロッパ世界はオリエントから分離して成立した。ではオリエントからヨーロッパはいつ分離したのか。それは八世紀のイスラムの侵入に求められている。イスラムの侵入によって西洋と東洋との分裂は決定的になったというのだ。古代の地中海文明は海洋文明、中世ヨーロッパは内陸文明、近代ヨーロッパは海洋文明である。そこに分断を看取できるであろう。本質的分断は東洋との分断であり、東洋の観点からすれば、中世ヨーロッパと近代ヨーロッパとは連続している。近代ヨーロッパは非ヨーロッパ圏にヨーロッパを広げたにすぎない。地理的拡大である。それを可能にしたのは科学技術が応用された機械文明である。機械はしかしあくまで手段である。手段が肥大化し、「今日のアメリカ文明において見られるような手段の文明、目的なき文明、量の文明が形づくられる」と鈴木は早くも処女作において述べているが、その目はランケの視野よりもはるかに遼遠である。

第一次世界大戦はヨーロッパを戦場とし、その解決はヨーロッパ自身の力によってはできず、アメリカの力に頼った。アメリカはコロンブスの到達によって新世界になったのではない。鈴木成高の世界史的立場からすれば、ヨーロッパの大戦に不可欠の力をもったアメリカはまさに「新世界」として世界史に登場した。アメリカは二十世紀にヨーロッパ世界の周辺でなくなったのである。アメリカのみならず、ヨーロッパ資本主義とソビエト社会主義の対立、さらに満州事変以後の日本とイギリスの対立は西洋と東洋の対立であろう。十九世紀まで世界は「ヨーロッパ世界」であった。しかし、二十世紀にはもはやヨーロッパは唯一の世界ではなくなっていた。

こうして「近代（十九世紀ヨーロッパ）の超克」は、鈴木成高の世界史の立場からはおのずから生まれてくる必然的要請であったわけだ。西洋近代との直接対決である第二次世界大戦は奇しくも『ランケと世界史学』が出版された翌年であった。

すでに『ランケと世界史学』を出版して三年が経過し、著者は三十五歳、時局は戦時中の一九四二年、雑誌『文学界』は同年の九、十月号に有名な「近代の超克」の座談会を掲載した（座談会自体は、同年の七月に開催）。その座談会で、鈴木成高は克服されるべき近代をはっきりとフランス革命以後としている。鈴木は十九世紀のヨーロッパは、それ以前のヨーロッパの三要素であるギリシア・キリスト教・ゲルマン精神のほかに科学的精神を加えたものとみる。そのような構想のもとに十八世紀以前のギリシア・キリスト教・ゲルマンの三要素の時代を、『ヨーロッパの成立』で描き、新しい科学的精神がうみだした機械文明の時代を『産業革命』で描いたのである。鈴木成高の「近代の超克」の構想は処女作に胚胎し、両著を一書に編んだ本書において統一的に全体像が得られることになったのである。

この作品の第一部第一章「ヨーロッパの形成」は古代の「地中海世界」と中世の「ヨーロッパ世界」という連続しつつも相異なる二つの「世界」を柱に据え、古代から中世へという世界史の転換をあつかい、第二章「世界史観の歴史」は、ヨーロッパにおける歴史観の変遷を、古代ギリシアの循環的世界史観、中世ヨーロッパの法則的世界史観、近世ヨーロッパの並行的世界史観、近代ヨーロッパに生まれた関連的世界史観などと、順次たどりながら、あわせて十八世紀までの世界史像を論述している。これらの二章は世界史が史実の羅列ではなく、史実の連関をさぐる構想力の産物であることをよく示しているが、鈴木成高にとって「ヨーロッパ（欧州）」とは、地理的概念ではない。ランケがヨーロッパをローマ風ゲルマン風共同体とみなしたように、それは歴史的・文化的概念であった。ヨーロッパは多民族に分かれながらも、精神ないし文化における統一性をもつ。ルネサンスが古典への復帰であり、宗教改革が原始キリスト教への復帰であったように、ヨーロッパには原点となる精神がある。ヨーロッパは自己革新をするために根源的精神への復帰を媒介にする。ゆえにそこに「（ヨーロッパ）世界史」を構想しうるのである。ヨーロッパにおける「世界」とは諸民族の個別の歴史の集積ではない。諸民族の分裂と対立を通して見られる連関である。それは連関によって運命をともにする運命共同体なのである。

鈴木成高はギリシア、ローマ、地中海世界、ヨーロッパ世界など、それぞれの主題のもとにヨーロッパ世界の成立過程をあとづけていくが、一貫しているのはヨーロッパは一つの世界であっても唯一の世界ではないという認識である。ヨーロッパの世界性・統一性をえがきつつ、その個別性を見る目をうしなわない。そこに著者の面目がある。「ヨーロッパの形成」はなるほど何よりもヨーロッパ史ではあるが、ヨーロッパ全体をとらえ切ろうという精神において非ヨーロッパのオリエントが複眼的にとらえられており、ヨーロッパを超えた世界形成史を描かんとするのである。ヨーロッパ世界の形成を論じながら、その枠を超えるのであるから、それはヨーロッパ世界史ではなく、世界史においてヨーロッパをとらえんとする姿勢であるといえるであろう。

「ヨーロッパとは何か」というのは古くて新しい問題である。その問題の本格的探求は第二章で考察されている。それは歴史観にかかわるものである。歴史観とは構想力にかかわり、構想力は物事を一瞬にして洞察する直観から生まれる。第一章の面白さは、つづく第二章でとりあげられる従来の歴史観の批判的検討の上に立って、鈴木成高が独自の世界史の構想のもとにヨーロッパ世界の出現を見通したところにある。

ヨーロッパはギリシア・ローマという共通の古代をもつ。その起源はギリシアにある。ギリシアは始源において異質なオリエントからの外来文化を吸収して形成された。文化的統一体としてのヨーロッパの起源であるギリシア文化はクレタ文化に由来する。クレタ文化はオリエント文化を起源にもつ。このようにオリエントを本質的に含む古代ギリシアを引き継いだローマの古典古代の世界には西洋と東洋とが混在している。それが「地中海世界」である。「古代世界」とは「地中海世界」であり、それ自体が一個の統一体である。

そうであるならば、オリエントを含む古代の「地中海世界」とオリエントと対立する「ヨーロッパ世界」とは断絶しているのか。著者は「否」と答える。ゲルマンの侵入をもって古代は断絶しなかった。ローマとゲルマンとの間には長い交流がある。ゲルマンは侵入したのではなく、徐々に移住した。「地中海世界」と「ヨーロッパ世界」との連続性を解く鍵はゲルマンである。

東洋と区別されるヨーロッパの構成要素には、ギリシア的伝統、キリスト教的伝統、ゲルマン的伝統の三要素がある。そのうちゲルマン的要素はギリシア的要素とキリスト教的要素とを媒介にして形成された。ゲルマン的伝統は、観想的・静的なギリシア精神や諦観的・宿命的なオリエント精神に対し、意欲にあふれたファウスト的精神ともいわれる。とはいえ、ゲルマンは一つではない。西部ゲルマンと東部ゲルマンとに二分され、両者は言語、習俗、社会体制、歴史、役割が異なった。西部ゲルマンは帝政期から存在した。カエサル『ガリア戦記』もタキトゥス『ゲルマニア』も西部ゲルマンに関するものである。一方、東部ゲルマンは西ゴート、ヴァンダル、ブルグンド、ランゴバルトなどで、四〜六世紀に「民族の大移動」をした。ゲルマンの移動には奴隷、農奴、傭兵の三形態があった。ゲルマン奴隷の起源は一世紀にある。ゲルマン傭兵は四世紀には主要な軍事力になり、正規軍に入りこんだ。ゲルマン傭兵にとって、ローマ帝国は自己の運命を切り開くことのできる場であった。傭兵の統率者になって政治家になる道もあった。ゲルマンは軍事から政治に進出し、ローマをゲルマン化していく。いや、ゲルマンもローマ化されていくのである。ゲルマンの農奴は二世紀末から制度化されていた。こうして、ゲルマンはローマを破壊・滅亡させるというより、むしろローマを維持した。移住したゲルマン人よりも、先住のローマ人は人口的にも文化的にも優越していた。ゲルマンはローマ帝国に奉仕し、没落するローマを支えたのである。ローマはゲルマン化し、ローマ風ゲルマン風世界が形成された。当初、組織化されていなかったゲルマンは、三八二年の西ゴート族とローマ帝国とのアドラノープルの和議で部族組織の侵入に変わった。このとき、ローマ帝国のなかに第二の国家が生まれた。原始的血族集団のゲルマン族が国家になった。それは世界史における民族国家の誕生を告げる出来事であるが、ゲルマンの王権はローマ帝国との接触によって成立したものであり、本質的にローマ風・ゲルマン風であった。たとえば、統治においてはゲルマン族にはゲルマン法、ローマ人にはローマ法でのぞむ属人主義をとった。ゲルマン人の生活もローマ人の生活も蹂躙されなかった。ゲルマンの土地分割も旧来の方式を踏襲するものであった。四七六年の西ローマ帝国の滅亡すら、ゲルマンの土地分割要求の連続線上でとらえられるのである。

このように、古代の「地中海世界」と中世の「ヨーロッパ世界」との間には連続性がある。にもかかわらず「地中海世界」と「ヨーロッパ世界」とは明らかに別個の世界である。では、地中海世界とヨーロッパ世界とはいかに区別されるのか。鈴木の世界史的立場がここにおいて発揮される。「地中海世界」はいかにして崩壊したのか。すでにローマ帝政後期は「地中海世界」の末期であった。

軍と市民とが乖離した。ローマ帝政はポリス的憲法主義と軍閥独裁主義の矛盾の解決であったが、実態は軍に支配され、軍が帝位を左右した。市民階級から遊離した軍がローマの憲法を蹂躙し、政治危機は社会経済の構造転換をひきおこした。ギリシア以来のポリス的国家原理はそこなわれ、市民階級は没落した。市民の伝統が軍閥の独裁によって崩され、その危機を克服する帝政は、従来の下からの組織原理を上からの組織原理に変えた。このように説明した上で、鈴木成高は「上からの組織原理はオリエントの政治原理である」と喝破する。これが洞察力であろう。歴史の記述に意味が賦与されるのである。西洋と東洋が混在した地中海世界のなかに東洋的要素が台頭した、というのである。地中海世界には西洋的要素と東洋的要素とが混在していた。ローマの崩壊過程にオリエントの台頭を見ぬいたのは鈴木成高の独自の目である。ローマ帝国の専制化はローマ帝国のオリエント化にほかならない。ローマ帝国末期にはギリシア・ローマの全盛時代において優勢であった西洋的要素が凋落し、東洋的要素が台頭した。それは市民的国家原理とは異なる専制的官僚国家原理の台頭であり、帝国の東洋化と言いうるのである。ローマ帝国の末期に働いた力の最大のものは西洋的要素と東洋的要素との分裂であった。この見方にこそ鈴木成高の世界史家としての真面目がある。

鈴木成高の立論は論理的であり構成的である。「地中海世界」には東洋と西洋とが未分離のまま統一されていたが、その内部に分裂がはらまれている。しかし、分裂にいたることなく統一が保持された。ギリシア・ローマの古代は西洋的要素の優越による統一であったが、帝政末期に東洋的要素が優越になる。以後の地中海世界はオリエント的要素が勢力をまし、ついに分裂する。それが古代の没落である。この分裂は八世紀におけるイスラムの征服によって決定づけられた。

鈴木成高は西洋史における古代から中世への転換を東洋を視野にいれた世界のもとでとらえたのである。ヨーロッパの形成を、ヨーロッパ内部ではなく、外部の東洋を視野にいれた世界史的視野のもとで説明したのである。地中海は東洋と西洋を結ぶ空間である。アレクサンダー大王の東方遠征が西洋の優越を示すものであったとすれば、マホメットの征服事業はそれにたいする反攻であった。

イスラムの侵入によって、東洋と西洋の分裂が決定的になり、ここにヨーロッパが成立する。東洋との関連で「ヨーロッパ」が一つの世界としてとらえられるならば、ひるがえって、東洋にもまた世界性が付与されるであろう。東洋は独自の歴史舞台として著者の目にはっきり映じているのである。東洋は瞑想と神学論争の世界であり、神裁政治が連綿と行なわれた。シュメール、バビロニア、アッシリアから、ペルシアを経てトルコ帝国にいたるまでそうであった。レオ三世の偶像破壊運動はオリエント宗教の地盤のうえにおこった。そうであるとすれば、ビザンツは西洋ではあるまい。ヨーロッパにおいて民族によって変化が生じるとすれば、オリエントにおいては宗教によって変化が生じる。ヨーロッパの成立は新しい「東洋」の形成によったのである。両者はメダルの両面である。オリエント世界がイスラム教世界に、ヨーロッパがキリスト教世界に分化した。第一章の描く世界史のダイナミズムはかくのごとく雄大である。

第二章「世界史観の歴史」は、そのようなダイナミックな「世界史」が、独自の世界史観を前提にしており、その内容を掘り下げている。これは鈴木自身の学問の方法論的自省でもあり、人生観、歴史観、世界観がにじみでた味わいのある論文である。

世界を構成する諸国民の歴史を合わせれば「世界史」になるのか。そうではない。世界は歴史家の主観的構想のなかに姿をあらわす。「世界史」は全体を知ろうとする精神がなければ生まれない。それは史実を知ることと同じではない。それは精神の志向であり、それが自覚を生む。自覚には構想と論理がはらまれる。歴史家の構想は対象をはらむ以上、純粋に思弁的・観念的なものではない。事実をとおして普遍を直観するのである。ランケは「国民」単位の独自性において世界史的普遍を見た。鈴木成高は「世界」単位の独自性において世界史的普遍を見ようとするのである。その「世界」の一つがヨーロッパである。ランケより構想が一回り大きい。

過去を知悉することは不可能である。それゆえ、世界史を志す者は完全なる全体を知ることはできない。そこには断念がある。世界史は、個別研究の総合ないし事実の集積ではなく、独自の領域をもつ。はじめから「世界史研究」でなければならない。それは歴史が全体ないし統一性において自覚されるところに成立する。ヘロドトスはアジアとヨーロッパの衝突において、ポリビオスはローマとカルタゴの衝突において、世界史を自覚した。そのように、世界史は、個別をつつむ世界と、別の個別をつつむ世界との関連性の認識から生まれる。たとえば、ヘロドトスの『歴史』におけるギリシアは「一つの世界」であるが、それ以外の小アジア、エジプトなども諸「世界」であろう。それらが見えるのはペルシア戦争という「決定的瞬間」である。ヘロドトスはギリシアに代表される西洋、ペルシアに代表される東洋との戦争において、ギリシア世界を見た。同様に、歴史家ポリビオスはポエニ戦争において、ローマに代表される西洋とカルタゴに代表される東洋という異なる世界をみた。対立をはらみつつ統一された全体認識への志向があれば、世界史的瞬間を見落とさず、その認識を通して世界史観が成立する。われわれは鈴木成高がこの作品を執筆していたのが、まさに第二次世界大戦中であったことに留意すべきである。

とはいえ、ギリシアにおける全体認識は即自的であり運命的であった。もっとも、そこには「世界史の法則」に類似したものがある。ポリビオスにおける運命の変遷、世界の循環は、世界史研究における法則的世界史観の萌芽である。循環する運命であれば、教訓、倫理として実用的である。ポリビオスは、よりよき政治という実用的関心のもとで、政治（君主政治、貴族政治、民主政治）におけるよき政体への成長と堕落の循環の相においてとらえた。このように、古代の歴史観は与えられた全体から出発し、一般的法則によって動くものとされていた。

それに対して、近代の歴史観には、人間が意志と能力で主体的に形成し創造するという進歩や合理性への志向がある。近代の歴史学は新カント学派や歴史主義によって世界存在の独自性、個別性、一回性が見いだされ、循環性、運命性から脱した。現代の歴史学は歴史の一回性という自覚を生かさねばならない。マイヤーは地中海世界を自己完結性をもつものとして描き、同じく自己完結性をもつヨーロッパ的世界との並行関係をえがいたが、そこにも循環史観がある。世界のすべての民族が同一の段階を経るという世界史観も循環史観である。古代人の循環的歴史観、近代人の循環史観、法則的世界史観、並行主義的世界史観、連続主義的世界史観等々、ここにみられるのは、歴史はくりかえすのか、それとも繰り返しのない真に歴史的なものなのか、という問題である。鈴木成高は明らかに歴史的実在は一回切りのものであり、繰りかえさない、という世界史観に立っているのである。

鈴木成高は、多くの歴史家の世界史観を整理したあと、「歴史の一回性の根拠にはキリスト教の歴史観がある」と目をさますような洞察を投げかける。真に問題なのはヨーロッパにおいて生起した世界史観の異同よりもむしろ、ヨーロッパにおける世界史観の文化的特性であり、それがキリスト教だというのである。ヨーロッパにおける様々な世界史観は、それぞれの独自性にもかかわらず、その本質はキリスト教だというのだ。それは東洋ないし日本という別世界からヨーロッパの世界史観をトータルにとらえようとする構えがあってはじめて可能な洞察である。

世界全体、人類全体、哲学的意味づけ、真理に奉仕する歴史哲学など、キリスト教と無縁なものはない。ヨーロッパの歴史学は神学の色彩をもつ。世界創造、キリスト生誕、人類救済を説くキリスト教の定型的な記述の伝統が、世界史観と無縁でありえない。まさに世界史は「神学」の崩壊とともに現れたのである。鈴木成高はいう。キリスト教の歴史観は、はじめから世界史観であった、と。ただ、それは民族に対する人類の世界であり、歴史をこえた超越的なるものの啓示である。世界史は、それに反逆し、これと闘うことによって成立したのだ。

そこには新しい秩序原理をもとめる志向がある。それは理性と進歩である。野蛮から文明への進歩は、人間が理性的存在であるかぎり、いかなる民族においても目指されねばならない法則たりうる。

民族の相違は理性の発達の段階の差だといいかえられたのである。理性による自覚は人類としての自覚でもある。神を理性におきかえたのは啓蒙主義であり、理性によって世界史は理論的・統一的に把握できることになった。キリスト教における「信仰の共同」による人類の観念は、人類が理性のもとで一つとされ、理性で啓蒙されて文明になるという脈絡で世界史観となったのである。

啓蒙主義が、超越的な神ではなく、意志と理性的能力によって人類が進歩するとしたのは画期的であった。理性の啓蒙によってはじめて、人間が歴史をつくり、歴史の主体であることが自覚された。啓蒙思想がよびおこした理性的人類の自覚によって、世界史ははじめて理論的かつ統一的に把握しうるものとなった。人類史が、広範な知識の集積ではなく、統一的な意味の物語りとして理論的に定立された。人間は自己自身のものである理性によってその能力、意志を働かせて進歩する。これこそ世界史観における近代の誕生を告げるものであった。

歴史を動かすのは、古代にあっては「運命」、中世にあっては「摂理」であったが、近代にあっては「進歩」となった。しかし、これはまだ、抽象的理念のもとにたつものであって、世界史の哲学ではあっても、世界史学ではない。いわば、神学が信と不信との対立において成り立つごとく、啓蒙的世界史観は文明と野蛮との対立において成り立つ。

こうした考察の上で鈴木成高は、深刻な疑義を提示する。進歩の理念は、全人類の歴史を進歩の法則のもとにおくとはいえ、ヨーロッパが理性を独占するヨーロッパ中心主義ではないか。というのも、進歩の相違は「文明と野蛮」であって、「文明と文明」とではない。西洋と東洋との相違も質的相違ではなく「文明の西洋」と「野蛮の東洋」という相違としてみられているではないか。人類の一元的立場にあっては、ヨーロッパの歴史が過去にたどってきた進歩の過程は、やがて他の地域の歴史もかならず経過しなければならない原型（モデル）であり、世界に妥当する法則であるというのは偏見ではないか。十八世紀の世界史観は、考察対象を全人類社会に拡張したとはいえ、まさにその拡張のもとにヨーロッパ中心主義的な一元的な世界史観を完成したものであって、世界史における根源的多元性を殺す結果となっているのではないか、というのである。

こうして鈴木成高は訴える。いまこそ世界史観の転換が必要である、と。進歩の理念の思想的世界史観は行き詰まっている。ヨーロッパ中心主義の世界史観にかわる、言葉の正しい意味における世界の多元的存在に応じた世界史観の樹立が課題となる。まさに鈴木成高のランケ発見は、ランケが進歩の否定という立場をとっているところにあった。ランケのなづけた世界史学とはまさにそういう意味であった。世界史は事実の算術ではない、歴史知識の最大量でもない、国民史の寄せ集めでもない。世界史は国民史の総合によって成り立つのではなく、最初から根源的に世界史的立場において成立する。いわば世界史的アプリオリにおいて成立するのである。普遍とは網羅ではなく、むしろ関連である。この関連は因果関連ではない。それは類似と相違と（ないし相似と相異と）を関連させる精神において存在する。普遍は常に個別にあらわれ、個別を通して間接的に普遍を知ることができる。普遍のもとに個別をみるのではなく、個別の関連において普遍を見る立場である。

それは、分析や論証というよりも、直観において可能である。普遍は合理的分析や論証によって構想されるのではなく、直観の底において「見られるもの」である。「見る」ことの精神こそランケ史学、否、鈴木史学の特質をなすものである。もっとも重要なのは直観で見ることのできる精神である。

ランケの世界史はヨーロッパ的世界史の範囲を出るものではない。ランケの世界観は人類史のすべてをおおえないという断念において成立している。全体をもとめつつ絶対的な全体は永久に表現できないという立場だ。ランケの全体は、統一ある意味系列をもつヨーロッパ的世界である。ランケは、みずからの世界史がヨーロッパ的世界史として「一つの世界」の歴史ではあっても、「唯一の世界」の歴史とは考えておらず、それゆえ、かえって東洋的世界史もまた成立しうると考えていたと推測できるが、「世界史的なる歴史」をもつヨーロッパと、「世界史ならざる歴史」しかない東洋という偏見をもっていた。ランケの世界史は国民史に対するものであった。鈴木成高にとっては、西洋史・東洋史に対しての世界史である。戦時中にあって、鈴木は見る者の立場を超えて、創る者の立場の樹立に世界史学の課題を定めた。それは観想的立場をこえて実践的立場に立つことを意味する。それは精神のコペルニクス的転換である。鈴木成高のランケとの世界史をめぐる格闘はまさに近代ヨーロッパを超克するための格闘であった。

第二部『産業革命』は、「産業革命はまだおわっていない」という、一文で書きはじめられている。ここに鈴木の産業革命観は集約されていよう。「身辺の変化から、畑違いの分野を手当たり次第に渉猟する余裕をはじめてもつようになった。元来どうするというつもりがあったのでもなく、ただ興味のおもむくままにあてもなく彷徨していたにすぎなかったが、……急にそれをまとめてみたくなって出来たのが本書である」という序の文章から知られるように、境地は新しい。

イギリスにおける最初の産業革命の起源から、繊維、鉄と石炭、農業革命、社会変動、運輸・電力・化学・重工業と連続性においてとらえられている。鈴木成高は近代科学技術のもたらした生産革命の不断に進展してやまないすべての現象を産業革命という概念に包括する。これは当時の常識であった一八〇〇年前後のイギリス産業革命の記述をもって産業革命論とする狭義の産業革命論に対する異論である。機械文明の新しさに注目し、それを人類史におきて機械以前の八千年をくつがえす文明上の大変化だとする。産業革命は、十八世紀以来、「いまだ完了しない革命である」。不断に再把握されるべき、動的な概念として提起される。

産業革命は、コペルニクスの地球自転の発見、アインシュタインの相対性原理の発見のような真理の発見による知識上の革命ではなく、生活を変え、社会を変える技術上の革命である。それは技術そのものの連続的革新であった。人間の歴史は道具ないし技術の歴史でもある。しかし、産業革命以前は、人間の筋力に依存する器具であった。機械はそれを破った。その意味で革命であった。歴史は機械以前の時代、産業革命以後の機械以後の時代に分けられるのである。

しかし、それは讃歌ではない。かつて人間は道具の主人であった。実際、技術は手段である。しかるに、人間は機械の助手になった。手段が目的を追いこした。産業革命は目的なき文明を生むことになるのではあるまいか。それを制御することを人類はできるのか。できていない、という現状認識に立つこの作品は文明批評となっている。

人間はホモ・サピエンス「英知をもつ動物」であるとともにホモ・ファーベル「工作をする動物」である。賃労働と資本の分離にともなう労働者階級の貧困は、救貧法で除去できるものではない。ここに社会革命を必要とするマルクスの立場がある。それは産業革命が、社会の構造的変化をもたらしたことを物語っている。もとより、何年何月と特定できる性質のものではない。社会構造が、累積的に変化しつづけて、気づけば別の社会になっていたのである。産業革命の以前と以後とは歴史的、理論的に区別される。その変化は、技術だけではなく、社会的な諸要因の複合的な過程とみなければならない。

科学は、一定の精神的伝統と知的水準を示すという意味で社会と不可分である。ニュートン的な熱力学段階の科学水準には第一次産業革命が、電磁気学・量子論段階には第二次産業革命が対応する。そのことから知られるように、基礎科学の発展が、新しい技術体系を生むのである。糸の不足が繊維革命を、木材の不足が鉄鋼革命をもたらすというような「必要は発明の母である」ということはあったにせよ、そのような単純な技術理解はとられていない。機械の普及というよりも機械原理の普及に目が向けられている。

第二次産業革命は通常は、経済史的には資本主義の独占段階といわれ、技術史的には、軽工業から重工業、電気エネルギーの工業化、化学工業で特徴づけられる。電池、発電機、発動機、電灯、電話、無線電信、合成化学工業、内燃機関、蒸気タービン、自動車、航空機などのほか、プロフェッショナルな科学者・発明家、エンジニアの出現は「革命の日常化」を物語る事態である。第一次産業革命が素人発明家の時代であったのと一線を画し、基礎研究、技術革新のために、企業は研究所を常設し、技術革新を制度化する。それは、国家や政府の革命ではなく、日常生活の変革である。その典型は電力革命である。一八六六年のシーメンスによる発電機の発明は、十八世紀におけるジョージ・ワットの蒸気機関の発明に匹敵する。電力革命は通信革命をおこし、全世界の同時化という新しい時代をもたらした。電力は送電・配電の設備があれば長距離を自動的に輸送できる。また、化学工業は機械の運動を化学作用におきかえた。化学工業は原料そのものをつくり、人造ソーダ、アニリンのような合成染料、人造絹糸、ナイロン、ビニロンなど合成化学繊維は繊維工業を一新した。

汽車・汽船の発明にはじまる運輸革命は空間の遠距離を時間の近距離に変えた。それは自動車・航空機による第二次産業革命における運輸革命にひきつがれた。距離と密度とで動脈が完成すれば、その機能を等比級数的に増すことができる。それは電信と同時期であった。それは均等に発達したのではない。むしろ文明圏と非文明圏とを分けた。運輸革命は地球上に文明から置きざりにされた「孤島」をつくった。

一方、文明の担い手も、第二次産業革命の結果、十九世紀にあってはイギリスが先進国であったのが、二十世紀にはアメリカが先進国になる。ヨーロッパの外の世界に新しい優越をもたらした。二十世紀後半の米ソの優越も生産力の不断の革新がもたらしたものである。それはヨーロッパの克服という意味での「近代の超克」である。「第二の新しき産業革命は、二十世紀の世界からイギリスを、否ヨーロッパそのものを、落後せしめた。そしてアメリカとソ連という欧州外の新しき優越をもたらしたのである」という一文は鈴木成高の問題意識の集約である。

文明の物的基礎は世界的に散在する。資源は人間によってその有用性が発見されて初めて資源たりうる。その意味において、資源は文明の発達とともに変化していく。技術が高度化し、生産が大規模化するにつれて、これまで気づかれなかった資源の偏在性があらわになる。偏在は自然からではなく、歴史からおこってくるのだ。資源の「持てる国」と「持たざる国」との対立は、第二次産業革命後の高度技術文明が生んだ特有な歴史的産物である。資源に対する要求は世界的である。にもかかわらず、資源に対する支配は国家的である。その矛盾をどう解決するのか。第二次世界大戦は原料問題を端緒とした。石油にはじまり原子爆弾に終わった第二次世界大戦は、まさにそれが産業革命の産物であったことを如実に示している。

機械文明は制御できない。それを本質的条件とする非情の論理を持つ近代文明に対しては、批評しかできない。ヨーロッパが産業革命によって解き放った近代は超克できないのだ。観想的立場から実践的立場への転換において近代ヨーロッパの世界史観を超克せんとした鈴木成高は、再び、観想的立場に立ち戻るのか。否、逆戻りはできない。機械文明の問題は機械では解決できない。ヒューマニズムにうったえたり、反機械的な創造にいそしむことは逃避である。

人間は絶対的な価値にすがるまえに、「学問」において、なすべきことがあるだろう。そのような分野として社会科学を考えたい。鈴木成高は最後にそう訴える。科学が生んだ文明を、科学が生んだ社会を、統御するような科学はありえないのであろうか。十分な客観性と包容性をもって、社会と技術をつつむ科学を社会科学に期待されてこの作品は結ばれている。

しかし、それから二十年あまり後の昭和四十一年、鈴木成高は「ある世代の滅亡について」というエッセーにおいて「この二十年来、日本人の教養は社会科学に傾斜することによって甚だしく荒廃した。社会科学というものが果たして、本質的に人間的な教養というものでありうるかどうか、この根本問題がそろそろ反省されて然るべきであろう」(『創文』四十一号)と述べざるをえなかった。そこに、鈴木成高の戦後観が示されているともいえるだろう。

処女作『ランケと世界史学』の序において、鈴木成高は「何よりも必要なことは、われわれがまず、世界に妥当する一定の学的水準に高さをもつということである」と述べた。その精神は現代にも通ずる。鈴木成高と同じ精神にたって、今日にあって何よりも必要なことは、われわれひとりひとりが、まず、世界に妥当する一定の精神水準の高さ(教養)をもつということである、といいかえられるであろう。鈴木成高の格闘した「近代の超克」は今日なお課題である。

III　江戸日本と清代中国の比較文明考

現代中国は、二十世紀末に「世界の工場」として台頭し、二十一世紀にはいると「世界の市場」としても立ち現れ、国際経済に深甚な影響をおよぼしている。その起源はどこにあるのであろうか。溝口雄三『中国の衝撃』（東京大学出版会、二〇〇四年）は、その疑問に新しい論点を与えている。近代中国史に関する通念としての歴史観の抜本的見直しを提起している。「眠れる獅子」中国はアヘン戦争で英国の前に屈した。いわゆる「西洋の衝撃」である。アヘン戦争でイギリスに敗北した後、中国は軍備強化の洋務運動、体制改革の変法自強運動、辛亥革命、共産党の台頭を経て社会主義を建設したというのが常識的理解である。溝口はこの通説を徹底的に論駁するのである。

溝口の問題意識は、日本は資本主義に、中国が社会主義になった理由は何か、というものである。日本資本主義の成立要件は江戸時代に形成された。江戸日本を視野に入れつつ、中国社会主義の淵源もまた十六・十七世紀すなわち明末・清初からはぐくまれたと主張するのである。たとえば江戸社会は長子相続だったが、十七世紀以後の中国では均分相続である。均分を正当化する仁・義・均の儒学思想が民衆の間に広まった。それは社会主義の平等思想と強い親近性がある。それはまた集権よりも分権の現実をはぐくんだ。辛亥革命後の軍閥の割拠はその分権化の延長線上にあり、毛沢東も一九二〇年頃には「湖南共和国」の建設をめざし、一九二二年の共産党第二回全国大会では「中華連邦共和国」を宣言していた。分権の流れは中国の集権的王朝システムを完全に覆した。それが、日中戦争で国共合作などを通して、集権への流れに劇的に変わった。その歴史を説得力をもって論じたのが同書である。通説になじんだ者には衝撃的な挑発的議論がなされている。

さて、日本の資本主義化は十六・十七世紀における「中国の衝撃」に対するレスポンスであった、というのが私の見方である。溝口の問題提起の意義は、西洋とは異なる東アジア独自の近代の複数の道を論じることで「西洋の衝撃」論を退けたところにある。あらためて、日本と中国との歴史的関係をふりかえるときであろう。

日本の社会と文化は、十九世紀中葉に西洋列強の圧力に屈して開国する以前にあっては、主としてアジア諸民族と交流しながら発達してきた。とりわけ中国文明の受容が日本史の大きな流れを形成した。したがって西洋列強の開国圧力に直面したときの日本には中国と共通するところがあった。

第一に、日本も中国も経済的には自給自足経済であった。

第二に、両国とも政治的には華夷秩序という世界観をもっていた。

第三に、両国の軍事技術は西洋列強に比べて著しく劣っていた。

こうした共通性があったにもかかわらず、開国後において日本は列強の仲間入りの条件作りに成功し、中国は列強の半植民地となった。

本章の目的は、いくつかの共通性の存在にもかかわらず、十九世紀後半に日中両国の歴史の歩みに決定的な違いをもたらしたのはどのような条件なのか、それを日中関係史の中においてさぐってみることである。

1 「鎖国」再考

「江戸時代は鎖国をしていた」というように一般に特徴づけられているが、それは正確ではない。「鎖国」という言葉を、したがって「鎖国」をしているのだという意識を、日本人は十九世紀になるまでもっていなかった。「鎖国」は翻訳語である。日本で生まれた概念ではなく、外来の概念である。「鎖国」という言葉が初めて日本社会に登場したのは一八〇一年である。長崎のオランダ元通事志筑忠雄がケンペル著『日本誌』の一部を和訳したのであるが、オランダ語原文の表題を逐語訳すれば「今の日本人は全国を鎖して国民をして国中国外に限らず敢えて異域の人と通商せざらしむる事、実に所益なるに与れるや否やの論」というものであったが、それを縮めて「鎖国論」としたのである。その後、十九世紀前半の江戸社会にしだいに鎖国意識が広まっていった。

そして一八五七年、アメリカ使節タウンゼント・ハリスの来日に際し、日本の海防係の書簡は「御三代様［徳川家康、秀忠、家光］寛永十三年［一六三六年］、南蛮船を御制禁被遊候以来、和蘭陀［オランダ］之外、御厳禁と相成り、島原之逆徒伏誅之後、天下之為に鎖国之御法を御創建被遊云々」と記しているところに見られるように、「鎖国之御法」は幕末には一般通念として普及するまでになっ

ていた。(1)

「鎖国」政策とは通常一六三〇年代における海外在住日本人の帰国の禁止、日本人の海外渡航の禁止、ポルトガル人の来航禁止等の一連の措置を指すが、上述のとおり、日本人には「鎖国」意識はなかった。それどころか、十八世紀末においても、松平定信は日露貿易の開始を求めてきたアダム・ラクスマンに対し、日本の対外関係を「鎖国」という概念によってではなく、「通信」「通商」の概念で説明している。すなわち日本の対外関係は朝鮮と琉球とに対する「通信」(外交関係)と、オランダ人と中国人とに対する「通商」(貿易関係)とに限られてはいるが、国際関係をもっているという認識を表明しているのである。(2)

それでは日本が十九世紀になって自国の特徴を「鎖国」という封鎖体系でイメージすることのできた根拠は何であったのであろうか。けだしそれは十九世紀に入った江戸時代の日本が、十七〜十八世紀の日本とは異なり「自給自足」の経済を確立したことであったと考えられる。

十九世紀の江戸時代の日本人が、自国を自給自足経済であるとみなしていたことは、たとえば一八一一年の平田篤胤の『古道大意』に「先づ日本国の歓ばしく、羨ましいことは、異国の人と交易せんでも、とんと困ることがない。そりゃどうしてかというに、先づ地勢が裕福で、外国の産物を取り寄せずとも宜しいからのことじゃ」とあることや、あるいは一八五四年にアメリカ海軍提督ペリーが「交易は有無を通じ大益に相成り候事にて、方今万国交易日夜盛んに相開け、之れにより国々富強に成る」と述べて、通商を要求したのに対し、幕府の首席応接掛の林大学頭が、日本は自国の産物で十分足りており、外国商品がなくても不自由していない、それゆえ交易はしないというように国法が決まっている、と答えているところに明瞭である。(3) 日本人は自給自足を誇ったのである。

興味深いことに中国人も、中国が自給自足であることを誇っていたのである。そのことは一七九三年に英国国王ジョージ三世の全権大使マカートニーが国書を携えて、中国との貿易の拡大を要求するために乾隆帝に謁見した際に、皇帝がイギリス国王に与えた返書の一節に「天朝の四海を撫育するは、ただ励精して治を図り、政務を弁理するのみ。奇珍の異宝は、たえて貴み重んぜず。爾《なんじ》国王、このたび齎進せる各物は、其の誠心もて遠くより献ぜるを念い、特に該管衙門に諭して収納せしむ。其の実は、天朝の徳威は遠くおよび、万国来王す。種種の貴重の物、梯航して、ことごとく集まり、有らざるところなきは、爾の正使等の親しく見るところなり。然れども、たえて奇巧を貴ばず。たえてさらに爾の国の製弁せる物件を需むることなし」とあるところから知られよう。(4)

このように日本と中国とはともに自給自足を誇り、外国貿易を退ける態度をもっていたことでは酷似していた。いうまでもなく、この自給自足の経済システムは、欧米列強の所謂「自由貿易システム」とは正反対のものである。

いったい、このような自給自足経済を支えた思想は何であったのであろうか。けだし、それは乾隆帝が「爾国王、遠く重洋に在り、心を傾けて化に向い、特に使を遣し、恭しく表章を齎し、海に航して来庭し、万寿を叩祝し、並びに備《つぶ》さに方物を進め、用《も》って忱悃《まこといた》を将す」(5) と述べたように、中華思想と密接に関係している。「夷」の諸国が「華」の国に物産をもたらすのであり、「華」の国の者がその物産をもって「夷」の諸国に販売に出かけていくのではない。しかも「厚往薄来の義」といわれるように、来貢の方物よりも回賜品のほうが多かったから、朝貢する側に利益があった。これは「自由貿易システム」の先進国イギリスが、後進諸国に自国の製品を販売しに出かけて利潤をあげるのとはまさに正反対の態度である。日本は外国と朝貢関係をもっていたわけではないが、幕末における強烈な「攘夷」運動にみられるごとく、自国を「華」とみなし、欧米を「夷」とみなしていた。日本人も幕末には日本型中華思想をもっていたのである。

　清代の広東は中華思想を体現した朝貢貿易の拠点であるが、清代中国の広東貿易は、江戸時代の日本における長崎貿易と好一対をなすものである。清代中国における海関は、江戸日本の長崎奉行に、清の広東十三行（公行商人）は糸割符仲間・長崎会所等の特権商人に、ヨーロッパ人の「商館Factory」（中国語では「夷館」）は、江戸日本の出島に相当する。いわゆる「鎖国」は、日本の独創というよりも、中国の朝貢制度と表裏の関係にあった「海禁」の模倣であるといわれる所以である。[6]

　しかし、江戸時代初期の十七世紀の日本経済は、とうてい自給自足であったとはいえない。それどころか、中国から大量に「白糸（生糸）」、絹織物、砂糖等を輸入していた。日本からはそれらを購入するために、一六四八〜一七〇八年の六十一年間に海外に流出した金は二三九万七六〇〇両、銀は三七万四二〇九貫目、銅の流出高は一六六三〜一七〇八年の四十六年間に一億一万《ママ》一四四九万八七〇〇斤余に達した。[7]十七世紀の日本経済は貿易を不可欠の要因としており、生糸は中国からの最大の輸入品であった。しかし、十九世紀後半の開国後には、生糸はもはや輸入品ではなく、むしろ最大の輸出品になった。

つまり、日本が開国直前に、中国と似た自給自足の「鎖国」になるには、かつての輸入品を自国で賄う輸入代替という過程を想定せざるをえない。江戸時代の日本は中国からの輸入品をことごとく国産化することによって自給自足した。したがって「鎖国」とは中国からの輸入代替の完成を意味すると解釈できるのである。それは日本が経済的に中国から自立したということである。中国経済からの自立が鎖国日本の経済的・物質的基盤であった。江戸時代の鎖国体制は、同時代の初期に完成したのではなく、中期以降、徐々に中国品の輸入代替化・国産化に成功した後、江戸時代の末期に完成したのである。それは「地大物博」の中国文明の模倣の完成であり、いわばミニ中華帝国の出現であった。すなわち、鎖国のモデルは中国文明であり、鎖国は中国文明から経済的に自立した自給自足体制である。これはすぐれて経済的過程であったから、次にその側面に焦点を絞ってみよう。

2 アジア間競争と脱亜

日本の経済発展は、明治初期に福沢諭吉が『文明論之概略』（初版一八七五年、岩波文庫ほか）で「西洋の文明を目的とする事」と唱えて以来、西洋経済へのキャッチアップ（追いつき、追い越せ）であったと認識されてきたが、キャッチアップ論には難点がある。明治日本と当時の欧米後進国との決定的な違いは、日本が関税自主権をもっていなかったことである。関税自主権をもたないアジア諸国はほとんどが欧米の植民地になったが、日本はそれをもたぬままで経済発展に成功した。欧米後進国にも似ず、アジアの第三世界にも似ない日本の近代化を説明するには、別の視点をたててみることが必要である。ここでは「アジア間競争」と「脱亜」という視点を提起してみたい。

まず第一の視点は、アジア地域間の競争である。「資本主義社会では、富は商品集積として現れる」（『資本論』冒頭）というマルクスの定義がある。その富こそが近代ヨーロッパ文明の物質的基礎である。富を構成する商品は生活に使われる物であるから、生活様式という文化の制約をこうむる。ヨーロッパ的な「物質文明」の富を構成する商品のうち、たとえばイギリス製の木綿は、安価であったにもかかわらず、品質が薄手であるために、厚地で丈夫な木綿を仕事着・普段着として用いていた東アジアの衣料に適さないので広まらなかったのである。生活文化の違いから幕末・明治維新期日本と清代末の中国ではイギリス製品による経済的打撃は限られていた。衣料文化が非関税障壁の役割を果したのである。(8)

マルクスは「商品集積」といっているが、それを構成するどの商品も交換価値のみならず、使用価値をもっている。つまり商品といえども文化的性格をまぬかれないのである。農業社会と工業社会を問わず、同じ社会で使われている物の集合は「物産複合」としてとらえることができる。物産複合は同時に「文化複合」でもあることは明確に認識する必要がある。(9)各国の富の社会的集合を「文化・物産複合」となづけるならば、ヨーロッパの文化・物産複合と、日本と中国のそれとは異なっていた。ところが、物産複合の共通していたがゆえに、日中間ではダイレクトな競争が顕在化した。

江戸時代の後期の日本は、書籍をのぞけば、実質的に中国から輸入する物はなくなっていた。江戸時代の終わりには、かつて中国から供給された木綿、生糸、絹、陶磁器、砂糖等は江戸時代の日本社会の代表的商品となっていた。十九世紀半ばに開国した日本は、それらの商品の元々の供給国であった中国と競合関係にはいった。つまり日本と中国とは、開国によって、欧米諸国との間のみならず、日本と中国との間においても——広くはアジア諸地域間においても——自由貿易が行なわれることによって、互いに競争する時代に入ったのである。開国後の日本の綿作は中国綿花の輸入によって壊滅的打撃を受けている。一八八三年以降、日本は紡績業の勃興を機に経済発展をしたが、当時の紡績業がキャッチアップしたのは、欧米ではなくインドの紡績業であった。中国市場で日本の綿糸はインド綿糸を駆逐し、中国手紡業に打撃を与えた。さらに欧米の生糸市場では、二十世紀の初頭に、日本の生糸輸出高が中国のそれを追い抜いた。日本の経済発展の背景としては、日本がアジア間競争、なかんずく日中間競争に勝利した側面が強い[10]。

第二の視点は「脱亜」をめぐるものである。「脱亜」といえば、これまで福沢諭吉が明治十八年に発表した論文「脱亜論」によって強烈なイメージが与えられてきたが、別の角度からこの用語を照射してみよう。

近代以前の日中関係において、通常、日本は中国よりも後進的であったと信じられている。確かに七〜九世紀に日本は遣唐使を十八回(実際の渡海は十五回)も派遣し、十五世紀には将軍足利義満は朝貢し、明代中国から銅銭を回賜品として獲得した(ちなみに銅銭は東アジアの国際通貨であった)。江戸時代までは日本がほぼ一方的に中国の恩恵をこうむっていたことは間違いない。

しかし、中国が優位にたったのは、その頃までである。十六世紀になると、日本は世界最大の産銅国になり、それをもとに江戸時代の初期に「寛永通宝」を鋳造し、十七世紀末までに中国銭を国内から完全に駆逐し、あまつさえ、東アジア世界に銅銭を供給した。康熙帝時代の清代中国はほぼ全面的に日本銅(日本から海を渡って輸入されたので「洋銅」と呼ばれた)の供給に依拠していたのである[11]。漢代以来、中国の独占していた国際通貨としての銅銭を、江戸時代の日本が完全自給したうえに、外国にも輸出していたことは、東アジアにおける日本の地位の向上を示唆するものである。先に指摘したごとく、十七世紀には、銅のみならず、金銀も大量に流出した。そのために国内の貨幣が不足した。徳川幕府は一六九五年に初めて貨幣を改鋳し、金銀貨の品位を落した。そのことは、官民ともに危機意識をもって迎えられ、民間では宮崎安貞が『農業全書』(一六九七年)を著したが、その序文には「昔より、年ごとに、唐舟に無益のものまで多くつみ来りて交易し、我国の財を他の国の利とすること、あにおしまざらめやは。これひとえに我国の民、種芸の法を知らずして国土の利を失へるなり」として、各種作物の栽培法を具体的に論じた。これ以降、農書が日本全国で数多く書かれることになる。安貞が対抗意識を燃やしたのは対中国であった。同書の凡例には「農政全書を始め唐の農書を考へ、かつ本草を窺ひ、およそ中国の農法の我国に用いて益あるべきをえらびて是れをとれり」とある。[12] 幕府においても十八世紀前半期に幕政をとりしきった新井白石と将軍吉宗が輸入品の国産奨励を行ない、最も国産化の遅れた砂糖についても吉宗が「砂糖も今は日用欠き難き物となれば、唐土より来るを待たず、我国の産をこそ用ゆへけれ」として奨励策を講じ、十八世紀末には砂糖を含むかつての輸入品はほぼことごとく国産品でまかなえるようになった。

この点に関連して、金・銀・銅という貨幣素材を国内で自給していたのは、世界広しといえども、江戸時代の日本だけであったという事実を特記したい。それら三貨の交換制度が確立し、信用貨幣である藩札も使用されていた。

これと比べるとき、清代中国は銀は一貫して外国からの輸入に頼り、銅も十八世紀に雲南銅山の開発が進むまでは輸入しており、自給自足とはいえ、肝心要の貨幣素材を海外に仰いでいたのである。こうしてみれば、自給自足の完成度では、幕末になる頃には日本の方が清代中国よりもはるかに高かったと評価せざるをえない。

ともあれ、日本は経済的には江戸時代末までに中国から完全に自立していた。それは中国経済圏から離脱したという意味で「脱亜」と特徴づけられるであろう。鎖国とは脱亜の完成であるということができる。それに先立つ江戸時代前半の日本には、明代・清代中国から文物が舶来していた。その結果、日本は貿易赤字であったが、次第に輸入物はことごとく国内に移植され、一八〇〇年頃には海産物等を中国へ輸出する黒字国へと逆転した。清中国と江戸日本の経済力は開国前にすでに逆転していたとみられる。

再言するならば、「鎖国」日本の経済的基礎は、中国文明から経済的に自立したことにある。このことをもって、日本は江戸時代末期にはすでに経済的には中国からの離脱すなわち「脱亜」をとげていたと考えるのである。

経済的自立がないと文物を獲得するために朝貢をしなければならず、ゆえに政治的独立はありえない。江戸日本は対外的には中国を模した日本型の華夷秩序をつくりあげ、中国文明にもまさる自給経済体制を整え、世界を華夷（文明と野蛮）に分かつ対外観をもつことによって、日本型の華夷システムをつくりあげた。脱亜の完成は日本における中華（文明の中心）意識の成立をうながした。幕末の強烈な攘夷思想はその現れである。そこで次に文明（華）について考えてみよう。

3　文明の交代

福沢諭吉の「脱亜論」にいわく――「西洋近時の文明が我日本に入りたるは嘉永の開国を発端として、国民漸く其採る可きを知り、漸次に活発の気風を催ふしたれども、進歩の道に横はるに古風老大の政府なるものありて、之を如何ともす可らず。政府を保存せん歟、文明は決して入る可らず。如何となれば、近時の文明は日本の旧套と両立す可らずして、旧套を脱すれば同時に政府もまた廃滅す可ければなり。然ば則ち文明を防て其侵入を止めん歟、日本国は独立す可らず。如何となれば、世界文明の喧嘩繁劇は、東洋孤島の独睡を許さざればなり。是に於てか我日本の士人は国を重しとし政府を軽しとするの大義に基き、また幸に帝室の神聖尊厳に依頼して、断じて旧政府を倒して新政府を立て、国中朝野の別なく一切万事西洋近時の文明を採り、独り日本の旧套を脱したるのみならず、亜細亜全州の中に在て新に一機軸を出し、主義とする所は唯脱亜の二字に在るのみ。我日本の国土は亜細亜の東辺に在りといえども、其国民の精神は、既に亜細亜の固陋を脱して西洋の文明に移りたり。然るにここに不幸なるは、近隣に国あり、一を支那といひ、一を朝鮮といふ。……我輩を以て此二国を視れば、今の文明東漸の風潮に際し、とても其独立を維持するの道ある可らず。幸にして其国中に志士の出現して、先づ国事開進の手始めとして、大に其政府を改革すること我維新の如き大挙を企て、先づ政治を改めて共に人心を一新するが如き活動あらば格別なれども、若しも然らざるに於ては、今より数年を出ずして亡国と為り、其国土は世界文明諸国の分割に帰す可きこと一点の疑あることなし。……今日の謀を為すに、我国は隣国の開明を待って共に亜細亜を興すの猶予ある可らず、寧ろ其伍を脱して西洋の文明国と進退を共にし、其支那朝鮮に接するの法も、隣国なるが故にとて特別の会釈に及ばず、正に西洋人が之に接する風に従て処分す可きのみ。悪友を親しむ者は共に悪名を免かる可らず。我れは心に於て亜細亜東方の悪友を謝絶するものなり」[13]。敢えて長々と引用したのは、そこに「文明」の語が頻出することを示すためである。福沢の「脱亜」の志向は「文明（華）」の志向と表裏のものであった。

福沢の文明論がT・バックルやF・ギゾーに依拠していたことは周知のところである[14]。重要なことであるが、ヨーロッパでは、十七〜十八世紀に美しい中国陶磁器が入って、シノワズリと称される中国ブームが起こり、中国に強い憧れをいだいた。逆はない。中国は西洋に憧れてはいない。十八世紀の啓蒙時代のフランスにおいて特に中国ブームが高揚した。そのような中でイエズス会士の中国報告に影響を受けて「文明」という中国の観念も入ったとみられる。華夷観すなわち「野蛮（未開）」の反対という意味での「文明」観がヨーロッパに生まれるのは十八世紀後半のことである。そして十九世紀にはフランス人ギゾーやイギリス人バックル等がヨーロッパを「文明」と堂々と自称し始めたのである[15]。こうして十九世紀に確立したばかりの欧米版の文明観を福沢は『文明論之概略』で採用した。

つまり福沢はヨーロッパ経由の中国起源の「文明」観をいれたのである。

西洋が昔から一貫して文明的に高かったというのは初歩的な誤解である。幕末の日本はすでに中国由来の華（文明）意識をもっていた。日本の「華」のみならずヨーロッパの「文明」もまたその起源は中国である。日本の「文明化」すなわち中華の形成は、前述のごとく、すでに江戸時代に確立していた。福沢は生涯「文明」にこだわった――「どうしても国民一般を文明開化の門に入れて、この日本国を兵力の強い商売の繁昌する大国にしてみたいとばかり、それが大本願で」、「ただ独りで身にかなうだけのことを勤めて開国一偏、西洋文明一点張りでリキンでいる内に、いわゆる文明駸々乎として進歩するの世の中になったこそ実に有り難い幸せで、実に不思議なことで、いわば大願も成就したようなものだ」とは福沢の晩年の述懐である[16]。そのような西洋流の文明観念も歴史的淵源をただせば中国の「華」すなわち「文明」に求められるのである。

もっとも近代における「文明と野蛮」と、前近代における「華と夷」との間には決定的な相違がある。福沢の「野蛮―半開―文明」は時間的な発展段階のもとにとらえられている。それに対し、旧中国の「華夷」は時間性・歴史性を欠如したいわば空間的な配置である。中国の「華夷」観に時間軸をいれた功績はヨーロッパの啓蒙主義に帰せられる。「野蛮から半開へ、半開から文明へ」というように、歴史軸の位相のもとにとらえたのは福沢の功績である。前近代の「華夷」観から近代の「文明・野蛮」観への転換は、空間ないし地域を軸にした文明観から、時間ないし歴史を軸にした文明観への転換として理解できるであろう。江戸時代の日本は、明代・清代中国へのキャッチアップを志向したことによって、発展段階という時間軸の中で文明をとらえる資質を培ったといえる。逆に、清中国は十九世紀にいたるまで、文明の中枢であったことにより、時間軸的な発想とは無縁であった。このことが仇となって変革が遅れたのである。

日本は、開港後十年と経ない一八六八年に、旧体制を崩し急速に明治維新体制をつくりあげたが、中国は開港から七十年も経た一九一二年まで旧体制が存続した。日本の政治体制が開国後わずか十年で倒れ、中国の場合には七十年もの長い期間、清朝が存続した。その理由はどこにあったのであろうか。けだし中華思想からみれば、夷（野蛮）の国に出かけて物を販売し、あまつさえ、武力を行使するなど文字通り野蛮の極みであったろう。中国にとって、野蛮の極みをシステムとしてもつ西洋列強を「近代文明」と読み替えるのに、時間をかけたのは、時間位相の欠如した「華夷秩序」観をもっていた中国人にとっては、ある意味では、当然であったといえよう。

ひるがえって日本は、すでに幕末までに「脱亜」をとげ、「自足」の「小《ミニ》中華」意識をもっていただけに、かえって、軍備や機械などを欠如している自国の姿を「遅れ」と受け止め、西洋の富国強兵システムを積極的に受容したのであろう。そこで、最後に軍事に対する両国の態度について触れておこう。

4　軍事に対する態度

確かに、十九世紀における軍事技術の水準において、ヨーロッパ列強と東アジア諸国との間には格段の差が存在した。しかしそのことは東アジアの軍事技術が古来より一貫してヨーロッパのそれよりも遅れていたことを意味するものではない。日本と中国とは十九世紀末の日清戦争（一八九四―九五年）の前に、二度の戦争をした。第一回目は元寇（一二七四、一二八一年）であり、中国が日本を攻撃した。第二回目は文禄・慶長の役（一五九二―九八年）であり、日本は征明軍を送った。これらの時代の軍事技術は西欧よりも数段進んでいたのである。

近代の軍事技術の核をなすのは火器であるが、元寇の時、中国人が鉄砲を撃っていることを示す「蒙古襲来絵詞」が残っている。モンゴルがハンガリーを攻めたときに初めて鉄砲はヨーロッパに伝わり、そこで改良されて火縄銃を生んだ。こうして西洋で改良された火縄銃が一五四三年にポルトガル人によって日本に伝えられたのであるが、数年を経ずして鉄砲製造技術はたちどころに習得され、十六世紀後半の日本は世界有数の軍事大国になった。秀吉の征明軍は鉄砲を使用した。江戸時代に先立つ戦国時代においては、日本の鉄砲製造・使用技術は世界の最先端の水準にあったと思われる。

興味深いのは、明代・清代中国ならびに江戸日本において、火器が使用されなくなり、その発達が止まった、いや、後退さえしたとみられることである。江戸日本は鉄砲の製造を厳しく取り締り、軍縮を行ったからである。[17] 武器の主流は鉄砲から刀へと逆戻りした。刀といっても、実際には武士が切り捨て御免におよぶことはめったになく、武士層は筆を用いる官僚になり、城中で行政職務に就いた。百姓もまた、暴力と結びついた百姓一揆のイメージとは異なり、武器をとることはきわめて稀であった。[18]

軍備は国家の存立にかかわる。江戸日本における軍縮の動きは、国家システムと関連させて理解されねばならない。けだし軍縮は、すでに明代中国でもみられたことであるから、江戸日本における軍縮は中国の国家システムと関係していたとみられる。それは明代中国でも江戸日本でも儒学が正学とされたことと無縁ではないであろう。『大学』にいう「身修而后家斉、家斉而后国治、国治而后天下平」という世界観のもとでは、統治の正当性の源泉は力ではなくて「徳」である。徳治主義の世界観にたつとき、軍事力による統治はなじまないであろう。また『大学』にいわく――「有徳此有人、有人此有土、有土此有財、有財此有用、徳者本也、財者末也」と。すなわち有徳が富国のもとであるという思想である。これはあくまで建前にしろ「有徳による富国」が国づくりの基礎理念とされたのである。軍事力の強化が権力の正当性に役にたたないで、徳を積むことが重視された。このような世界観にたった仁政が軍縮の背景にあったと考えられる。

国内統治観は対外関係観と表裏一体のものである。徳川家康が国家統一を成し遂げた一六〇〇年段階にあっては、今日知られているような「国際法」のような西洋モデルは存在していなかった。一方、ヨーロッパに主権国家が成立し、主権国家同士の国際関係を律する国際法が成立する以前から、東アジアには国際秩序が存在した。それは儒学的世界観にもとづく「華夷秩序」である。華夷秩序は明代・清代中国、さらに李氏朝鮮等の東アジア世界を律した国際関係であり、冊封体制と朝貢貿易とを二つの柱とする。中国に朝貢し、中国皇帝から国王として冊を封ぜられた者のみが交易を許されるのである。東アジアに存在した「華夷秩序」をモデルとして江戸日本は「大君外交体制」をつくりあげた。「日本国大君」とは徳川将軍の正式な対外的呼称であるが、その称号が成立したのは一六三五年である。大君外交は皇帝—国王という中国中心の華夷秩序から日本中心の華夷秩序への転換をねらったものである。[19]

一方、ヨーロッパにおいて国際関係を律する国際法の起源は、三十年戦争（一六一八—四八年）の最中の一六二五年に、オランダ人グロチウスが著した『戦争と平和の法』である。グロチウスはここで軍事力の行使を国家主権の構成要件とする政治哲学を開陳した。国際法の父といわれるグロチウスは、戦争には不法な「私戦」に対し合法的な「正戦」（「公戦」）があると主張し、「正戦」を国家主権の行使として正当化した。[20] この書物の出現によって交戦権が国家主権の正当な構成要件となり、国際関係を〈戦争〉という観点からみる世界観がヨーロッパに誕生した。この書物は「戦争の法」を論じたものと特徴づけられる。「戦争の法」にもとづく世界観は、国家の主権と暴力の独占を認めた一六四八年のウェストファリア条約によって国際法となった。以後、軍事力の増強と経済力の強化とは手をたずさえていわゆる「富国強兵」路線が形づくられるのである。この国際法に東アジアが接するのは十九世紀半ばのことであり、それは清代中国や幕末日本では「万国公法」といわれた。

ここで注目すべきは一六〇〇～一八五〇年ほどの二世紀半ほどの間に、相異なる世界観ないし国際秩序が西ヨーロッパと東アジアでほぼ同時期に成立したことである。東アジアの華夷秩序が明代・清代中国、李氏朝鮮につづき、江戸日本において形を整えたのは十七世紀前半である。「華夷」をいいかえれば「文明と野蛮」である。十七世紀前半に、東アジア世界において「文明と野蛮」の二分法的世界観が成立し、一方、ヨーロッパにおいては「戦争と平和」の二分法的世界観が若干遅れて、十七世紀半ばに生まれたのである。前者は徳治主義（モラル・ポリティックス）、後者は覇権主義（パワー・ポリティックス）の政治を生んだ。

清代中国にも江戸時代の日本にも足らなかったのは軍事技術であった。それを単純に「遅れ」の文脈でとらえるのは短絡的である。開国前の中国に、今日でいうシビリアン・コントロールの考え方、すなわち軍備を極めて低く評価する伝統があったことは特筆すべきことである。

それはともかく、十九世紀後半において、軍事強化にのりだした日本と中国との軍事技術の発達の差が日清戦争における勝敗を決めたことは疑いない。そのよってきたるところは、一つには、清代中国と江戸日本における支配階級の軍備に対する態度の相違に求められよう。

江戸時代の日本の支配階層である武士は、科挙によってではなく、世襲によってその身分が維持された。「武士」の「士」には「士大夫」の意味があり、士には君子ないし文人の性格がある。とはいえ、江戸日本の統治が「武威」によったことは否定できない。一方、清代中国で科挙に課された儒学教養は最も軍事的志向には遠いものであった。この相違は無視できない。明治維新政府は海軍をイギリス式、陸軍をフランス式とし、一八七二年に全国の壮丁を募る徴兵制を定め、一八七四年には警視庁を創設して、旧武士の中から「品行方正、志操堅実にして且つ身体強壮なる者」を選抜して警察官とした。一八八〇年には村田式銃が創製され輸入銃にとって代わった。

上述のような急速な軍事立国化の背景には、もう一つの要因として、文明観の変化があった。一八七一年から二年間ほど、欧米を視察した岩倉遣外使節は「支那日本の人民は、原来農耕自活の風儀にて修身を政治の主義とし云々」と、日本と中国の徳治主義的国柄について共通性を述べ、また「四面海にて、切迫に海陸の敵を有せざる国は、自国の治安を保有するに、無用の軍備を要せざるは、固《まこと》に幸福なり」として、江戸日本の天下太平を顧みつつ、その一方で、欧米の武力を前にすれば軍事力の強化の理論を構築せざるをえず、それを正当化する論理をこう述べている――「文明国の兵を講すると、野蛮の民が武を好むとは、其事は相似て、其主意は相反するなり。けだし野蛮の武を好むは、自国相闘ふにあり、文明国の兵を講するは、外寇を防禦するにあり……列国相持し、大小形を異にし、強弱互いに相制する日に当たり、国を防護するの兵は、常に廃すること能はず。是文明国の常備兵ある所なり」と。(21) すでにここには軍備強化を正当化し、防衛に限ってではあれ、戦争を肯定する覇権主義の論理がある。

朝貢貿易と冊封体制とから成る清中国の華夷秩序は、基本的に徳治主義にたち、軍備増強と外国市場への進出とを柱とする列強、なかんずくイギリスの「自由貿易帝国主義」とはまったく反対のシステムであり、清朝政府はこれを崩さなかった。確かに十九世紀半ばに中国は西洋列強との軍事技術の格差に直面し、アヘン戦争、アロー号事件を契機として、西洋列強の軍事的優越を認め、洋務運動を起こした。しかし、西洋は「夷狄」に属するものであり、洋務運動でしられる「洋務」は、もとは「夷務」と呼ばれており、いわゆる洋務運動は、夷狄の長所を肯定し「夷を制するには、夷の長技を師とすべし、武備を増強すべし」との考えのもとに軍備の充実によって自強を図ろうとしたのである[22]。清代中国が軍備をあくまで「夷の長技」とみなし続けたことは、明治日本が文明国は兵を講じて常備軍をもつべしという考えにいち早く変わったのとは対照的である。

日本は日清戦争に勝利し、以後急速に大陸への支配を拡大した。しかし、そのような文明観の転換が、果たして「進歩」の名に値するものであったかどうかは深く疑い得る。清代中国の古代文明は、その鬼子である近代文明に蹂躙された。それはかえって蛮行であったというべきであろう。

「華（中心）」であることを競う文明間の競合は終わったわけではない。「文明」意識は中国のつくりあげた東アジアの伝統である。近世から近代にかけての日本の中国からの離脱過程が「脱亜」と特徴づけられるとすれば、その過程は一つの中華志向であった。「文明開化」もまた一つの中華志向であった。しかし、自国の文化を世界最高のものとみなす自国中心主義の限界が歴史的に証明されたかにみえる今日、現代の新たな課題は自国を中心に据える中華意識の克服、すなわち「脱華」であるように思われる。

注

（1）ロナルド・トビ『近世日本の国家形成と外交』速水融・永積洋子・川勝平太訳、創文社、一九九〇年。
（2）同上。
（3）『横浜市史』第二巻、有隣堂、一九五九年。
（4）マカートニー『中国訪問使節日記』坂野正高訳注、平凡社、一九七五年。
（5）同上。
（6）荒野泰典『近世日本と東アジア』東京大学出版会、一九八八年。
（7）新井白石「本朝宝貨通用事略」『新井白石全集』第三巻、国書刊行会、一九七七年。
（8）川勝平太「十九世紀末葉における英国綿業と東アジア市場」『社会経済史学』四七巻二号、一九八一年。
（9）川勝平太「社会科学の脱領域化」『社会科学の方法1　ゆらぎのなかの社会科学』岩波書店、一九九三年。
（10）濱下武志・川勝平太編『アジア交易圏と日本工業化』リブロポート、一九九一年（後に藤原書店、二〇〇一年）。
（11）John Hall, "Notes on the Early Ching Copper Trade", *Journal of Asian Studies*, Vol. 12, 1949.
（12）宮崎安貞『農業全書』岩波文庫、一九三六年。
（13）慶應義塾編纂『福沢諭吉全集』第十巻、岩波書店、一九六〇年。
（14）丸山真男『文明論之概略を読む』岩波新書、一九八六年。
（15）野蛮の反対という意味の「文明」概念のヨーロッパにおける初出が一七五七年のミラボー『人間の友、あるいは人口論』であることは確かめられているが（西川長夫『国境の越え方』筑摩書房、一九九二年）、フランスの啓蒙思想家に対する中国文明の影響を考察した後藤末雄『中国思想のフランス西漸』（平凡社、一九六九年）や島恭彦『東洋社会と西欧思想』（筑摩書房、一九八九年）に照らせば、「文明」概念の起源は中国である可能性がきわめて高い。
(16) 福沢諭吉『福翁自伝』（岩波文庫、初版は一八九九年）。
(17) ノエル・ペリン『鉄砲を捨てた日本人』（川勝平太訳、紀伊國屋書店、一九八四年、後に中公文庫）。ただし、日本に鉄砲を伝えたのはポルトガル人ではなく倭寇であり、また、伝わった鉄砲はヨーロッパ製ではなくアジア製であったという見解もある（宇田川武久『東アジア兵器交流史の研究』吉川弘文館、一九九三年）。
(18) 保坂智「百姓一揆　その虚像と実像」（辻達也編『日本の近世10　近代への胎動』）中央公論社、一九九三年。水谷三公『江戸は夢か』筑摩書房、一九九二年年。奥武則『文明開化と民衆』新評論、一九九三年。
(19) グローチウス『戦争と平和の法』復刻版、一又正雄訳、酒井書店、一九八九年。
(20) トビ、荒野、前掲書。
(21)『特命全権大使米欧回覧実記』（岩波文庫）の第二四巻「ロンドンの記」。
(22) 小野川秀美『清末政治思想研究』（みすず書房、一九六九年）の第一章「清末洋務運動」を参照。

書評　角山榮著『「通商国家」日本の情報戦略――領事報告をよむ』（NHKブックス、一九八八年）

角山榮《つのやまさかえ》氏（一九二一―）はイギリス経済史の泰斗であり、戦後日本の経済史研究の新分野を開拓し牽引してきた碩学である。そのダイナミックな学風をまず紹介しよう。

一九八〇年代の経済史学界において国際的に話題になった大きなテーマが二つあった。プロト工業化論と近代世界システム論である。わが国にはそのときすでに、それら二つの議論を先取りした研究潮流があった。プロト工業化論と親縁性のある「大塚史学」と、近代世界システム論に近い「世界資本主義論」である。角山氏は『毛織物工業史論』（ミネルヴァ）などの初期の作品で東京大学系の大塚史学の批判の旗手であった。京都学派の一翼を担う氏の学風を不動のものにしたのは世界資本主義論の論客としてだ。その代表的作品として「イギリス綿工業の発展と世界資本主義の成立」（河野・飯沼編『世界資本主義の形成』岩波書店、所収）がある。日本が高度成長期に入ると、角山氏は『経済史学』（東洋経済新報社）を世に問い、大塚史学が拠って立つ方法論が、産業革命前に偏っていることの時代遅れを断言した。そして、イギリス産業革命以後を分析の主な対象にすえて、世界資本主義論に経済成長論を加味した方法論を提示したのである。角山氏はまた二十世紀後半に注目を集めたフランスのアナール学派の生活史・社会史がまだよく知られていないときに、『産業革命と民衆』（編著、河出書房新社）や『路地裏の大英帝国』（共編、平凡社）を出版してその先駆けをなした。角山氏の時代を先取りする慧眼《けいがん》ぶりを物語るものである。

角山氏の本領が発揮されたのは、ベストセラーの『茶の世界史』（中公新書）であろう。それとともに『時計の社会史』（中公新書）、『辛さの文化・甘さの文化』（同文館）といった一連の作品は茶、時計、米、砂糖などといった近代世界において国際商品となった《もの》をとおして、日本の位置をグローバルな観点からとらえた作品である。それらは経済史の領域をこえ、だれにも楽しめる興趣溢れる読みものである。しかし、同時にそこには経済史研究の新基軸がこめられている。《ものの経済史》の試みであることだ。それにとどまらない。物をとおして西洋と日本との世界史的連関を描き、もって日本経済史とか西洋経済史という縦割りの専門枠を超えた《同時代的な比較史》《国際関係の社会経済史》という新分野を構想したことである。このように、経済史研究の新天地を営々と開拓してきた角山氏の新取の精神は、余人の容易な追随を許さないところがある。ちなみに角山氏には日本経済の歴史的経験を第三世界の人々に知らしめる意図をもって書かれた英文の書物もある。

角山氏は私よりも二まわり以上の二十七歳年上である。その角山氏の謦咳に接したのは一九七八年夏、イギリスのスコットランドの古都エディンバラで開催された第七回の国際経済史大会（四年に一回開催）においてであった。当時の角山氏は五十七歳、私は三十歳であった。角山氏はその国際学会で「明治期日本の領事報告」について英語で発表し、注目を集めた。「領事報告」とは明治十四年以降、海外在駐の日本領事が本国政府に定期的に送った現地における通商・経済情報（『通商《つうしょう》彙編《いへん》』明治十四年〜同十九年、『通商報告』明治十九年〜同二十二年、『通商彙纂』明治二十七年〜大正二年）のことである。このときの角山報告は後に *Business History*, Vol. XXIII, No. 3, 1981. に掲載されたが、その報告のなされるまで、明治日本の領事報告資料は断片的に利用されたことはあり、私も早稲田大学図書館でそれをみつけて修士論文に使ったが、全容は不明のままであった。角山氏は東奔西走してこれを網羅的に集め、それが他の先進国の領事報告と比べて遜色ないことを国際学会の参会者に知らしめたのである。以来十有余年にわたって角山氏は本書の副題にある「領事報告をよむ」という作業に取り組んだのである。明治期の領事報告について、京都大学人文科学研究所にチームを結成し、復刻事業（マイクロフィルム版は雄松堂書店より、現物の復刻は不二出版より刊行）を果たす一方、同資料に関する共同研究の成果『日本領事報告の研究』（角山榮編著、同文舘）を上梓した。本書は、そのような経緯から生まれた領事報告研究の入門書であり、かつ膨大な領事報告資料への絶好の案内書である。そのような著作の性格上、読みやすいが、画期的な内容をもっている。

それはこういうことである。「どうして日本はひとりアジアにあって十九世紀後半に工業化に成功したのか」、この古くて新しい日本経済史の古典的問題については、半世紀余にわたる研究史があり、汗牛充棟の研究蓄積がある。さて、この問題に対して、角山氏は、明治日本の経済発展と海外市場への進出の基礎を形成したのは、政府が組織的に海外経済情報の収集・情報サービスに力を入れたことによると論じているのである。情報戦略を見るという視角は、従来の研究には未知のものであった。

従来の研究史の特徴を知る者にとってはまことに斬新である。これまでの研究者の関心は商品、資本、労働、技術などをめぐるものが中心であった。情報という分野がそれ自体として経済史研究の表舞台に登場したことはなかったのである。角山氏はこう記している。

「いつの時代でも、金儲けに成功したものは人より早く情報をつかんで、その情報をうまく操作したものだ。だから情報活動は利潤追求の経済行為の基本的前提をなす。ということは、情報の問題は歴史とともに古いということである。経済活動だけではなく、軍事行動、政治活動など一般に人間の行動における情報の重要性はいまさらいうまでもない。しかも情報を支配するものが支配者になるというのが支配の原理である。」（四一―四二頁）

新しい分析視角といえども、説得的であれば、提起されるやいなや、世界を見る常識となる。情報取得は経済活動の前提であるという角山テーゼにはそのような説得力がある。本書によって「情報の経済史」という一分野の樹立が宣言された。情報の問題は今後、経済史研究の重要な一分野になっていくであろう。本書の扱っている十九世紀後半期の日本経済（および世界経済）研究には、その点の考察が不可欠である。情報という「ソフト」が価値をもつには、「ハード」の整備がいるが、十九世紀中頃はまさに交通通信施設の革命期――鉄道の普及、蒸気船の大洋就航、通信手段（有線電信機、海底電線、電話、無線通信）――に当たっていたのである。

本書の位置づけは以上にして、その中身を紹介しておこう。本書は二部構成である。

第一部「海外市場をめぐる英・独・日の情報戦略」

第二部「明治前期の海外市場開拓と領事の情報活動」

第一部の前半部分は、情報戦略という視角から、十九世紀末の世界経済の二大列強であったイギリスとドイツとを比べたものである。ドイツは一八七一年の統一後、はげしくイギリスを追い上げた。玩具、人形、新聞用紙、鉛筆、ワイングラス、ピアノなど'Made in Germany'の日常品がイギリス国内に流入。鉄鋼業、造船業、機械工業、電気・化学工業さらには綿業にいたるまでドイツは破竹の勢いで、イギリス国内市場のみならず、海外市場をも脅かした。その背景には、イギリスがドイツに比べて、一、消費者ニーズの市場調査の欠落、二、現地語を学ばず自国語（英語）で押し通す強引さ、三、包装の悪さ、四、高い運賃、五、納品期日の不確実性、六、技術教育・商業教育の立ち遅れ、といった弱点をもっていたことがあげられる。一言でいえば、十九世紀末のイギリスはドイツに情報戦略で決定的に立ち遅れたのである。そのことが、著者によれば、イギリス経済の凋落の主因を形成したのである。

日本は言うまでもなく、開国当時、海外市場の情報については皆無に近い状態であった。鎖国下で長崎を通し入ってきていた情報は間接的なものであり、海外の市場の生の情報などもっていなかったのである。情報の収集・活用が経済競争の帰趨を決定するようになった時期に、情報活動と経済活動とを結びつける戦略システムをもたなければ、開国日本は決定的な不利益を招いたはずである。だがアジアではひとり日本だけが、情報と経済とを一体とする戦略システムをきわめて早急に作りあげたのである。この点を説明しているのが、第一部の後半部分である。明治政府の情報戦略は、著者によれば、領事報告制度と万国博覧会参加とを二本柱にしていた。領事報告制度は、外交特権を利用して市場調査を行なう海外駐在領事と日本の生産者とを情報で結ぶ次のようなシステムのことである。

海外駐在領事―外務省―地方自治体―商品陳列所―商業会議所―日本民間の商人・生産者

イギリスの領事官の活動も規模は大きかったが、民間経済人への情報サーヴィスでは、ドイツにはもとより、日本にも劣っていた。日本領事の情報収集には、単に商況報告だけではなく、商品見本も含まれていた。右の連絡網にある商品陳列所はそのための施設であった（第一号は明治二十三年の大阪府立商品陳列所）。これらは他の有力な視聴覚情報メディアのなかった十九世紀後半の国際環境の中で、第一級の情報価値をもっており、市場の開拓をもとめる商人や生産者にとってはかけがえのない情報源となったのである。日本最初の領事館は明治三年に開設されたサンフランシスコ、上海、ニューヨークで、その後、その数は明治十三年に二〇、明治二十九年に四七、明治三十八年には現在のジェトロ（日本貿易振興協会）の海外施設の数を上回る七八にも達し、さらに大正期にその数を増やした。明治日本は明らかに情報戦略をもっていたのである。

政府がとった海外市場に関する情報収集の方法として角山氏が注目するのは、商品見本市の性格をもつ万国博覧会への参加である。博覧会場はヒト、モノ、情報が世界各地から集まる一大情報センターであった。明治政府の最初の正式参加は明治六年ウィーン万国博覧会であり、以後、明治八年メルボルン博、明治九年フィラデルフィア博、明治十一年パリ博、明治十二年シドニー博……と矢継ぎ早やに参加した（濠洲のメルボルン博、シドニー博への参加に着目したのは著者が最初である。濠洲への日本茶の販売が目的であったが、インド紅茶に敗北。紅茶についての情報の少なかったことが一因とされる）。政府は海外の万博に参加する一方、国内では勧業博覧会を推進した。内外の博覧会事業は両者が相まって、経済情報の日本民間経済人への普及に資したのである。

本書の第二部は、イギリス、香港、中国、アメリカの四地域から送られてきた領事報告を主な資料として、各市場の実態を論じたものである。要点はつぎのとおりだ。

〔イギリス市場〕　近世日本人と交流がなく生活習慣も異なっていたイギリス人が日本物産をどのように受けとめたのかを知るのに、領事報告は貴重な手掛かりを与えてくれる。十九世紀末のイギリスにはジャポニズムとして特徴づけられる日本美術品ブームがあった。そのブームの創出には一八六二年の第二回ロンドン博覧会における日本美術工芸品の展示は与って力があった。一方、日本人の大衆生活を再現した日本人村がロンドンに開設されたりして、粗悪な大衆民芸品も紹介された。結果的には後者が流行し「安かろう悪かろう」という日本品のイメージができあがった。

美術工芸品・民芸品以外で、イギリスへ輸出された日本の重要物産は米である。だが、米を主食としないイギリスでは、日本米は、再輸出されるか、ライス・プディングや工業用の糊に形をかえた。

そして最終的には、種類も違い価格も安いアジア諸地域（ビルマ・サイゴン・シャム）の米によって駆逐された。日本の緑茶もイギリス人の嗜好には全くなじまなかった。園田孝吉がロンドンから明治二十一年に書き送った「英国ニ到リ商業ヲ営ム者ニ対スル注意」という通商報告は日本品のイギリス市場への浸透がいかに困難をきわめたかを伝えるものである。（なお、すでに私が「明治前期内外綿関係品の品質」などの論文で明らかにしたように、イギリスの誇る綿製品も日本市場にすんなり入ったわけではない。園田領事がロンドンで右の報告書を書いたのと同時期、日本駐在のイギリス領事は東京でイギリス綿製品が日本の衣料になりにくい困難性を本国政府に訴えていた。イギリス綿布の品質が日本人の着物の材料として不適であったからである。両者を併せて日英貿易の実態について知れば、日本とイギリスの「社会の物産複合（使用価値体系）」の相違が浮彫りになる。）

〔香港市場・中国市場〕 明治二十一年に外務次官青木周蔵は世界三四カ所の領事官に「本邦人の其地に於て商店を開設し、現時商業相営み居る者の店号、氏名、住所及営業の種類」の調査報告を命じたが、日本商人の進出の第一位は朝鮮で、第二位は清国であった。日本の東アジア貿易には近世以来の連続性がある。その連続性には、（一）貿易物産、（二）貿易の担い手の二側面がある。物産については、近世には長崎から俵物（煎海鼠、干鮑、鱶鰭）、諸色（海産物、椎茸、寒天、樟脳、銅製品、真鍮製品、蒔絵、酒、醤油、漆器、紙、傘、箒などの雑貨）が輸出されていたが、これが明治期に洋式のものを含む雑貨類（茶碗、小皿、手拭、木綿緬、メリヤス、こうもり傘、歯ぶらし、石鹸、マッチ、ガラス器、楊子、団扇など）の輸出へと連続した。担い手の連続性とは中国商人の存在である。

香港は貿易拠点であり、香港への輸出品としては雑貨のほかに石炭が特筆される。石炭は汽船の燃料であり、香港はその補給基地であった。香港へ輸出されたもう一つの重要物産として日本の銀貨がある。明治政府は、東アジア貿易圏の支払決済手段であったメキシコドル（洋銀）を駆逐するために明治七年に「貿易一円銀の流通を広むる事」という方針を打ち出し、円銀を鋳造して香港領事館を通じてその流通を図った結果、明治十二年には香港の流通貨の大半が円銀に変わった。続いて東南アジアへの流通拡大が図られたが、明治十三年にイギリスが円銀の香港における流通を禁止し、この政策の推進者大隈重信が明治十四年に失脚して頓挫。だが、日本が金本位制を採用する明治三十年までに円銀はメキシコドルの駆逐に成功し、日本は東アジア市場における流通手段の供給国になった。本書はその開始期の事情を伝えている。〈石炭〉・〈銀〉という東アジア貿易圏のそれぞれ交通と流通の要になる物産・貨幣を日本が供給したという事実認識は重要であろう。

角山氏がその意義を強調する輸出雑貨は、生糸・茶といった欧米向けの花形輸出品のかげに隠れてこれまで余り注目されてこなかった。雑貨の輸出はアジア貿易の担い手の連続性の問題とも関連する。近世以来、東シナ・南シナ海域圏は中国商人の活動舞台であり、日本の雑貨は中国人を含むアジア民衆の生活物資であった。団結力、資力、出荷元・顧客に対する信用、いずれにおいても中国商人は圧倒的な優位をもっていた。開国後の日本商人は中国商人に圧倒された。物産複合の異なるイギリス社会とは異なり、東アジア社会は、日本雑貨の中国での需要に典型的に現れているように日本と類似の物産複合をもち、その流通網をにぎる中国商人の競争力は日本の利害に直接関わった。東アジア市場の商権を獲得するために、日本は領事を先頭に官民をあげて挑んだ。にもかかわらず、その競争に完全には勝利できなかった。そのことが、東アジアにおける日本人の活動が経済から政治的・軍事的戦略にずれていった一因になったのではなかったか、と角山氏は推測している。領事報告のほか珍しい資料を使って右のような新しい問題提起をはらむ香港・中国市場を論じた部分は、本文の四割近くを占め、もっとも読みごたえのあるところだ。

〔アメリカ市場〕　物産複合の異なるイギリス市場、中国商人の競争に直面したアジア市場、そのいずれともアメリカ市場は異なっていた。アメリカ市場は日本の生糸・絹織物・茶の最大の輸出先であった。アメリカ市場で日本の生糸は中国糸・イタリア糸と競争し、日本製の絹はフランス・ドイツ製の絹と、日本茶はインド茶・中国茶と競争しつつも、日本の物産はアメリカ市場では受け入れられた。多民族国家のアメリカでは、社会の使用価値体系が硬直的ではなく、需要の弾力性が高くて、多種多様な物産が入りこむ素地があったといってよい。

本書第二部はこのように、近代日本の対外経済関係をヨーロッパ、アジア、アメリカという主要地域別に論じ、地域ごとの市場の特質と貿易関係の相違が活写されている。明治日本が世界の主要地域に対して立てた戦略は市場開拓であった。現代日本はその成功の上に成り立っている。本書のようなグローバルな観点からの日本経済史は誰にでも書ける性質のものではない。角山氏にしてはじめて可能であったとも言えるが、国際経済の中での日本を見つめ直す必要に迫られている現在、氏がつけたグローバル経済史の先鞭に続こうという思いに駆られるのは私ひとりにとどまらないであろう。

Ⅳ 海洋アジアのなかの日本

1　地球地域学《グローカロジー》

　日本はグローバル・エコノミーの重要な一角をしめている。戦後日本の対外関係はグローバルに地球世界のすみずみに広がった。冷戦時代には自由主義圏と全方位の関係をもち、冷戦後は北朝鮮を除く万国との関係を深めた。日本のみならず、どの国も相互依存を深め、グローバル化の波に例外なく洗われる一方、それに対抗するかのように、世界経済に影響を与える拠点がアメリカ・ヨーロッパ・東アジアなどに多極化する様相を示している。アメリカは北米自由貿易協定（NAFTA）を推進し、ヨーロッパは欧州連合（EU）を結成し新通貨ユーロを発行して統合化の実を上げている。

　だれの目にも明らかなのは、一九七〇年代から徐々に日本がアジア新興経済群（NIES）に追いあげられ、アジアNIESが一九八〇年代からは東南アジア諸国連合（ASEAN）に追いかけられ、そして一九九〇年代からはそれらのアジア諸国をすさまじい勢いで中国が猛追して追い越すという、いわゆる「雁行形態」といわれる経済発展の連鎖である。東北アジア・東南アジア地域の相互依存関係が一段と深まり、まとまりのある経済圏が出現している。さしあたって、それを「東北アジア・東南アジア経済圏」とよんでおこう。

「東北アジア・東南アジア経済圏」は、アメリカとヨーロッパのブロック化に促されて出現したともいえる。その一方、逆にアメリカとヨーロッパにブロック化を促す一因になった。現実には互いに因となり果となっているところにグローバル化すなわち地球スケールでの相互依存関係の深まりがある。北米自由貿易協定（NAFTA）や欧州連合（EU）が規模を大きくすることによって経済効率を上げるいわゆる「規模の経済」のメリットを追求していることは明らかである。「規模の経済」で厳しい競争に対処するのが欧米の姿勢であり、その背景にあるのは一国経済では対処できないという共通の危機感である。

「東北アジア・東南アジア経済圏」は、高度成長期の日本がそうであったように、各国・各地域が輸出主導型の経済政策をとり、欧米への激しい輸出攻勢をかけてきた。NAFTAやEUの形成の一因は「東北アジア・東南アジア経済圏」からのダイナミックな攻勢への対抗措置とみても誤りではあるまい。「東北アジア・東南アジア経済圏」の元気のよさは「新しいアジアのドラマ」「アジア・ルネサンス」「リオリエント」「アジア・ダイナミズム」「エイジアン・パワー」「ASEANパワー」などのタイトルをもつ書物が世に出回っていることからもうかがえよう。

NAFTAやEUのように意図的に形成された経済圏、あるいは「東北アジア・東南アジア経済圏」のようにたくまずして出現してきた経済圏は、国家単位を超える地域経済圏である。それは「国民経済」を単位とする時代が一段落し、「地域経済」の時代になったということであろう。グローバリズム（地球化）の波の中で同時にリージョナリズム（地域化）の動きがあり、世界経済を牽引する基礎単位として「地域」が出現している。地域化とグローバル化とが同時進行している。それゆえ両者を併せてとらえる視角をもつことがもとめられる。

ここで「地域」という用語について述べておきたい。英語では region, area, locality, district, zone など、広さや脈絡にあわせた名称がある。日本語でも「地方」「地区」「区域」「圏」などの類似語がある。ここでは「地域研究」「地域学」として頻繁に使われる学術的動向に照らして「地域」という語を用いている。

これまでの歴史学には「地方史」という分野があった。これは国内の特定地域の歴史研究であり、地方史家には地球を視野に入れるという構えはほとんどない。むしろ国家や世界といった大きなことを論じるのを意図的に拒否し、地方に心身ともに沈みこみ、郷土に密着することが地方史家の美学でさえあった。しかし、今日の地域研究、地域学において「地域」といわれる場合、それが広大な空間をさしていようが、狭小な空間をさしていようが、地域史ないし地域研究は地球を視野に入れているという違いがある。一例をあげよう。『講座東南アジア学』全一〇巻（弘文堂、一九九〇—九二年）がそれである。また、一九九三年〜九六年の文部省重点領域研究「総合的地域研究の手法確立——世界と地域の共存のパラダイムを求めて」がその方向を決定づけた（研究成果の一部は京都大学学術出版会から地域研究叢書として刊行）。また、国立民族学博物館の地域研究企画交流センターの機関誌『地域研究論集』（平凡社）の扱っているテーマを参照すれば、そのことは分かる。

「地域」という言葉はEU、NAFTA、「東北アジア・東南アジア経済圏」のように国を超える空間から、向こう三軒両隣《さんげんりょうどなり》のような狭小な空間までもふくむ。しかし「隣近所の地域住民が地球環境に配慮してゴミ問題に取り組む」といったように狭小でも地球的視野を踏まえているところに特徴がある。一国の中でも都市地域、農村地域、商業地域、住宅地域などと括《くく》れる。日本列島も地域としてとらえうる。さらに東アジア地域、南半球、温帯地域、熱帯地域、イスラム地域などとも括れる。気候、風土、政治経済、宗教など多種多様な規準で地域を切り取ることができるのである。このように、同じ場所が重層的に「地域」で括れる。しかし、どのように大きな地域単位をとっても地球を超えることはない。

　地球を何らかの規準で空間的に区分すると地域になる。球は全体をさし、域は部分をさす。それゆえ地球・地域とは全体・部分の関係である。地球という全体なくして地域という部分はなく、地域という部分なくして地球はない。全体と部分は、中心と周辺とか、先進と後進とかの二項対立の関係ではない。すべての地域が関係しあって地球という全体がある。地域間関係の総体が地球である。地球と地域とが、一即多ないし多即一の関係にある。そうであるからには、地域間の比較をする際にも地球全体を視野に入れ、比較対象の地域が互いに関係していることが前提になければならない。地球的視野と地域的観点とが一体であるのが新しい地域研究であり地域学である。その意味で、地球的（グローバル）な視野に立った上で、地域を研究するのである。現代英語ではグローバル（global）とローカル（local）とを合わせたグローカル（glocal）という用語が使われている。そのような地球を視野に入れた地域研究、地域学を地球地域学（グローカロジー glocalogy）と呼んでおきたい。私の立場は、まだ学問的に形成途上にあるとはいえ、グローカロジーである。そのことをまず断っておきたい。

2　海洋アジア

「東北アジア・東南アジア」を「東アジア」という一括名で呼ぶのが最近の慣例である。世界銀行が編んだ『東アジアの奇跡』(東洋経済新報社、一九九四年)がその名称を決定づけたようである。だが、「東アジア」というとき、日本における用法では「東北アジア」、具体的には日本・中国・朝鮮半島・台湾を指すものであった。儒教文化圏という意味合いもあった。また、モンゴルが中国を支配した歴史もあることから、モンゴルあたりまで包摂《ほうせつ》するイメージもある。

東北アジアと東南アジアをあわせた地理概念として、世界銀行などがいう「東アジア」が東シナ海・南シナ海をとり囲む環シナ海域であるという事実に注目したい。「東アジア」と呼ばれる地域を特定すれば「海のアジア」である。「アジア」というとインド、「東アジア」というと中国といった大陸諸国をイメージしがちである。経済が発展しているアジア地域に着目するなら、「海洋アジア (Maritime Asia)」と呼ぶ方が適切であろう。発展しているのは「東北アジア」の大陸部ではない。中国でも内陸部は立ち遅れており、発展を支えているのは沿海部である。朝鮮半島でも発展しているのは海洋部の韓国であって、大陸系の北朝鮮は貧困にあえいでいる。また「東南アジア」は大陸部と島嶼部からなるが、インドシナ半島の内陸部のカンボジアやラオスは発展からとり残されている。発展しているのはシンガポール、マレーシア、タイ、ヴェトナム、インドネシアなどの海に面した東南アジアである。こうした事実からして陸地イメージを喚起する「アジア」や「東アジア」概念とは別に私は「海洋アジア」という呼称を用いる。

海洋アジアは広義には環シナ海、環インド洋、それに両者の中間に位置する東南アジア島嶼部の三地域からなる。環インド洋は「海洋南アジア」、環シナ海と東南アジア島嶼部を「海洋東アジア (Maritime Eastasia)」として区別するのが適切かもしれない。「海洋アジア」という地域概念はいうまでもなく「大陸アジア」を意識してのことである。それは大半の日本人のアジア認識が「大陸アジア」であるという反省に立っている。

ところで、「アジア」という語についてであるが、ヨーロッパ人が「歴史の父」と称えるヘロドトスは著書『歴史』(岩波文庫)の中で「アジア」という語をふんだんに用いている。「アジア」は紀元前から西洋人のもっていた地理概念である。日本人にとっては外来語である。しかも、日本人が「アジア」という地理概念を知った十九世紀においては、ヨーロッパ社会で「アジア」は蔑称であった。日本の学者の好むヘーゲルやマルクスが「アジア的専制」「アジア的生産様式」を遅れた地域の特徴として用いたことはよく知られている。日本がアジアの一部なのかどうかは疑いうる。「日本はアジアではない」と断言する梅棹忠夫のような学者もいる(梅棹忠夫『文明の生態史観』『文明の生態史観はいま』、両著とも中公叢書)。それは根拠のないことではない。

たとえば、ヨーロッパ・アジアを合わせて略称にしたのがユーラシアであるが、「日本がユーラシアの一部か」と問われれば、日本人の多くはユーラシアとは大陸で、日本はその圏外にある島国だと答えるであろう。つまり、アジアの一部だとは思っていないのである。似たことは、ユーラシア大陸の西に浮かぶ島国イギリスについても言える。イギリス人はヨーロッパのことをコンチネント（大陸）と呼び、自分達と区別してきた。ＥＣ（現在のＥＵ）に加入してようやく、みずからをヨーロッパの一員とみなす意識が育ってきた。イギリスがヨーロッパの一部、日本がアジアの一部だという意識が育ってきたのは、それぞれの国民の間では比較的最近のことである。

では、日本はどのようなアジアの一員なのか。「アジア」という語が日本で広く使われるようになるのは明治以降である。明治十八年に「脱亜論」を書いた福沢諭吉は「アジア」として中国と朝鮮のみを論じた。明治後期に岡倉天心が『東洋の理想』で「アジアは一つ」という一文を書いたが、岡倉のいう東洋は中国とインドである。それまで天竺《てんじく》というイメージ世界であったインドをヒマラヤ山脈の向こうにある地域として地理的にとらえた。戦時中に大川周明が『回教概論』を著して、インドのさらに西のイスラム世界を正確に視野にいれた。そのイスラム世界が広く日本人に知られるようになるのは戦後のオイル・ショックを待たなければならない。梅棹忠夫が『文明の生態史観』を著してようやくユーラシア大陸全体をとらえたのは戦後になってからである。

このように、アジアという外来の地理概念に、福沢諭吉、岡倉天心、大川周明、梅棹忠夫などのすぐれた日本の知性が一世紀以上の年月をかけて、朝鮮・中国という日本のすぐ隣にあるアジアから徐々に西方のアジアに視野を広げ、アジア地域の知識を増やしてきた。地理的にはそれでアジア全域をおおった感がある。しかし、そうではない。彼等のアジア認識に共通すること、それはいずれも陸地のアジアであり「大陸アジア」だということである。

彼等が見落としてきたアジアがある。それが「海洋アジア」である。アジアNIESとして括《くく》られたことのある韓国、台湾、香港、シンガポールは海に生きるアジアであり、東南アジア諸国連合（ASEAN）もそうだ。いずれも中国やインドの周辺に位置して海洋を不可欠の存在条件とする島国か半島である。東シナ海、南シナ海という海域世界を生活舞台にしているアジアは、日本とかかわりの深いアジアであり、その地域を「大陸アジア」と区別して「海洋アジア」となづけるのである。日本は「大陸アジア」には属していない。しかし間違いなく「海洋アジア」に属している。

日本は弥生時代以来稲作を基本に据えてきたので、農本主義的立場は共感を得やすい。その一方で、日本人は世界一の魚食民族である。栄養源として長らく炭水化物はコメに、蛋白質は魚、塩は海塩に依存してきた。日本の食文化は海との係わりを抜きには成り立たない。「津々浦々」というなじみのある表現がある。津とは港、浦とは海のことだから、全国津々浦々とは、港同士が海に開かれたネットワークで結ばれている日本の国柄を表している。『古事記』の大八洲《おおやしま》として誕生する国生み神話にあるとおり、日本人は島国のアイデンティティをもっている。日本の歩みは海洋アジアの道を船来してくる文物をとりいれてきた。それゆえ、「海洋アジアの中の海洋日本」としての自覚をもつべきだろう。

海洋アジアは大きく三つの海からなる。インド洋、シナ海、それに両者の間に広がる東南アジア多島海である。日本が歴史的に深くかかわってきたのは東シナ海、南シナ海、東南アジアである。一方、ヨーロッパは環インド洋圏のほとんどが十九世紀に植民地になったほどインド洋と東南アジアとの関係が深い。キリスト教徒の支配がおよぶ以前のインド洋はイスラム教徒がダウ船で自由に往来しており、「海洋イスラム」という特徴をもっていた。ヨーロッパは中世には地中海、近世にはインド洋の「海洋イスラム」に深く影響されている。それはちょうど、日本が環シナ海の中心をなす「海洋中国」に深く影響されたのと相似た関係である。

少し補えば、大航海時代のイギリス人と後期倭寇時代の日本人とは、ともに海洋アジアに出かけ、そこから大量の物産を輸入した。それは巨大な貿易赤字を生み、それを解消するために、イギリスと日本はそれぞれ産業革命、勤勉革命といわれる「生産革命」をおこして輸入代替を果たした。その帰結の一つがイギリスのつくりあげた「大西洋経済圏」という開放系の経済システムであり、もう一つの帰結が日本の「鎖国」という封鎖系の経済システムである。世界史上にはじめて物づくり中心の社会が出現した。イギリスは「海洋イスラム」から自立し、日本は「海洋中国」から自立したとき、両地域は「近代文明」として世界史に登場した。ユーラシア大陸の両端の海に浮かぶイギリスと日本に出現した近代文明は本質的に海洋文明である。それは「海洋アジア」からのインパクトを受け、そのレスポンスとしてみずから輸入品を自給生産することによって自立したのである。

日本と世界との関係の歴史では、海洋アジア、特に環シナ海圏との関係はきわめて深い。現状もそうである。東南アジア諸国連合（ＡＳＥＡＮ）一〇カ国と日本・中国・韓国の合同首脳会議が開かれるようになり、新しい海洋アジアの協力関係が芽生えている。それは歴史的に十分根拠のあることである。日本にとっての「海洋アジア」の重要性は、歴史的にも現状においても、そして将来においても、変わらないであろう。

3　アジア間競争

では、「海洋アジア」ないし「海洋東アジア」という歴史的空間で何がおこっているのか。また、それをとらえる鍵となる概念は何か。それは海洋アジアの諸地域間での激烈な競争である。競争しつつ地域全体が発展している。発展を支えているのは「アジア間競争」である。少し敷延しておこう。

一九八五年のプラザ合意で円高基調になってから、日本の企業は、近隣の海洋アジアに対し、直接投資を進めた。八〇年代後半には日本のNIESへの直接投資と、NIESから日本への輸出が増え、九〇年代には日本・NIESのASEANへの直接投資と、ASEANから日本・NIESへの輸出をセットとする関係が生まれた。日本は海洋アジアの工業製品の輸入国としての役割を果たしている。海洋アジアにおける日本↓NIES↓ASEAN↓中国という経済発展の連鎖は、アジア地域間のメガ・コンペティション（大競争）の別表現でもある。すでに渡辺利夫氏の『韓国』（講談社現代新書、一九八六年）、『転換するアジア』（弘文堂、一九九一年）、『社会主義市場経済の中国』（講談社現代新書、一九九四年）、『現代アジアを読む』（PHP新書、一九九九年）などの一連の研究で明らかにされているように、戦後の日本にとって主要な海洋アジアの競争相手は、最初はアジアNIES（韓国・台湾・香港・シンガポール）、つぎに東南アジアが加わり、現在は中国が日本への猛烈な輸出攻勢をかけている。中国沿岸部がその拠点である。どの地域も東シナ海、南シナ海に面している。現代の海洋アジアで熾烈になっている現実は地域間競争である。

海洋アジア間競争の深まりは二十世紀最後の四半世紀に初めて生じた現象だと思われているかもしれない。しかし、実際はそうではない。

では、どのくらい遡れるのか。歴史の教科書では、海洋東アジアの近代史への登場は、通常、欧米列強の東漸にともなう南京条約（一八四二年）や安政条約（一八五八年）など、通商条約の締結を起点とされている。確かに、西洋の衝撃による開港によって、中国でも日本でも生糸・茶などの農産加工品を西洋に輸出し、各種工業製品を西洋から輸入した。東西文明間の経済交流が本格化した。そのため海洋東アジアの近代化過程は西洋との関係史という脈絡で論じうる。しかし、西洋の衝撃からアジア間関係を説明するという視角自体が、西洋中心主義的な偏見である。

見落とされがちなのは、日本にしろ、中国にしろ、開国が他のアジア諸地域への開国でもあったという事実である。それは東シナ海・南シナ海を生活舞台としてきた海洋中国人の貿易活動への公式の開放であった。この点は籠谷直人氏によって精力的に研究されてきた（同氏『アジア国際通商秩序と近代日本』名古屋大学出版会、二〇〇〇年）。アジア地域の間に欧米型の自由貿易システムが導入された結果、アジア地域同士の自由な経済交流が活発になった。日本が開国するや、横浜、神戸などの開港場に入ってきた外国人のうち多数を占めたのは、西洋人ではなく、シナ海域を活動の舞台とする中国人であった。そもそも江戸時代における長崎貿易の最大の相手はオランダ人ではなく、中国人であった。長崎には福建人や広東人などの寺がある。横浜、神戸でも同様であり、中華街はその証しである。欧米のもたらした自由貿易システムは、近代のアジア地域間の貿易を自由にしたのである。近代のアジア間の貿易の推移については、杉原薫氏の『アジア間貿易の形成と構造』（ミネルヴァ書房、一九九六年）がある。これはイギリスの記録を使っているので、イギリスが海洋東アジアに参入する以前については記録がなく、イギリス人の参入当初の数値が小さく、やがて大きくなるのは当然だが、氏の計算によれば、一八八三年から一九一三年の期間、アジア・欧米間の貿易は成長率が輸出で三・二%、輸入で四・三%であったが、アジア間貿易はそれらを上回る五・五%を記録したという。大事な事実発見は、西洋諸国とアジアとの貿易よりも、アジア間貿易のほうが成長率が高かったということだ。ただし、海洋アジアにおける貿易が十九世紀後半から始まったかのごとき杉原氏の結論は、それ以前についての歴史認識がまったく欠落しており、誤っている。こうした認識不足が生まれたのは主に二つの理由による。第一に、日本経済史においては近世江戸時代の専門家と、近代明治維新以後の専門家の縦割りがあり、近世から近代の五百年を一体的にとらえる専門領域が育たなかったことによる。その反省を踏まえて、慶応義塾大学の経済史家グループが『日本経済史』全八巻（岩波書店、一九八八―九〇年）を編み、最近では杉山伸也氏が『日本経済史　近世〜現代』（岩波書店、二〇一二年）という教科書を編んでいる。第二に、日本経済史と東洋経済史という専門の縦割りがあり、両地域を一体でとらえる専門領域がなかったことによる。ようやく二十世紀末になって、早稲田大学や慶応義塾大学で日本と東洋を一体的にとらえる「アジア経済史」の講座が開設された。

日本との貿易に限っても、江戸時代については、古典的な研究である山脇悌二郎『長崎の唐人貿易』（吉川弘文館、一九六四年）のほか、田代和生『近世日朝通交貿易史の研究』（創文社、一九八一年）、永積洋子編『唐船輸出入品数量一覧』（創文社、一九八七年）の数量的資料、戦国時代から江戸時代初めについては岩生成一『南洋日本人町の研究』（一九六六年）、同『続・南洋日本人町の研究』（岩波書店、一九八七年）、中国については斯波義信氏の『宋代商業史研究』（風間書房、一九六八年）、同『華僑』（岩波新書、一九九五年）などをひもとけば、海洋東アジアの活発な貿易の存在はすぐに分かる。

古来、日本人が接してきた中国人は、北京に代表される大陸的中国よりもむしろ、古くは南京、現代では上海に代表される海商を業《なりわい》とする華僑であり、海洋中国人であった。華僑というと、外国にいる一部の中国人のイメージがあるが、それは偏見である。華僑の原型は八世紀の唐代の福建人に遡《さかのぼ》る。当時、山がちの風土をもつ福建は陸上からは近づきがたいので北京では海上に浮かぶ孤島だと思われていたといわれる。福建人は農業よりも海上商業に生活の糧を求めた。シナ海に面した地に住む福建ほか華中・華南の沿岸中国人が、アラブのダウ船に接して海洋に乗り出せる造船術をものしたとき、海商という華僑的生き方の歴史が始まったのである。以来、千年以上の歴史を刻んできた。華僑は政治的には辺境ながら、経済的には先進的でありコスモポリタンで、しかも「中国人性」を失わない。現代中国の沿岸部の躍進も華僑に負うところが大きい。台湾の福建人や香港の広東人のほか、シナ海域のダイナミズムを作り上げている華僑こそ日本人にとって身近な中国人の顔であろう。北京中心の大陸中国史のみならず、海洋アジアを舞台にした華僑の生き様を知れば千年の時間軸の上で海洋アジアと日本との関係を位置づけなければならないのである。

華僑を主役の一人とするアジア間競争のダイナミズムの核にあるのは日本と海洋中国の宿命的ともいうべき競合関係である。アジア間競争は潜在する時代と顕在する時代とがある。両者の競合は聖徳太子の頃にまで遡れよう。古代日本は、国号「日本」と天皇位の創設、律令の採用、奈良・京都の都城建設、『日本書紀』の編纂など、政治的価値の面で中国と対抗した。それはアジア間競争における第一段階である。

第二段階は、倭寇の時代から今世紀にいたる経済競争の時代である。経済競争は顕在化した室町時代、潜在化した江戸時代、顕在化した明治維新以後の東京時代というサイクルを描いている。一九八五年のプラザ合意による円高誘導で、日本から近隣アジア地域への直接投資が進み、アジアとの貿易が増え、アジア地域間の競争が激化してきた。二十一世紀はアジアの時代であり、これから一層強まる「アジア間競争」の現実こそ「海洋アジアの中の日本」という新しい自己認識の核になるべきものである。

経済競争の次に来るのは何であろうか。未曾有のメガ・コンペティションの果てに予想されるのは、それぞれの社会に固有の物産複合（後述）の自覚的再生ではないか。言いかえると、中国は中国人らしい生活様式、日本は日本人らしい生活様式に、互いに誇りをもつ時代の到来である。古代以来、東アジア諸国は互いの華（中心性）を競ってきた。華を競う日・中・朝の三国が文化的に同化する可能性は小さい。たとえば中国料理、韓国料理、日本料理が一つの食文化に収斂することはないであろう。ゆえに、経済競争の果てに展望されるアジア間競争の第三段階は文化的価値の競争である。文化は固有性を本質とするから、それはアジア間の棲み分けへの道であると予測しておきたい。

以上に述べてきたことの要点は、アジアの中での日本を位置づけるには、海洋アジアという地域の枠組みを前提にするべきだということである。そして、「西洋の衝撃」の以前に何度も「海洋アジアの衝撃」があり、その海洋アジアの域内競争である「アジア間競争」の中で日本の近代史が刻まれてきたということである。

では、海洋アジアにおける最大の世界史的出来事とは何であろうか。それは、まさに海洋アジアの経済発展である。それを先導したのが日本の台頭である。「アジア間競争」のコンセプトでとらえられる海洋アジアのダイナミズムにおいて世界史的に意味のある最大の出来事は「アジアにおける最初の工業国家」日本の出現であった。

海洋アジアのうち日本・中国・朝鮮の「海洋東アジア」は、他の海洋アジアと異なり、西洋列強の植民地にならなかった。西洋の衝撃《ウェスタン・インパクト》が、海洋東アジアにおいては、他のアジア地域と比べて相対的に小さかったのである。外圧のあったことは間違いない。だが、それよりも強烈であったのは海洋アジアのインパクトであった。海洋東アジアに対するウェスタン・インパクトの実態は、潜在化していた海洋東アジア域内の「アジア間競争」を顕在化させたのである。「鎖国（海禁）」も同じ国の形を競うアジア間競争の産物であった。競争は潜在的には江戸時代にもあった。これらの点については、一九八九年の社会経済史学会における「アジア交易圏と日本工業化」のシンポジウムでも明らかになっていることでもある（浜下武志・川勝平太共編『アジア交易圏と日本工業化　一五〇〇〜一九〇〇』リブロポート、後に新版が藤原書店）。その核心は、アジア交易圏の中での「アジア間競争」の中から日本が出現してきたということである。一九七〇年代のアジアNIES、八〇年代のASEAN、そして九〇年代の中国の二桁台の経済成長率も「アジア間競争」の中から生まれている。もはや日本だけがアジアの経済発展の成功例ではない。海洋アジア域内における地域間競争の歴史的重要性を踏まえるならば、日本経済史の方法論もおのずと変わらなければならない。

では、それを分析する方法論は何か。キー概念は「物産複合」である。われわれ日本がその一部である海洋東アジア社会には「物産複合」の共通性がある。生活の基礎である衣食住は物から成る。生活の物質的基礎となる物産は、バラバラに存在しているのではなく、様式をもっている。生活様式とは文化のことだ。文化は地域社会ごとに地域文化としてのまとまりをもっている。生活様式（文化）を支える物質的基盤はさまざまの物産からなる複合体である。われわれはそれを地域社会の「物産複合（product complex）」という概念でとらえるのである。イギリス社会の食文化の物質的基盤は麦と肉を主要品目とするのに対して、日本社会では米と魚を主要品目としている。イギリス社会の食文化は他のヨーロッパ社会と相似ている。同じように日本社会の食文化は他の海洋東アジア社会のそれと相似ている。海洋東アジアの物産複合は、イギリスを初めとする西洋社会のそれとは異質であった。貿易は相手地域の物産を必要とするから起こる。アジア地域間の貿易が活発になったのは、海洋アジア地域の物産複合をつくりあげている物産のうち、衣食住にかかわる必需品において比較優位の原理が働いて、より安価な供給源が求められるからである。海洋東アジアの地域社会の物産複合が相似ていたという事実があったからこそ、海洋アジア地域間の競争が生まれ、貿易が活発になったのである。

物産複合が似ていた原因は欧米諸国の進出してくる前の時代にある。開国前の海洋東アジアの諸国は「海禁」（ないし鎖国）のもとにあった。海禁政策がとられたのは、その前に貿易が存在していたからである。海禁政策をとらざるをえないほど、貿易は政治体制に影響を与えていた。海禁政策のもとでも管理貿易がおこなわれた。無視できない規模の「抜け荷」（密貿易）も存続していた。

日本における海禁政策すなわち鎖国は一六三〇年代に確立するが、それ以前、十四世紀後半の前期倭寇の時代からの三世紀近くアジア間貿易を通してシナ海周縁地域の物産複合は相似たものとなったのである。その時期の海洋アジア間貿易において、日本は中国・朝鮮の両国を初め、東南アジアからも様々な物産を輸入して入超であった。膨大な金銀銅がシナ海域に流出し、その見返りに木綿・生糸・陶磁器・砂糖など、後に世界商品になる物産が流入した。江戸時代にも長崎・対馬を通して中国から物は流入しつづけた。だが、十八世紀後半期に物産の輸入は減り、十九世紀に入る頃には実質的に流入はなくなった。日本が生産革命によって自給を達成したからである。中国から経済的に自立したのである。鎖国の経済的基礎は自給自足であるが、それが達成されたのは日本国内での生産効率が主な輸入相手国の中国よりも上回ったからである。日本人は勤勉革命という労働集約型の生産革命を遂げて生産効率を上げて後進の地位を脱した。ただし、海禁体制のもとで、競争関係は顕在化しなかったのである。自由貿易体制への編入という内容をもつ「西洋の衝撃」は、潜在化していたアジア間競争を再び顕在化させた。類似の物産（木綿、生糸、茶、砂糖等）の間で、内外の市場をめぐって激しいアジア間競争が生じたのである。外圧は海洋中国という手強い競争相手の外圧である。すなわちアジア間競争である。十九世紀の開国は、潜在していた競争を再び顕在化させた。その競争に近代日本は勝ったのである（川勝『経済史入門』日経文庫）。

日本経済が日本だけで完結していないように、海洋アジアもその海域で完結していない。世界の諸海域とのつながりを探る論理は発展段階論からは出てきにくい。また、日本経済史と西洋経済史という二者のタコ壺的並存はもはや時代遅れである。世界の現実を踏まえて、新たにグローカロジーを立て、日本の世界史的位置をさぐることが求められている。旧説にとらわれないで、新しいパラダイムを打ち出せるときでもある。全体を論じるにあたって重要なのは、自らが主体になりうる根拠としての日本であり、もう一つは海である。海という観点から見れば、日本は海洋アジアの一部である。海洋アジアを含む様々な海からの経済史像を構築することが地球大にネットワーク化した現代にふさわしい。海から歴史を見直す海洋史観の構想は「水（海）の惑星」としてのグローブを射程にいれる梃子になるはずのものである。

補論　A・G・フランク『リオリエント』（山下範久訳、藤原書店、二〇〇〇年）を題材に

「リオリエント」から「ディオリエント」へ

フランク著の『リオリエント――アジア時代のグローバル・エコノミー』が出版されるや、アジアの世界史的地位の再評価として、話題を呼んだ。訳者の山下範久氏はアメリカに留学し、ウォーラーステインの指導を受けた学者である。訳文に力があるのは、山下氏が指導教授と仰いだウォーラーステインの学説を、フランクが西洋中心主義だとして批判したことにもよるだろう。

意外かもしれないが、『リオリエント』にフランク自身が実証した事実発見はない。膨大な二次文献を読み込んだ作品だ。東洋という視角から西洋資本主義の発展を読みこんだのが特徴である。実証を好むイギリス人には好まれないが、方法論を好む日本人には刺激的である。

ちなみに、フランクが批判のやり玉にあげたウォーラーステインの名を高からしめた『近代世界システム』も、二次文献を読み込んだものである。近代世界システム論にウォーラーステイン自身が実

証した事実発見はない。フランクやウォーラーステインの魅力は膨大な実証研究を読み込むときの新鮮な視角と方法論にある。

ウォーラーステインが『近代世界システム』第一巻を公刊したのは一九七四年であった。学界に影響を与えたのを後に知ったが、イギリスの経済史学界ではそれほどではなかった。私は一九七七年から八一年までイギリスにおり、イギリス経済史学会の年次大会に毎年出席していたが、そこでウォーラーステインが議論される光景をみなかった。イギリスではむしろ大風呂敷だとして冷淡に受け止められていたようだ。実証的見地からのパトリック・オブライエンの有力な反論がイギリスの専門誌に載ったのが例外である。

日本では京都学派系統の経済史家が一九六〇年代に「世界資本主義」で論陣を張ったこともあり、それとの親縁性があって関西では好感をもって迎えられた。西洋資本主義を総体として近代世界システムとしてとらえて国別の資本主義論を超えたところが新鮮だったのであろう。ウォーラーステインは『社会科学をひらく』(藤原書店)で社会科学を批判しているが、それは社会科学が国家の枠内にあるという限界を批判したものである。

フランクにも国家をこえる「地域」からの発想がある。ところがウォーラーステインの地域は、フランクが見事に言い当てたように、西洋の地域である。その限界をフランクは目ざとくとらえ、近代世界システム論は西洋中心主義だと批判した。これがフランクのウォーラーステイン批判の眼目である。

西洋以外にも地域がある。フランクは東洋に注目した。それは西洋と東洋とを合わせたグローバル・ワールド（地球世界）があることを含意している。フランクは地球世界から見て一八〇〇年以前に中心的役割を果たしたのは東洋であり、東洋の中で特に中国であると主張する。一八〇〇年頃を境に、それ以前は近世、それ以後は近代と区別できる。その根拠は一八〇〇年前後にイギリスで経済革命、フランスで政治革命、ドイツ圏では文化革命が同時多発的におこり、一八〇〇年頃には画期性があるからである。フランクは近世を対象にしており、近世の世界の中心は東洋であったという。だが東洋といっても広い。なぜ、フランクは東洋の中心が中国だと言い張るのか。

私見では、インドが視野に入っていない。それが問題である。なぜなら、地中海をベースにしたヴェニスの東方貿易を引き継ぐかたちで、近世のヨーロッパは地中海を超えて喜望峰からインド洋世界に入り込んでいたからである。その結果、コロンブスが到達したアメリカ産の銀がヨーロッパへ流れ、それがインドへ流れていた。アメリカ産の銀がヨーロッパに価格革命をひきおこしたというハミルトン・テーゼがあって、多くの研究蓄積がある。しかし、価格革命論争のかげに隠れた事実がある。アメリカ産の銀はヨーロッパでのみ使われたのではない。巨大な量が域外のインドに流出していた。この事実認識が東洋を視野にいれるときにきわめて重要である。アメリカ産の銀は大西洋からヨーロッパを経て喜望峰経由でインドへ運ばれただけではない。フランクも気づいているように、アメリカからメキシコ経由で太平洋をマニラに運ばれていた。

近世における銀の東洋への流入は、フランクの『リオリエント』が出る前から、われわれには周知の事実であった。それが長大な叙述の中でくどくどと述べられているのは、この事実を知ったときのフランクの驚きが表れている。あれやこれやの文献解説は書評を延々と読まされている感があって辟易するが、西洋史の膨大な個別文献を、東洋との関係に絞りこんで読んでいくと、最終的に東洋が銀の吸収地であったというフランクの結論は妥当なのである。

フランクは中国がその銀の吸収者であったという。フランクはそのことから中国が東洋の中心、広くは世界の中心だった、というのである。しかし、銀の吸収地は中国だけではない。インドもそうであった。それをフランクは無視している。インドに銀をもちこんだのはイギリス東インド会社である。K・N・チャウドゥリがイギリス東インド会社の資料の分析で明らかにしている。私もその重要性に気づき、インドへの銀流入と綿業を軸にしたイギリス産業革命との関係について三十年程まえに論文を書いたことがある（「木綿の西方伝播――アジア内貿易から大西洋経済圏へ」『早稲田政治経済学雑誌』二七〇・二七一・二七二合併号、一九八二年）。

西洋（アメリカとヨーロッパ）と東洋との関係を、グローバルな銀の流れから眺めると、銀は二つの地域に入りこんだ。インドと中国である。中国に銀をもちこんだのは、マニラ経由のスペインのガリオン船とバタビア経由のオランダ東インド会社である。ただしオランダの銀は新大陸銀というよりも長崎から輸出された日本銀である。日本銀は中国商人によっても持ち出された。さらに田代和生氏の精致な研究で明らかにされたように対馬から朝鮮経由で中国に入っていた。

近世における銀のグローバルな流通を知るには、西洋と東洋（インド・中国）と日本の三者の関連性を見なければならない。ところが、西洋ではインド研究者、中国研究者、日本研究者は別々であり、いわば縦割りで、連関が見えにくいのである。中国研究者にとっては、イギリスと関係がでてくるのは十九世紀になってである。イギリス領インドから中国の茶を求めて銀が流れた。だがインドは十七世紀からアメリカ産の銀をイギリスが運んでいた。十九世紀になるとイギリスとインドと間の銀の流れは逆になる。インドからイギリスに膨大な銀が逆流したのである。その銀は元をただせば近世にイギリスがインドに運んだものだ。希望峰経由の海路のほか中東経由の陸路でもインドに銀が流れこんでいた。近世の西洋資本主義が勃興期における銀のグローバルな流れを知った者は、西洋資本主義と東洋との関係を無視するのが誤りだと確信するのである。

アメリカ産銀と日本産銀の流れが膨大であることは、その対価として東洋物産が西洋に流れていたこと、そして日本へも東洋（日本以外の）物産が流れこんでいたことを物語っており、その量も膨大であったということである。東洋の物産が近代になると西洋社会では自給されて工業品に転じた。近代西洋の資本主義社会の生活に東洋物産が入り込んでいる事実が分かると、西洋資本主義の自生的発展という主張が一面的であることが見えてくる。ウォーラーステインは、フランクへの反批判で東洋の巨大な影響にもかかわらず、ヨーロッパが発展したのはミラクルであり、ヨーロッパの特質が鮮やかになったといっている。両者の主張を聴く中で、『近代世界システム』と『リオリエント』とは両者が相俟ってヨーロッパとアジアの「地域性」をともに浮き彫りしたことがわかる。

国際学会で「アジア」認識を覆す

すこし寄り道をする。世界各地から経済史家が千人余りも集まる国際経済史学会の第七回大会（一九七八年夏にエディンバラで開催）に参加した。私にとっては初めて経験する国際学会であった。それはほぼ四年に一度開催される経済史における最大の学会であり、当時の私はイギリスのオックスフォード大学の院生であった。この大会に出席した杉原薫氏の参加記がある（「第七回国際経済史学会に参加して」『社会経済史学』四四巻五号、一九七九年）。そこで杉原氏はこう述べている――「ヨーロッパの圧倒的な学問的主導権は、テーマの設定、討議の内容の両面できわだっていた。日本人は全部で約五〇人参加していたようで、討論に参加した人も何人かあったが、率直にいってその貢献度は依然としてきわめて限られていた」。まことにそのとおりで、学会で論じられたメインテーマは欧米関係のものばかりで、日本はおろかアジアにかかわるテーマは皆無に近かった。ただし日本の経済史家の代表として小松芳喬教授（早稲田大学）が国際学会の理事に名を連ねられていたのはかろうじての救いであった。中国人の学者はまだ一人も来ていなかった。日本人学者の大半は残念ながら、研究発表ではなく、国際学会に詣《もう》でるといった風があった。日本もアジアも存在感がなかった。そのなかで角山榮氏が「領事報告の国際比較」というセッションで、明治日本の領事報告にあるアジア情報はイギリスのものよりもまさっていたと報告したのに感心したことを覚えている。

国内で開催される学会では、年長の大学者と若手研究者が気楽に話せる雰囲気はない。だが国際学会では、言葉が不自由な会場の内外で、同じ日本人同士ということで年齢差をこえて、研究や人生を語り合う自由な機会がある。英語などがとびかう国際学会で、不自由なく日本語で日本人同士が交流する国際学会の利点である。私は三十歳であったが、四十歳以上も年長の小松芳喬先生、二十年ばかり年長の船山栄一先生などから、学会の合間に、まるで友達のように気楽に学問人生を語っていただいた。いま思い出しても感激的であり、懐かしい思い出である。国内の学会では若手は年長者に遠慮があり、年長者には気位があって、そうはいかない。

エディンバラ大会での角山先生との出会いは鮮烈であった。三十歳ばかり年長の角山先生に懇親会の引き際に自己紹介した。「何を研究しているのか」と問われ、短く自説を述べたところ、先生の表情が真剣になり、奥様を宿舎のホテルに先にお帰しになって「じっくり聞きたい」といわれる。夜更けで店は締まっている。なんと、「では君の宿舎に」といわれ、エディンバラ大学の学生寮を学会時の臨時宿舎にしていた貧相な一室にお越しになり、夜中まで話しこんだ。その後、早稲田大学政治経済学部の紀要に発表したものの、反響のなかった論文を二本お送りしたところ、丁寧なお褒めの書信をいただいたのは無上の喜びであった。同じことが船山先生との間でもおこった。船山先生はヨーロッパ域内貿易と市場構造との関係に日本人で最初に気づいた学者であり、私の説はそのアジア版であったから、最初に気づいた者同士、一朝にして旧友のごとくなり、船山先生は学会の帰りに、小生のオックスフォード大学の学生寮に来られ、熱心に語りあった。

アジア版といったが、一九七〇年代半ばに私は日本内外の綿花・綿糸・綿布の市場分析を通して、短繊維―太糸―厚地布という品質連関からなる東アジア綿体系というコンセプトをたて、それを長繊維―細糸―薄地布の西洋型の綿体系と対比させていた。東アジア型の木綿市場の構造が西洋の木綿輸出を制約し、アジア域内の貿易・産業の発展を支えたというテーゼを発表していたのである。一九七七年から八一年のオックスフォード大学留学中に「海洋アジア」という地域コンセプトと「物産複合」という方法概念を柱にして「アジア経済史」を構想していたのである。

同世代の杉原薫氏にはエディンバラの国際学会で初めて会い、同じ論文を送ったが、どう理解してよいか分からないとの返事が返ってきた。杉原氏からは『アジア経済』に載せた十九世紀末のインド貿易のサーヴェイ論文が送られてきた。S・B・ソウルの多角的貿易決済機構のインドにかかわる部分を扱い、ソウルの主張を補強した内容で、アジア経済圏や交易圏の視点はまったくなかった。結論と統計事実との間にある齟齬を丁寧に指摘して礼状を送った。その直後に杉原氏はアジア間貿易の存在に初めて気づいたにちがいない。

少しさかのぼるが、エディンバラ国際学会の数か月前の一九七八年春、ウェールズ大学のスワンジーで開かれたイギリス経済史学会の年次大会に出席した。イギリス人中心の国内学会であり、これも初めての経験であった。その世話人がウェールズ大学スワンジー校のA・J・H・レイサム博士で、彼の研究報告を聞いた。レイサムは、ソウルの仕事を手がかりに、しかし独自に「インドの貿易構造」「中国の貿易構造」「intra-Asian trade（私はそれを後に「アジア域内貿易」と訳した）」といった用語を用いて、アジアの貿易構造を明らかにしたもので、文字通り画期的な内容であった。私はすでに東アジア綿体系というアジア型の市場構造論を先の紀要論文で提起していたので、それときわめて親縁性のある考えを貿易統計で出したレイサム博士の研究報告に格別の関心をもった。レイサムのほうも私の説に共鳴したのもごく自然であった。アジア独自の域内貿易はアジア型の市場構造（分業関係）と不可分だからである。レイサムはそのときの学会報告を一書にまとめ、七八年末に上梓した（*The International Economy and the Undeveloped World 1865-1914*, London）。その本を私は菊池紘一氏と共訳した（『アジア・アフリカと国際経済　1865-1914』日本評論社、一九八七年）。そのあとがきで私はこう述べた――「レイサムが本書に結実させたアジア経済見直しの構想を最初にうち出したのは一九七八年の春、スワンジーで開かれたイギリス経済史学会の年次大会においてであった。たまたまその大会に出席していた私（川勝）はレイサムの報告が参会者に鮮烈な影響を与えたのを目のあたりにし、同年末に原著が出版されるや邦語での紹介の意義を認めた。しかし必ずしも日本の出版社の容易に引き受けるところとはならず、一時は邦訳出版を断念した。一九八四年にレイサムが初来日し、大阪市立大学、京都大学人文研、アジア経済研究所、早稲田大学で講演を行ない、気運が再燃、このたびの上梓に結びついた」。

日本の学界ではアジアは「停滞」としてイメージされており、しかも「帝国主義」の全盛期の十九世紀末にアジア貿易が発展していたというレイサムの主張は、いくら私がそれは統計的事実だと説明しても、出版社も学界も半心半疑で、むしろ反動的主張とみる向きすらあった。だから邦訳の出版が延びたのである。

レイサムが、ソウルの研究を一歩進め、十九世紀末からのアジア域内貿易の構造を明らかにし、それを最初に統計的に裏付けたのである。その功績は大きい。当時のイギリスの学界の常識では、ソウルの多角的貿易決済機構の要はインドであり、それゆえにインドは貧しいと理解されていたのである。レイサムはインドが多額のホームチャージに耐え得た基礎がインドの貿易黒字にあり、インドが貧しいとは一概には言えないこととともに、インドの巨大な貿易黒字が、インドの他のアジアとのアジア域内貿易から得た黒字に支えられていた事実を初めて実証したのである。レイサムは『英国議会資料』等の膨大な統計群からインド・東南アジア・中国分を集計し、インドの対アジア貿易が黒字になる域内貿易の構造をとらえたのである。前掲の『アジア・アフリカと国際経済　1865-1914』の第三章「国際貿易」がそれを扱っている。この第三章はレイサムが一九七八年春の学会で発表し、私がそれをじかに聞いた内容である。日本の学界ではアジア経済圏やアジア交易圏論の夜明け前であった。レイサムは後に、戦間期の大恐慌をアジア（インド）の農産物市場から論じた書物を著し、コメのアジア域内貿易の書物も著した。あえてレイサム博士の貢献を紹介したのは、先駆者ながら（だから）、日本人学者のなかにレイサムの功績を無視するきらいがあるからである。

国際経済史学会は四年ごとに開催されるが、エディンバラ大会から四年後の一九八二年の第八回ブダペスト（ハンガリー）大会では「プロト工業化」が大テーマ（ほかに中テーマ、小テーマがある）になった。ヨーロッパでは本格的工業化以前にプロト工業化段階があって、国際市場の発展は後進的な非農業地域の商品生産と結びついていたという議論である。一九八〇年代初期でもまだ国際学会の主要テーマはヨーロッパ中心であったわけだ。一方で中テーマとしてウォーラーステインのテーゼが話題になったのが、一九八二年のブタペスト大会のときだ。私はウォーラーステインに対して、「近代世界システムの形成に果たしたアジアの役割が考慮されていない」と食ってかかったが、私の英語表現力の不足もあって、ウォーラーステインはなぜそれが重要なのかわからないといった風であった。もっとも、それから十二年後、一九九四年に「世界システムとアジア」という国際シンポジウムが名古屋大学で開催され、ウォーラーステインと直接対決する機会が与えられ、彼は私の議論を理解し、特に彼の奥さんがえらく気にいってくれて、論文をせがまれたほどだ（*Asia in the World Economy* 名古屋大学大学院国際関係科、一九九四年）。ウォーラーステイン夫人も学者であることをそのとき知った。彼はまことに頑固だが、夫人の柔軟な頭脳はすばらしいという印象をもった。

一九八四年に日本の社会経済史学会は共通論題に「近代アジア貿易圏の形成と構造」というテーマを設定した。ロンドン大学からK・N・チャウドリ教授を招き、インド洋交易世界について話してもらった。その前後から来日する大物の経済史家との交流が増え、国際経済史学会の理事にもアジアにかかわるテーマが知られるようになり、一九八六年のスイスの首都ベルンで第九回国際経済史学会のAセッション（大テーマ）に「世界経済の出現、Emergence of a World Economy」が掲げられたとき、レイサムも私もアジアを論じる研究者として招かれた。大変な盛会だった。アジアが初めて正式に国際経済史の学界で日の目をみたのである。フランクは招かれていない。その成果は二巻本の *The Emergence of a World Economy*, 2vols. (Steiner, 1986) となった。フランクはそれを読んで『リオリエント』

にこう書いている。

「国際経済史学会の最近の大会報告書を通覧すると、国際部門の九〇%くらいは西洋についての研究であることがわかる。最近になって『世界経済の出現』（フィッシャー、マクニス、シュナイダー編）などというタイトルを冠した二三の報告書が出てきた。しかし、そこへの寄稿は依然、西洋のものが優勢を占めている。」（訳書、八三頁）

この二巻本の第二巻にレイサムと私と杉原薫氏のアジア関係のペーパーが三本入っている。それらは反響をよび、大会の総括でも特に論及された。それがきっかけでレイサムと私で五冊の共編著が出されることになった。

（a）Latham and Kawakatsu, *Japanese Industrialization and the Asian Economy,* London: Routledge, 1994.
（b）Latham and Kawakatsu, *Asia Pacific Dynamism 1500-2000*, London & New York: Routledge, 2000.
（c）Latham and Kawakatsu, *Intra-Asian Trade and the World Market.* Abindon: Routledge, 2006.
（d）Latham and Kawakatsu, *Intra-Asian Trade and Industrialization.* Abindon: Routlede, 2009.
（e）Latham and Kawakatsu, *The Evolving Structure of the East Asian Economic System since 1700.* Abindon: Routledge, 2011.

フランクはアジア関係の論文の数が少ないと論評したが、右の『世界経済の出現』（英文）二巻本の第一巻は一五〇〇年から一八五〇年、第二巻は一八五〇年から一九一四年を扱っている。第一巻で世界経済を論じたペーパーはほとんど銀を扱っている。つまり十九世紀までの世界経済は銀流通論であり、その中身はといえば、銀のアジアへの流入についてである。それほどに銀とアジアは重要である。フランクが引用しているフリンとジュラルデスもこの大会で報告した。フランクの書いているテーゼの根拠は彼の本よりも十五年も前の国際経済史大会（ベルン大会）での実証水準以上のものでも以下のものでもないのである。

「日本の出現」をどう捉えるか

中国の銀吸収について精力的に実証成果を発表してきたのは日本人の浜下武志氏である。ベルン大会に浜下氏の姿はなかったが、フランクがその中国中心論で大きく依拠しているのは浜下氏の朝貢システム論である。しかし、フランクは、そして浜下氏も、日本については論じていない。

近代になって中国は凋落し、西ヨーロッパと日本が台頭した。アジア地域における最大の現象は日本がアジア最初の工業国家になったことである。この論点はフランクにない。フランクの狙いは西洋中心主義批判なので、彼は軸を中国にすえ、目は西洋を向いている。中国を軸にすえる場合でも、その東の日本に目を向けなければ複眼にならない。それはフランクの問題意識の限界である。またそれは同時に、日本の世界史的位置づけは容易ではないということでもある。

ヨーロッパ地域のなかでヨーロッパ間貿易があったことは自明である。説明するべき大切な課題は「なぜヨーロッパのなかでイギリスが中心勢力になったのか」である。それはヨーロッパ域内のダイナミズムを見ないとわからない。西洋の学界は、ヨーロッパ域内や環大西洋圏内に働く様々な内的インパクトを見る視角に長じている。それだけに、近世における「東洋の衝撃（オリエンタル・インパクト）」を見落としているというフランクの指摘は新鮮なのである。日本の学界では逆に「西洋の衝撃（ウェスタン・インパクト）」が強調されすぎて、アジア域内に働いている内なるダイナミズムを見る視角が弱いのである。開国までアジア域内で互いにインパクトを与え合う関係になかったかのごとき理解である。域内貿易やネットワークが存在したことでアジア間関係の解明が事足りた感になっている。

確かに、アジアに欧米の自由貿易システムが導入された結果、アジア域内でヒト・モノ・カネが活発に動いた。開港前の長崎と同様、新しい開港場に入ってきた外国人の多数は、西洋人ではなく、東シナ海、南シナ海で活動する中国人であった。シナ海は本来的に中国人の交易の海である。域内貿易はある意味で自明であり、その数量を確定するのは前提であるが、本当に大切なのはアジア域内のダイナミズムを説明することである。ヨーロッパでは、オリエンタル・インパクトがあったにもかかわらず、それを無視し、域内のダイナミズムが考えられがちである。われわれも、方法的には敢えてウェスタン・インパクトから自立したものとして、域内のダイナミズムを探るくらいのアジアを軸にすえた視角を立てる構想力が要るだろう。

そのためには、まず域内の地域性を押さえなければならない。たとえばアジア域内の貿易額を計算した杉原氏は、貿易の根拠を「歴史的伝統の中で育まれてきた衣食住の価値体系」という抽象的な一文ですませている。貿易品は使われるから流通するのであり、交易される物について彼は何も語っていない。衣食住は物から成り、暮らしの基礎となる物はバラバラではなく、地域社会ごとに物産複合(product mix)というまとまりをもっている。東アジア地域社会の物産複合は、互いに微妙に異なりつつも、西洋地域社会のそれと比べれば、共通している。貿易は相手地域の物を必要とするから生まれる。環シナ海の貿易は、その地域の物産複合を構成する様々な物産が互いに必要とされ、そこに比較優位の原理が働いて、より安価な供給源、より高価な購買力が求められたからだ。物産複合に共通性がなければ、環シナ海に域内貿易は発達しない。

ではなぜ、物産複合が共有されていたのか。かつて域内貿易が行なわれていたからである。アジア域内貿易は開港をもって始まったのではない。開港後の域内貿易の成長局面も、近世後期の停滞局面も、中世から近世前期の拡大局面も、域内に働くダイナミズムの諸相である。

欧米型の自由貿易システムが導入される前のアジア域内貿易において、近世中期までの日本は中国に対して入超であった。日本は生産革命を経て近世後期に自給化を達成した。その結果、日本貿易は小さくなった。こうした関係の背景にはアジア域内の自給化や分業化などのダイナミズムがある。それは「アジア地域間競争」と言いうる。日本にとって最大の競争相手は中国であった。近世のアジア間競争は互いに鎖国・海禁システムをとったので表面化しなかった。鎖国・海禁も制度面での類似の貿易システムないし朝貢システムを整える競争であり、これもアジア間競争の一つである。十九世紀の開国は物産の価格面でのアジア間競争を顕在化させたのである。

また、シナ海・東南アジア・インド洋の間に十九世紀前半に活発な域内貿易があったことは、戦後すぐケンブリッジ大学から出版されたグリーンバーグの古典的研究（Michael Greenberg, *British Trade and the Opening of China 1800-42*, Cambridge University Press, 1951）以来、専門家の共通認識になっている。いわゆるカントリー・トレイドである。ヨーロッパ勢力の東漸という現象ばかり見ていると、アジア域内の貿易は彼らの進出とともに始まったかのごとくである。それは単純な誤解である。「海洋アジアの交易史」という観点にたてば、少なくとも十三世紀南宋の『諸蕃志』（英訳は二十世紀初めにされている）あたりまで遡らなければならない。近世ヨーロッパ各国の東インド会社は既存の海洋アジアの貿易ネットワークを活用したことは常識に属する知識なのである。

イギリスの貿易統計はアジア域内の貿易を明らかにするために編まれたものではない。それを使ってアジア域内の貿易の実態に迫り得るのは、域内貿易があったからであり、それを集計し再整理するのは骨のおれる仕事だが、その統計量が初期に小さいのは、新規参入したイギリスのみの記録を使っていることと、それ以前のアジアの記録が残されていないか、もしくは断片的なためであること、さらに日本の実質的な鎖国（自給化）が達成した一八〇〇年頃から半世紀も後であることから、貿易高が小さいのは当然なのである。しかしそのことは、それ以前にアジアに域内交易や域内競争のなかったことではけっしてない。まして、先学によって普通に使われ、その存在も当然視されていた「intra-Asian trade」をなかったかのごとくに「アジア間貿易を発見した」などという主張は基本的に誤っている。

もう一つ、ヨーロッパの台頭との関連がある。ウォーラーステインの言う「近代世界システム」の出現は十六〜十七世紀であり、日本をとらえる場合も、ウォーラーステインと同じくらいの地域スケールとタイムスパンで見る構想力が要る。江戸時代初期のアジアの世界史に占める位置が重要である。そのような関心から一九八九年に、日本の社会経済史学会で「アジア交易圏と日本工業化」というシンポジウムがもたれた。浜下武志氏と私がオーガナイザーになった。そこで得られた結論は、アジア交易圏の存在が重要で、その枠組のもとでアジアをとらえることが不可欠であるというものである。「アジア交易圏」の枠組みの中で「アジア間競争」としてとらえうるダイナミズムの中から日本の資本主義が出現したのである。環シナ海域では中国(「海洋中国」)の影響力は決定的に大きい。環シナ海域をヒト・モノ・カネが動く。その実態とそれがつくる貿易網をさぐる研究に弾みがついた。古田和子氏は上海ネットワークを見出した(古田和子『上海ネットワークと近代東アジア』東京大学出版会、二〇〇〇年)。籠谷直人氏はアジア商人の動きを研究した(籠谷直人『アジア国際通商秩序と近代日本』名古屋大学出版会、二〇〇〇年)。また、本野英一氏は制度なり慣習に視点をあてコンパラドールに詳細な分析のメスを入れてヨーロッパに対抗する粘着力を持った中国人独自の法観念を摘出したのである(本野英一『伝統秩序商業秩序の崩壊』名古屋大学出版会、二〇〇四年)。

日本国内の潮流と連動した国際的な動きにも一言しておこう。先に触れた一九八六年の第九回国際経済史ベルン大会の後、国際経済史学会理事会から次の大会でセッションを組織するように要請された。私はレイサム博士と組んで、一九九〇年の第十回ルーヴァン（ベルギー）大会で「日本の工業化とアジアの経済」を設定した。欧米中心の国際学会の中に「日本」と「アジア」をぶちこんだ最初である。浜下氏、角山先生のほか若手の本野氏、小瀬氏などが参加した。聴衆にチャウドリ（英）、プラカーシュ（印）、クルーゼー（仏）、ランデス（米）など経済史の重鎮が詰めかけた。後に「東南アジアの商業の時代」で知られることになるアンソニー・リードも熱心に討論に参加した。満席の中で嬉しい緊張を強いられた。その成果にロンドンの出版社が飛び付いてきた。それが前掲（a）のLatham & Kawakatsu, eds., *Japanese Industrialization and the Asian Economy* である。第十一回ミラノ（イタリア、一九九四年）大会では、レイサムとともに東アジアのダイナミズムをとりあげたところ、中テーマになり、国際経済史学会が責任をもって書籍形態にして定価販売した（Latham & Kawakatsu, eds., *The Evolving Structure of the East Asian Economic System since 1700:a comparative analysis*, Milan:Universita Bocconi（Proceedings of the Eleventh International Ecvonomic History Congress B6）, 1994. 第十二回マドリード（スペイン、一九九八年）大会では、対象地域をアジアを含む太平洋に広げた。これもロンドンの出版社から即座に出版の申し出があった（前掲（b）のLatham and Kawakatsu, eds., *Asia Pacific Dynamism 1500-2000*）。大分、寄り道をしたが、『リオリエント』に接する前までの私の立場はこれで明瞭になったと思う。

「ディオリエント」による自立性の獲得

『リオリエント』には前述のように新しい事実発見はないが、フランクの視角である「西洋へのオリエンタル・インパクト」は共有するべき視角である。「アジアからの外圧」とは、フランクよりも十年前に日本で公刊された『アジア交易圏と日本工業化』(リブロポート、後に藤原書店から新版)所収の拙稿の第三節のタイトルですでに用いている。

さて、フランクの学説は欧米学界の本流になるだろうか。ヨーロッパ中心史観の牙城から見るとフランクは周辺にいる人だ。ウォーラーステインでさえイギリスでは傍流である。ヨーロッパ中心史観がどう崩れていくかが私の関心である。いつぞや、ウォーラーステインを批判したパトリック・オブライエンの編で、イギリス人好みの実証主義的な論文集が編まれることになり、そこに実証論文の寄稿が求められ、私なりに相手の土俵で相撲をとったことがある(H. Kawakatsu, 'The Lancashire Cotton Industry and its Rivals,' P. O'Brien & K. Bruland eds., *From Family Firms to Corporate Capitalism*, Oxford, 1998)。こうした実証研究から見通せる歴史像は、西洋と日本は、近世にそれぞれイスラム圏、中国圏という東洋から影響されつつ、近代になって東洋から自立した、というものである。それが近世から近代への移行期の歴史的過程の本筋である。それはヨーロッパが脱アジアしてヨーロッパになり、日本は脱アジアして日本になったといいかえうる。

それゆえ私見では、リオリエント（ReOrient）ではなく、ディオリエント（DeOrient）が近世から近代への移行の本質である。このテーゼは目下のところ、私独りのテーゼにとどまっているが、「海洋アジアが近代ヨーロッパをつくった」というテーゼが育っていくと確信している。「近代日本の出現は、西洋へのキャッチアップ論ではなく、海洋アジアによってつくられた」というテーゼも育っていくだろう。ディオリエントを経てヨーロッパと日本が近代社会になった。それが近代文明の誕生の秘密であることは実証的に確かめられているからである。フランクはそこまで言っていないが、事実を詰めていくと、脱アジア像になるのである。ただ、一八〇〇年前後の転期について、フランクは「西洋の勃興は世界経済・世界システムにおいて起こっていたこととして、輸入代替から輸出振興へという戦略の遂行によって、アジア経済という巨人の肩にのぼっていった事例である」と記しているが、それは右のテーゼの脈絡でとらえうる。イギリス産業革命とはアジア物産を輸入代替する生産革命であり、イギリス帝国という自給圏確立の経済的な基礎である。さらにアメリカはそのイギリスから独立して国民経済をつくり、モンロー宣言（鎖国宣言）まで出した。近代になって初めてアジアからの自立が達成されたのである。

「地域」概念から地球史を構想する

ヨーロッパ地域だけを見たり、ヨーロッパのみを規準にした個別研究をいくら積み重ねても、枠組み自体が部分でしかないので全体像にはいたれない。ヨーロッパ地域を相対化するために、フランクは東洋地域をもちだした。東洋と西洋とは対概念である。ユーラシア（ヨーロッパとアジア）も一つの地域であって、全体ではない。ヨーロッパ対アジアという二項対立的図式から自由になる必要があるだろう。

「地域」は、狭くは向こう三軒両隣から、広くは東アジア、南半球、温帯・熱帯・寒帯など気候・風土の区別、政治経済、宗教など多種多様な規準でとらえうる。地域は固定した空間ではなく、他の基準でとらえた地域と複合的、重層的な関係にある。「地域」的観点とは多様な部分の諸相から全体像を見る観点である。全体とは「地球」である。「地球」的観点とは全体から多様な地域像を見る観点である。ともに必要である。地球と地域とは全体と部分の関係だからである。地球と地域とは一即多の関係にある。それゆえ「地域」概念は「地球」と一体で確立されねばならない。「地球」を何らかの規準で空間的区分したのが「地域」になる。空間的区分といったが、「地球」も時（歴史）を刻む空間であり、「地域」も時を刻む空間である。地球も地域も時空間である。多様な「地域」の時空間が「地球」全体の時空間をつくりあげている。その意味で地球史は地域史と相即不離の関係にある。グローバル・ヒストリーという新しい全体史は、それゆえ、地球・地域史《グローカル・ヒストリー》というべきである。

地域住民というように、人間は地域を形成する主体である。どのような規準で地域を構想し、そこに関与するかは主体の課題である。一八〇〇年前後にヨーロッパ地域住民が「国民」として自立した。同じ時期に日本もそれに匹敵する自立を遂げている。全体を論じるにあたって重要なのは、自らが主体たりうる地域を見定めることであろう。みずからがそこに属するアイデンティティが家族、企業人、都市民、日本人、アジア人など重層的であるように、みずからが属するとみなしうる地域も重層的である。その果てに地球市民という最大の地域（地球）をイメージしうる。地球・地域史にはみずからを地球に属するとみなす器量を要求される。

全体史との関連でもう一つ重要なのは海である。海という観点から見れば、日本は海洋アジアの一部である。西太平洋の一部でもある。あるいは島国として海洋世界すべての一部でもある。海は世界をつないでいるので海洋からみる歴史観はおのずから地球史的な構想をたてやすい。これについては別に論じたので省くが、海から歴史を見る海洋史観の立場が、海の惑星としてのグローブ（地球）全体を歴史の射程にいれるグローバル・ヒストリーの重要な梃子になるのではないか。

結び

近代歴史学の創始者ドイツのフリードリヒ・ランケ（一七九五―一八八六）は『世界史概観』（鈴木成高訳、岩波文庫）で名高く、「世界史《ワールドヒストリー》」の生みの親といわれる。そのランケは自伝（『ランケ自伝』岩波文庫）にあるように、ギリシア・ローマへの色濃い関心を持ちつづけた。その関心に規定されて「歴史」はおのずと西洋中心のものになった。当時のヨーロッパは世界最大の工業地域である。ランケと同じ時代を生きたマルクス（一八一八―八三）は、ドイツに生まれてフランスからイギリスと移り住んだが、彼はその壮年期の著作『経済学批判』で歴史構成法を解説している。それによれば、資本主義をもって「最高の発展段階」とみなし、他の地域はその段階にむけて発達していくものというように再構成して歴史の理論（唯物史観）を構成しているのである。「歴史」と名をうって「世界」を論じていても、その内実はヨーロッパ中心主義の中身をもつ、そのような「歴史」を非西洋圏でもっとも主体的に受容したのは日本である。明治初期にランケの弟子リースが東京帝国大学でお雇い外国人として講義したのに始まり、近代日本人は西洋起源の西洋中心史観の歴史観を身につけた。日本における「歴史」はいちじるしく西洋に偏向したものとなったのである。

とはいえ、二十世紀初めに「資本主義を超える」段階である社会主義社会がロシアに誕生したことにより、資本主義をもって最高の発展段階とは単純にみなせなくなった。「社会主義（共産主義）」の存在が陰に陽に念頭におかれることになったわけだ。

第二次世界大戦を間にはさんで、戦前から戦後にさかんであった日本資本主義論争は資本主義の形成・構造・矛盾にかかわる論点を網羅的にとりあげたが、論戦の主役になった講座派、労農派、宇野理論などの表面の主題は「資本主義」であった。だがそれは「社会主義」建設をめぐる路線対立とかかわっていた。表面に現れない影の主題は「社会主義」であった。

また、マルクスとウェーバーにかかわる議論は山のようにあるが、それは下部構造と上部構造をめぐる唯物史観の公式を前提にしていた。スウィージーとドッブに代表される封建論争、ホブズボームの近代社会論、エリック・ウィリアムズの奴隷制論、ロストウの離陸論、ウォーラーステインの近代世界システム論など、日本人の西洋史理解に深い認識をもたらした研究業績を、子細に見ると、「資本主義対社会主義」のパラダイムが背景に牢固としてある。二十世紀はまことにマルクス主義ないし社会主義の時代であったということができるのである。

しかし「資本主義か社会主義か」の二項対立図式は冷戦終結と社会主義圏崩壊によって意味をなさなくなった。

それに代わって世界を見る目は地球環境問題と経済のグローバル化に触発されて「地球を全体としてみる目」に確実に変わりつつある。また地域紛争が多発し「地域を部分としてみる目」が定着しつつある。「地球と地域」は「全体と部分」の関係である。それは空間的関係である。それに対応して、ヨーロッパ世界も、ヨーロッパを進歩の最高段階にあるという単線的な時間軸から解き放たれ、地域世界として見直されつつある。「経路依存性」という概念で語られる制度学派の経済学者は社会の地域性を強調する。その創始者のダグラス・ノースにノーベル経済学賞が贈られたことは冷戦後の地域論的な歴史観を強めさせた。

では、地域間の関係をどうみるか。二〇〇一年九月十一日の同時多発テロは「文明」に対する挑戦だという議論を巻き起こした。そこには地域間の関係を「文明間の関係」でとらえるという論理が働いている。その関係をとらえる構図は「文明の衝突」「文明の対話」「文明の共生」「文明と野蛮（非文明）」など様々ではあるが。

そうした脈絡のなかにフランク『リオリエント』を置いてみよう。同書は、ヨーロッパ近代工業文明の形成に「オリエント（アジア）」が果たした決定的役割を浮き彫りにしている。そこにあるのは「資本主義」対「社会主義」の二十世紀型図式ではなく、「オクシデント」対「オリエント」という図式である。もとより「西洋」対「東洋」という図式は古くて新しい。フランクは古い図式を持ち出したというより、近代西洋の成立条件としての「オリエント」像を提起したのであり、しかも近代西洋の成立過程に「オリエント」が経済的影響を与えつづけたと論じている。こうしてヨーロッパに誕生した「近代世界システム」が自生的に発展したという従来の図式すなわちヨーロッパ中心史観を批判したのである。

二十世紀最高の歴史家としてピレンヌとブローデルがいる。西洋史における古代から中世への移行期に、ピレンヌはマホメット（オリエント）の巨大な影響を喝破した。西洋史における中世から近世への移行期に、ブローデルはオスマン・トルコ（オリエント）の巨大な存在を描いた。近世から近代への移行期に、フランクは「銀遣いの経済圏（オリエント）」の影響を見抜いた。すぐれた歴史家が西洋史の転換期に「オリエント」の存在を共通して強調しているのは偶然ではないだろう。それは近代からポスト近代への転換期である現代におけるオリエント（アジア）の位置づけをどうするかという問題提起をはらんでいるのである。

冷戦後にハンチントンが『文明の衝突』を著した。ハンチントンによれば、冷戦以前の歴史観は「西洋」対「非西洋」であったが、冷戦時代に「自由主義」対「共産主義」になり、冷戦後は地域政治では民族紛争、世界政治では「文明の衝突」という枠組みに移行すると論じたのである。ハンチントンの挙げた文明は、「中華文明」「日本文明」「ヒンドゥー文明」「イスラム文明」「ロシア正教会文明」「西欧文明」「ラテンアメリカ文明」「アフリカ文明」の八つである。「西欧文明」は多くの文明の中の一つでしかないという認識が新しいのである。

あわせて「日本文明」が文明の一つにあげられていることが注目される。ハンチントンの八つの文明と関連させていえば、フランクが「アジア文明」の影響を説いて「西欧文明」を相対化したのは貢献であるが、一方で「アジアは一つか」という問い、すなわち「アジアは一つ一つではないのか」という問い返しは不可避だろう。アジア地域内に「中華文明」「ヒンドゥー文明」「イスラム文明」があり、それらの文明間の関係はどのようなものかという問いかけは避けて通れない。さらに、非西欧圏で西欧化に成功した日本を「アジア」という大きな風呂敷に包むのは適当かという問いも発しうる。

『リオリエント』の出る十年も前に、日本人研究者はアジア経済圏の独自性について論じていた。『アジア交易圏と日本工業化――一五〇〇―一九〇〇』（リブロポート、一九九一年）がそれである。同書は『リオリエント』と類似の問題意識を先取りした研究成果である。二〇〇一年に藤原書店から新装復刊された。その編者の一人である私は、フランクと同様の西洋中心主義からの脱却という問題意識は共有しているが、フランクに同調することにもまして、相異なる地平に立っている。それは地域間関係を問う立場である。中国人研究者が中国に敏感であるように、日本人である私はアジアの中での日本の位置に鋭敏である。そこにアジアを一把《いっぱ》ひとからげに論じるフランクを超える視点がある。この視点を錬磨していけば、もはや西洋中心の「世界史」批判やウォーラーステイン批判のレベルでは収まらず、地域間関係の複合からなる新しい全体史の構築すなわち地球《グローバル》・地域史《ローカルヒストリー》、つづめて「グローカル・ヒストリー」という歴史学の創造という地平がみえてくるであろう。

V

いま、何をなすべきか

1　静かな革命

近代は黄昏《たそがれ》の中にある。東京時代を支えた日本の体制は自壊しつつある。現代日本をどう生きるのか。心得ておくべきことが三つばかりある。第一に、三・一一の東日本大震災を心象に刻んだ危機意識である。第二に、時代の流れに「我、関せず」の無常諦念をもって傍観する生き方も許容されるが、黄昏《たそがれ》ゆく方向に棹さして道を拓こうとする志の有無である。第三に、政治も経済も文化と不可分であり、文化の花は美意識である。政治経済は社会にとって必要条件だが十分条件ではない。花のあるライフ・スタイルとは受動的には「汚いことはしない」ことだが、能動的には「花のある生き方をする」ことである。

近代の黄昏を主体的に生き、未踏の道に踏み出すには、これまでの歩みを総括するところから始めなければならない。二十世紀末にソ連・東欧の社会主義圏が自滅して冷戦が消滅した。日本では一九五五年以来の自由民主党一党優先の五五年体制がなくなった。そこには生成→発展→凋落《ちょうらく》の軌跡がある。形あるものは必ず滅びる。無常はどのような組織・制度・システムについても妥当する。盛者必衰の理《ことわり》は「近代世界システム」――オランダ、イギリス、アメリカと中核の国を変え、周辺をグローバルに巻き込みながら拡大してきた西洋資本主義――も例外ではない。「近代世界システム」の凋落はいくたびも予見されてきた。十九世紀にマルクスが資本主義の没落は必然であると断じ、二十世紀初めにシュペングラーが「西洋の没落」を論じ、同世紀後半にウォーラーステインが「近代世界システム」の崩壊を射程におさめた議論を提示した。

「近代世界システム」は、西洋でイギリス市民革命、アメリカ独立革命、フランス革命、産業革命等の社会革命を経て確立した。その没落は共産主義革命で決定づけられていると信じられ、社会主義革命運動が実践された。近代は革命の時代であり、二十世紀に生を受けた人間は革命を背負っている。革命は近代の遺産の一つである。

「近代世界システム」は未曾有の富を生みだしたが、三つの悪を随伴した。貧富の格差、戦争、環境破壊である。貧富の格差は自由競争の帰結であり、戦争は西洋の近代国家が交戦権を主権とみなし、防衛と称して「正当な主権」を行使したことによる。環境破壊はフロンティアの存在を前提にしてリサイクルを無視した資源利用による。

貧富の克服を目指したソ連・東欧の社会主義圏の計画経済は破綻《はたん》し、ソ連を反面教師とした中国は、一九九二年の中国共産党第十四回大会において「社会主義市場経済」をかかげ、市場経済の導入を表明した。社会主義圏では、貧富の格差をなくす努力はあったが、権力の格差が拡大し、人間の精神の自由が萎えた。独裁国家の特徴は、国家人民の人権の搾取であり、指導者の道徳の退廃である。共産主義は理想を喚起する力をなくし、社会主義は失楽園となった。既存の革命は理論的に破産して遺物となり、その実践はアナクロニズム（時代錯誤）である。端的な例は北朝鮮である。経済的に破産し、餓死者を生んでいる。労働党の指導者は独裁者となって人民の労働を搾取し、人民の貧窮化に歯止めがかからない。国名の「人民民主主義」は名ばかりである。

革命の本来の意味は何か。東洋における革命とは天命が改まり国の形が一新することである。西洋の革命「レボルーション（revolution）」には反復と回転の意味がある。御破算《ごはさん》にして始めからやり直すのが革命であり、革命を背負って生きるとは、始源の再生に心身を賭すことであろう。始源に立ち還る姿勢は、現実にコミットする政治的実践というより、歴史の文脈に分け入って始源の宝脈を見出す文化的な姿勢であり、すぐれて静かな革命である。

静かな革命とは、文化を再生させる力を歴史の古層にさぐり、それを新しい始源にする運動であり、働く者から見る者への姿勢の一新である。心身の置きどころを働く者から見る者へと移すと、バランスがくずれる。崩れゆくバランスのなかで、重心の置きどころを始源にもどし、そこから新たに姿勢を立て直す作業である。

近代の黄昏《たそがれ》

「大不況（great depression）」という言葉がはじめて使われ、西洋資本主義に黄昏の意識が社会に広まったのは十九世紀末である。正確には一八七二～九六年の二十五年間であった。当時の西洋経済は金本位制であったが、それまで二百年以上にわたって安定していた金・銀の比価が変動を始め、銀の下落(=金の価値の上昇)が止まらなくなり「大不況」が日常語になった。それからほぼ五〇年後の一九二九年にウォール街の株価が暴落し、第二の「大不況」が再来した。それからさらに五〇年後、一九七〇年代からはオイルショックが世界経済を見舞った。五〇年周期の景気循環は「コンドラチェフの波」といわれる。ロシアの経済学者コンドラチェフが統計的に確かめた経済循環の波である。今日知られている景気循環の中でもっとも長いものだ。

しかし、コンドラチェフ波よりも長い波がある。それはマルクスが『資本論』(岩波文庫)で論じ、シュンペーターが『景気循環論』(有斐閣)や『資本主義・社会主義・民主主義』(岩波書店)でえがいた超長期の波であり、生成・発展・凋落する資本主義というシステムの波である。

資本主義の歴史については、日本のマルクス経済学の最高峰ともいうべき宇野弘蔵の経済学体系(宇野理論)がもっとも説得力がある。宇野理論によれば、資本の蓄積様式には商人資本、産業資本、金融資本の三つの形式がある。商人資本は安く買って高く売ることで資本蓄積をする。産業資本は生産過程で剰余価値を生んで資本蓄積をする。金融資本は利子・配当で資本蓄積をする。歴史的には商人資本→産業資本→金融資本という三段階を経てきた。三段階のそれぞれに対応する経済政策がある。重商主義、自由主義、帝国主義である。商人資本・重商主義の段階は十八世紀〜一八二〇年代のイギリスに典型的に見られた。産業資本・自由主義の段階は一八二〇年代〜一八七〇年代のイギリスに発現した。金融資本・帝国主義の段階は一八八〇年代〜一九一四年にドイツで典型的に見られた。最後の金融資本・帝国主義政策の段階を宇野弘蔵は「資本主義の爛熟期《らんじゅくき》」と形容した（『宇野弘蔵著作集』東京大学出版会）。現代の世界資本主義は「爛熟期」に入ってすでに一世紀を経過している。

ウォーラーステインはヨーロッパ資本主義経済の全体像を「近代世界システム」と名づけ、また彼はこれを「文明」の観点からも論じている（『ポスト・アメリカ』藤原書店）。文明論的観点からすれば、「西洋の没落」を最初に提示したシュペングラーはもとより、アーノルド・トインビーによっても、文明は興隆してのち衰微する。文明は興亡するのであるが、限定がいる。凋落のきざしが顕著なのは西洋資本主義である。イギリス資本主義が最初に「イギリス病」「優雅な没落」といわれ、EU（欧州連合）は先行きが不透明であり、アメリカ資本主義は「覇権の衰退」が顕著である。

東洋の資本主義は発展している。アメリカの太平洋貿易、つまりアジア相手の貿易が一九八〇年代に大西洋貿易、つまりヨーロッパ相手の貿易を上まわった。文明の中心はかつて環大西洋圏にあったが、環太平洋圏の西の縁の東アジアへと移ったのである。アジアが停滞と貧困を象徴した時期は去り、二十一世紀の東アジアは「南北問題」という南北二分法的世界観を打破し、「南（貧困・停滞）」のアジア像を過去のものにした。

一九八〇年代から日本、つづくアジアNIES（新興工業経済群）、それにつづくASEAN（東南アジア諸国連合）、そして中国とうちつづくダイナミックな「重層的追跡」（アジア経済学の渡辺利夫氏の命名）の軌跡がある。一九八五年のプラザ合意以後、日本が内需拡大にむかった間隙をぬって、NIESが対米輸出を拡大した。しかし対米貿易摩擦をおこし、新たな輸出先をもとめた。円高の日本はその輸出を吸収するかたわら、ＮＩＥＳへ技術を移出するなどの直接投資をふやした。ＮＩＥＳは経済を高度化し、たとえば韓国では発展の果実をもとめて、賃上げ運動がおこり、生活が向上し、中流意識が高まり、内需拡大の契機となった。それがＡＳＥＡＮからの輸入をさそい、見返りにＮＩＥＳからＡＳＥＡＮへの直接投資がふえた。中国は、日本のみならず西洋諸国からの巨額の資金投資をよびこんで世界の工場、世界の市場とよばれるまでになった。このように東アジアでは構造転換の連鎖が生じた。

宇野弘蔵の段階論の観点からすれば、西洋資本主義が商人資本・重商主義の段階にあったときには、東洋では原料を安く売って製品を高く買わされ、富が流出するばかりであった。だが、西洋資本主義が金融資本の没落期に入っており、東洋では、日本からのトップクラスの産業資本のものづくりの技術が提供され、西洋の金融資本のもつ潤沢な「資金」が流れこんで、みずからが圧倒的な比較優位をもつ安価な労働力を活用することで工場を林立させ、産業資本・自由主義段階に急速に移行しつつある。

ビジョンの模索

では、東アジアの資本主義にはどのような将来ビジョンがあるのか。東アジア資本主義は「儒教資本主義」といわれたことがある。これは西洋資本主義がプロテスタンティズムの倫理の落とし子であったというウェーバー・テーゼを土台にした見方である。

しかし、東アジア資本主義を儒教と結びつけるのは短絡的である。なぜならば、日本資本主義はその始まりの明治初期に明確に儒教を否定した。また、韓国は「ミニ中華帝国」の誇りから儒教に固執したがゆえに植民地に転落した。香港もシンガポールも儒教道徳からほど遠い植民地であった。東アジアの経済発展と儒教とは縁がない。さらに、儒教の本場の中国も、孔子をはじめ、宗教を否定するところから新中国の建設を始めた。

文化は民族をはなれては考えられない。民族とは文化を同じくする集団のことである。東アジアの民族は、資本主義の発展によって急速に伝統的な生活様式を変えた。生活様式は文化の別名であり、高い経済成長率のなかで、急速に様変わりしたが、生活様式は目に見える衣食住の文化と、目には見えない精神文化とからなる。問題は目に見えない精神文化の内容である。

冷戦時代のアジアの精神文化の動きとして、民族独立をめざすナショナリズムの高揚があった。それは資本主義と共産主義の対立という冷戦構造の制約のもとにあった。西洋の植民地になったアジア諸民族の独立運動はソ連に支援され、共産主義イデオロギーで武装した。反共主義のアメリカはナショナリズムを共産主義だとみなし、政治的イデオロギーに染め上げられていた。共産主義イデオロギーは無国籍のコスモポリタンの思想であり、伝統文化とは縁がない。独立運動は社会主義以外の独自の国家形成のビジョンを欠いていた。コスモポリタンのユートピアと、固有性を本質とする文化は相いれない。

こうして見てみると、東アジアの資本主義の将来ビジョンは脆弱であるといわざるをえない。

西洋の文化理念

翻《ひるがえ》って、ヨーロッパ資本主義諸国ではどのような文化理念をたててきたのか。ざっと瞥見《べっけん》してみよう。中世の爛熟期ないし近代の夜明けはルネサンス（古典学芸の復興）であるが、「ルネサンス」はブルクハルトが一八六〇年に『イタリア・ルネサンスの文化』（中央公論社）で用いて以来、人口に膾炙した。ブルクハルトはルネサンスを近代の始まりだとみなしたが、ハスキンズが一九二七年に『十二世紀ルネサンス』（創文社）、ホイジンガが一九一九年に『中世の秋』（中公文庫）を著し、今日ではルネサンスを中世の爛熟とみる見解が支配的だ。ピーター・バークがいうように、ルネサンス運動が人間性、個人の発見であったことは疑いない（Peter Burke, *The Renaissance*, Macmillan, 1987）。それは古典古代を始源とみなすヨーロッパの革命運動であった。

イギリスはイタリア・ルネサンス期にはヨーロッパのなかでは後進国であったが、十九世紀に名実ともに大英帝国となり、そのときパブリック・スクールやオックスフォード、ケンブリッジ大学のエリートにギリシア・ローマの古典を熱心に教えた。そこから知られるように、近代イギリスは古典古代の文明を継承するものとしての始源の力を獲得した。近代ヨーロッパの革命理念は古代文明の始源の復活としてスタートしたのである。

しかし、古代ギリシア・ローマから西ヨーロッパへと直線的に発展したのではない。ルネサンスにも近代資本主義にも東方からの外的刺激がある。東方の遺産を受容することで、始源を再発見したというのが実態である。今日では、八～九世紀のカロリング・ルネサンス、十二世紀ルネサンス、そして十四～十六世紀のイタリア・ルネサンスなど、複数のルネサンスが認められている。そのいずれにも外からの影響がある。カロリング・ルネサンスにはイングランド経由ではいったローマ文明があり、イタリア・ルネサンスには、一四五三年のコンスタンチノープルの陥落でビザンチンの学者がイタリアに逃がれてギリシア古典を伝えた。「十二世紀ルネサンス」は「大翻訳時代」ともいわれ、イスラム文明の一部となっていたギリシア古典がぞくぞくと翻訳された。翻訳されたのはアリストテレスを中心としたギリシア起源のものを含むアラビア文化一般である。ヨーロッパにおけるロマンチック・ラブの成立すなわちトゥルバドゥールの登場にもアラビア文化の影響があった。トゥルバドゥールの語源はアラビア語であり、吟遊詩人が用いた楽器リュートもアラビア起源である（伊東俊太郎『十二世紀ルネサンス』岩波書店）。

ところで、文化には精神文化と物質文化もある。木綿、砂糖、茶、陶磁器など、十九世紀のイギリス資本主義の商品は、もとはアジアの旧文明から流れてきた物産である。中世以来、西洋社会はそれら東方の物産を購入して出費がかさみ、貿易赤字が累積した。東方貿易での赤字は十八世紀末まで数世紀間もつづき、経済危機をヨーロッパ社会にもたらしていた。イギリスは東方からの外圧を跳ね返すために、旧アジア文明からの輸入物産を大西洋をまたにかけて自給するシステムをつくりあげた。

こうして、イスラムの旧文明から自立したシステムが西洋の資本主義である。西洋資本主義（「近代世界システム」「近代西洋文明」）はイスラム文明との対抗のなかから、それらに否定的に媒介されて、形成されたのである。

ついでながら、西洋資本主義がキリスト教文化圏とイスラム文化圏の相克のなかから出てきたシステムであるからには、ほかの地域がヨーロッパと同じ歴史過程をたどるという「世界史の基本法則」は妄想である。その提唱者マルクス自身が、晩年にロシア社会を研究して、ロシアは西ヨーロッパのような封建制→資本主義→社会主義の歴史コースをとらないという結論に達している（「マルクスのヴェラ・ザスーリチ宛の書翰とその草稿」一八八一年）。地理的限定についてはウェーバーも同じである。彼は『プロテスタンティズムの倫理と資本主義の精神』（岩波文庫ほか）で、近代資本主義がヨーロッパに固有の「歴史的個体」であり、宗教改革を推進したプロテスタンティズムの倫理と似た宗教倫理のないところでは資本主義はうまれないと考えた。資本主義はどこにでも成立しうるものではないという彼らの認識を改めて強調しておきたい。西ヨーロッパの資本主義は崩壊するという認識こそ、マルクスが後世に残した最高の知的洞察というべきものであろう。マルクスだけではない。ニーチェは十九世紀後半のヨーロッパにニヒリズムの蔓延を見抜き、ニーチェの『権力の意志』を読んだウェーバーは同じ危機感を共有した。ニーチェの「超人」といい、ウェーバーの「カリスマ的指導者」といい、近代西洋文明の終末の予感のなかから、出現が待望されたのである（山之内靖『ニーチェとヴェーバー』未来社）。

マルクス主義者の「世界史の基本法則」は神話になった。二十一世紀にはいって、不透明感は一層深まったのは西洋の文化理念の普遍性の輝きが失せたからである。西洋諸国は、その文化理念である私有財産権、人権、自由、平等、博愛などを普遍的価値だと信じて疑わなかった。非ヨーロッパ圏でも、日本を代表として、ヨーロッパの自画像に似せて自国の自画像を描いてきた。しかし、当のヨーロッパで、そのような誇大妄想の「普遍性」の上衣を脱ぎ、生身の自画像を描く試みが現われている。E・トッドは『新ヨーロッパ大全』(藤原書店)はその一つである。トッドは、近代社会の下部構造を「資本家と労働者」とするマルクスの命題をしりぞけ、「下部構造は家族である」という新しい命題をたて、ヨーロッパの家族を四つに分類し、その地域分布が過去五〇〇年間も安定していたという事実にもとづいて、家族の観点から近代ヨーロッパの歴史を説明している。

具体的には、家族にはタイプがある。そのタイプは「親が子供に対して自由主義的か権威主義的か」「兄弟関係が平等か不平等か」の組み合わせで四つの類型に分類される。それぞれの類型がヨーロッパの計四八三の行政単位(日本でいえば府県)に書きこまれるのである。するとヨーロッパにおける家族類型の違いが、国家別というよりも、民族別に浮かびあがってくる。フランスを核とするラテン系民族圏には、親子関係は自由主義、兄弟関係は平等の家族類型が分布している。ラテン系のフランス人がトリエント宗教会議の自由主義的で平等主義的な形而上学をうけいれたのは偶然ではない。フランス革命が「自由と平等」をかかげたのも偶然ではない。自由と平等は、フランスの家族構造にもと もと組み込まれているのである。フランス人は「自由と平等」をカトリック時代にも共和制時代にも語った。語る場所が天上から地上に移動したにすぎない。その意識を規定しているのは、フランスの家族構造における親の子に対する自由主義と、兄弟間の平等である。フランスの社会主義がすべての人間は生まれながらにして平等だと主張し、一切の権威を認めない「無政府主義」の色彩をおびるのも、家族構造の特質がイデオロギーに転化しているのだ、とトッドは説明するのである。

イングランドを核としたアングロ・サクソン系ならびに北海圏の旧バイキング諸族には、親が自由主義、兄弟が不平等の家族類型が分布している。アングロ・サクソンが「平等」よりも、もっぱら「自由」を旗印にするのも、家族構造の反映である。イギリスの社会主義政党が、フランスのように過激にならないのは、「平等」という家族的基盤がもともと弱いからである。

ドイツを核とするゲルマン系とケルト系の民族の家族構造は、親子関係は「権威主義」、兄弟関係は「不平等」である。ドイツの社会主義が「社会民主主義」という国家や組織の主導を容認し、イギリス、フランスと異なるスタイルをもつのは、「権威主義」を内在化したゲルマン系の家族構造に見合っているのである。ロシア民族の場合、ソ連共産主義が、党の絶対的権威と人民の平等を特長としたのは、親子関係が「権威主義」、兄弟関係が「平等」のロシア民族の家族に典型的であることの現われである。「普遍的価値」をもつかにみえる近代のイデオロギーが、こうして各民族の家族構造から説明できる。トッドによれば、フランス人が「自由と平等」をさけび、イギリス人が「自由」を重んじるのは、それぞれの民族価値を作りあげている家族構造の表明にすぎないのである。

イギリスは、世界最初の経済発展の先進国であったが、衰退の先進国でもある。そのイギリスでも、自国の資本主義のイギリス的性格をえがく試みがでてきている。ケインとホプキンスによれば、イギリス資本主義は、十七世紀以来一貫して「ジェントルマンの資本主義」という特長をもっている（P. J. Cain and A. G. Hopkins, *British Imperialism 1688-1914*, Longman, 1993）。とすれば、「先進国は単なる後進国の未来像である」という歴史を一直線でみるマルクスのテーゼはもはやイギリスにも当てはまらない。各国の資本主義はそれぞれの社会の固有の文化複合体だという認識が強まっている。

現在の国家の単位はネイション・ステイトすなわち民族をベースにした国家である。国家は政治の基本単位であり、民族は文化の基本単位であり、民族の観点にたつことは文化の観点にたつということである。多くの国は多民族国家であるが、日本は異民族（在日朝鮮人、アイヌ人等）が少数であり、単一民族的な特色をもち、それが異民族間の深刻な文化摩擦を認識しにくい弱点になっている。民族が国家の基礎単位である以上、経済を論じるさいにも、文化についての自覚と認識が求められる。ヨーロッパでは普遍的価値をふりかざした「近代」は過去のものになり文化多元論が支配的になりつつある。文化の多様性を認めたうえでの統合が課題である。

東洋でも西洋でも旧来の文化理念はもはや有効性を失っている。人は文化なくして生きてはゆけない。文化理念の再構築が世界的課題である。そこでもう一度、一から考え直してみよう。

経済は文化と一体である

経済は合理的で、文化は非合理的である、という通念がある。文化は金食い虫ともいわれ、企業の文化事業は営利活動の免罪行為、社会への寄付行為、慈善事業の感がある。企業も文化を軽視してきた。その一因は文化についての理解がせまく、神社・仏閣・芸術・芸能などにかぎられてきたからである。政府も文化庁を文科省の所管にしているように、教育・学術を文化だという狭義の文化理解に立っている。

文化については学問による定義にのっとって理解するのがのぞましい。文化を専門に考える学問は文化人類学（＝民族学）といわれる。民族学とは民族の文化と社会を研究する学問である。民族学によれば、文化の定義は端的には生活様式である。祭り、コンサート、歌舞伎などだけが文化ではない。それらは文化のいわば花の部分である。葉、茎、根にも眼をくばらねばならない。「文化」認識は世界共通の学問的定義にたつべきである。その定義を平たく言えば「暮らしの立て方」である。

暮らしは目にみえる物と目にみえない心からなる。目にみえる物を見れば、名前があり、用途がある。生産者は売れない物は作らない。消費者は使わない物を買わない。物を使うのは日々を生きるためであり、衣・食・住の生活である。どのような物を使うかは人によって、そしてその集合である民族によって異なる。人の使う物が異なるというのは当たり前である。そして経済とは人間と物との関係にほかならない。ノーベル経済学者のA・K・センの言葉をかみしめたい――「経済学は人間と財（物）との関係を問題にする」（『福祉の経済学』岩波書店）。

使う物が人によって異なり、民族によって異なるという事実にこだわってみよう。経済は生産と消費とからなる。生産者の課題はいかにコストを下げるかにある。企業にとって価格は重要な指標である。しかし消費者にとって価格は指標ではあるが、唯一ではない。ほかにも、たとえば応接セットがたたき売りされていても、家のなかに置き場がなければ買わない。代替財や補完財の存在、あるいは品物が日常生活に合っているかどうかも購買動機である。人の消費する物は、多数の物の組み合わせからなっており、その組み合わせが暮らしの立て方に個性をもたらしている。暮らしの立て方は型として生活様式になっている。それが文化である。

使う物の組み合わせが一人ひとりちがうことによって、民族は個性として現われる。民族は文化複合体である。日本社会の生活様式には外国人からみれば共通性があり、それが日本文化である。人は消費をとおしてライフ・スタイルを決める。決めていなくてもライフ・スタイルが現われる。人のアイデンティティは物をとおして現われる。ある人が何であるかのアイデンティティは、その人が衣食住に使っている物を洗い出せば、正体を割りだせる。刑事事件で現場の遺留物から関係者を割り出すのは、捜査の初歩である。どのような物がどう使われているかに文化の正体が現われる。言葉はわからなくても衣・食・住の現場で使われている物をみれば文化が分かるのである。まとめてみよう。

一、人は物を使わなければ生きていけない。物は人間の本質的条件である。人間は使っている物をとおして自己を表現する。物は人間のアイデンティティを映す鏡である。使う物の総体が社会の生活様式すなわち文化をかたちづくる。

一、経済は人と物との関係からなる。物は文化と不可分である。国富は貨幣で表わされる（たとえば、日本の国民所得は一九五五年に七兆円であったが、一九九〇年には三四四兆円となった。三五年間で約五〇倍、二〇〇〇年には五〇〇兆円になった）。国富の中身は物の集合である。日本人が作ったり使ったりする物の集合が日本の国富をかたちづくり、それが現代日本の景観をつくっている。それゆえ、日本という国の経済は日本文化の表現である。

国富は目に見える物の集合として、景観として現われる。富が景観として現われたとき、文化の衣装をまとう。社会で用いられる物全体を「物産複合」と呼び、物に付随した文化現象の全体を「文化複合」と名づけておこう。国富はその国の文化の自画像を映しだす鏡である。

富は景観として現われる

国富は物の集積である。日本の国富はどのような景観を呈しているか。産業廃棄物、渋滞、狭い道路、電信柱の林立、少ない公園、うさぎ小屋、画一的な団地群、都市のコンクリート・ジャングル、白砂青松の消失……、日本が経済発展によって富を築き、その結果が美しい国土になったのならばよいが、工場の拡散と画一的な娯楽施設の建設による景観の破壊が帰結したということであれば、日本の国富の形成は何を目標にしていたのかが厳しく問われる。

力のあるものは、古代・中世には神社・仏閣を建て、近世には門前寺社町を整備し、城下町のたたずまいをととのえた。現代日本を動かす大企業が後世に残す文化ストックがコンビナートやコンクリートのジャングルだとすれば、うたた荒涼の感がある。美観に欠ける四角四面の学校の校舎が全国に建てられた。学校は国際化が進むなかで、世界の青少年を受け入れている場になる。青少年は自分をはぐくむ環境のなかで世界をイメージし、国をつくる。大英帝国を建設したのはイギリスの名門オックスフォード大学やケンブリッジ大学を出た人間であった。オックス・ブリッジの大学当局も市当局も、大学の景観や町の美観を損なわないよう、新築はもとより改築にも細心の注意をはらう。京都が年を追うごとにミニ東京化して伝統の美観をなくしていったのと対照的である。

国富の景観が日本人の審美観と結びついていない。「西洋人は自然を征服し、日本人は自然と調和する」とは言われる。しかしヨーロッパは、国富を蓄積しながら、美観をつくり上げた。ドイツは日本と同じ第二次世界大戦の敗戦国でありながら、日本とは対照的に現代ドイツの農村は美観を誇る。それは戦後復興の際、美しい村づくりのコンテストによって国家が「美しい村づくり」を政策としたからである。国富の景観は自画像であり、日本人は経済と文化とを一体的にとらえ、審美感を発揮しなければならない。

「文化・物産複合」と言語・貨幣

国富は物の集積であるが、貨幣と切り離せない。同様に、文化は言語と切りはなせない。言語・貨幣と文化・物産複合との関係について一言しておきたい。

物産複合はただの物の集まりではない。物は名前をもち用途をもつ。それらが連関してまとまりをもち体系性をもつ。イギリスの家屋からとりだした一個のレンガを、日本の家屋の一枚の障子紙とくらべても意味がない。レンガも障子もそれぞれの住宅のなかで意味をもっている。あるいは、茶についていうと、茶室、茶道具、懐石料理、料理道具等が一つの物産複合をなしている。それら一つ一つの物に用途があり、意味があり、全体がセットないし複合をなしている。物の用途を決めるのは名称であり、名称が用途を決めている。名称は物のアイデンティティ、用途、意味、他の物との関連を指示するものであり、物産複合と文化複合とはセットになっている。イギリスの紅茶文化についても、ティー・セット、シュガー、ミルク、キューカンバー・サンドイッチ、スコーン……などからなる複合があり、午後四時頃に楽しむアフタヌーン・ティーの文化と不可分である。日本の茶、イギリスのティーで使われる物は多いが、バラバラではなくすべての物は関係のなかにあり、その関係の総体が茶の文化である。

アルファベットは二十六文字あるが、その組み合わせで単語になり、単語が合わさってたとえば英語の意味空間をつくりあげる。アルノァベットの一文字をとりだして、それを日本語の五十音の一文字とくらべても無意味である。アルファベットの一文字「b」だけでは英語か独語か仏語かもわからない。日常の語彙は二万くらいあるが、それが文法にしたがって組み合わされ、「茶道」なり「イングリッシュ・ティー」なりの「茶の文化」の言語空間をつくりあげている。

言語は厳密な体系をなして、意味領域をつくりあげる。物は名称をもつことによって言語の世界にはいる。言語は厳密な体系＝文法をもち、その体系と照応して物は使われる。文化・物産複合は言語に集約されるのである。文化・物産複合のうち物産複合は物の集積であり、それが物的土台となって、そのうえに暮らしの立て方である服飾文化、食文化、住まいの文化複合がそびえたつ。物産複合は文化複合の下部構造である。言語は上部構造としての文化複合を体系化する。それが国語であり、そこに文法があって体系性をつくっている。

アダム・スミス『国富論』の冒頭にある「国民の生活必需品・便益品」、またマルクス『資本論』冒頭の「資本主義的生産様式の支配的である社会の富は巨大なる商品集積として現われる」という文中にある「商品集積」は近代西洋社会の物産複合である。資本主義社会では物産はことごとく商品なので、物産複合は商品複合（マルクスのいう「商品集積」）として現われる。物産複合が「商品複合」となるのが資本主義社会である。

言語が上部構造を統合するように、貨幣が下部構造の物産複合を統合する。ある国の文化・物産複合は、その国の言葉が分からなくても、文化複合も物産複合もそれぞれ体系的な関係をもち、関連をなしている。それを自国の言葉に翻訳して意味関連をつけることができ、評価もできる。

資本主義社会は、その商品複合のなかから、すべての商品の価値尺度となり流通手段となる貨幣をもっている。貨幣は、商品を共通の単位で計量することによって交換を可能にするが、貨幣は「商品複合」のなかから生まれたものとして、それの通用する範囲がその複合の地理的広がり、いいかえれば文化的広がりを示している。社会の物産複合の外延的広がりは、その社会の貨幣の通用範囲で決まるのである。

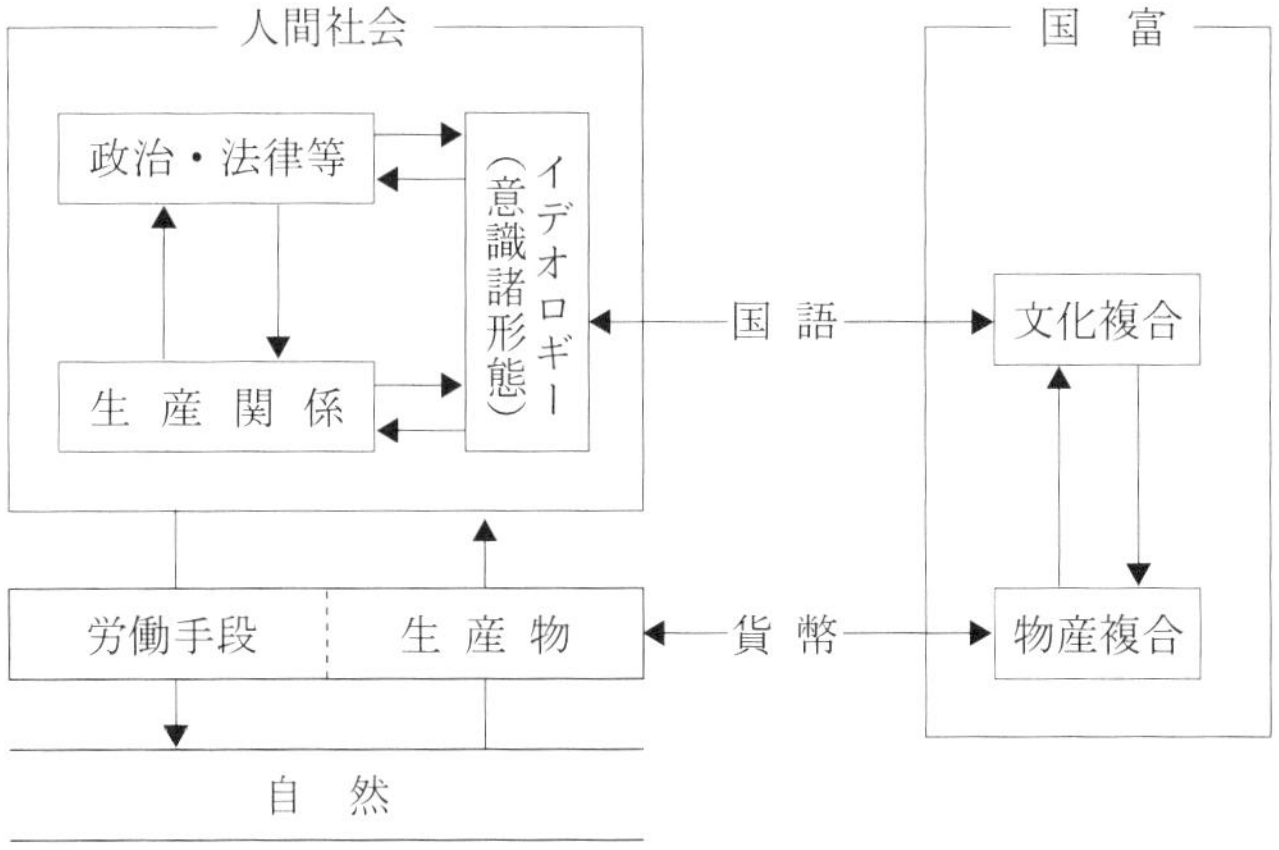

図６　史的唯物論と文化・物産複合の関係
（矢印→は影響力を示す）

日本の物産複合を統合して表示するのは円である。円の通用範囲は、日本社会の物産複合としてのまとまりをなしている範囲である。円貨幣は日本社会の物産複合を統合的に表示し、文化複合を体系的に表現する日本語と類似の位置を占めるものである。図のように、文化複合は国語に集約され、物産複合の外延は貨幣の通用範囲に照応している。（図６）

活物《かつぶつ》の思想

活物とは辞書には「生きているもの」と出ているが、ここでいう「活物の思想」とは物を活かす思想という意味である。富には額の多寡《たか》のみならず富を持つ者の性格なり個性がつきまとう。問題は使い方である。逆説的だが、清貧と贅沢とは両立する。

いつぞや「一杯のかけソバ」という貧しい一家をテーマにした小話が、人々の袖をしぼったことがある。腹をすかしたあの一家は、カップヌードルで済ますこともできたはずながら、大晦日に店員のサービスを受けてソバを食べるのは贅沢である。その贅沢を家族でつましく分かちあう。主人公一家の生活は貧しいにはちがいないが、贅沢しているのである。「一杯のかけソバ」は、僅かの金銭で贅沢をした話である。贅沢がすべて悪でないのは、貧困がすべて悪でないのと同じである。ゴッホの名画を数十億円で落札して世界の注目をあびた日本企業の社長が、その名画を自分が死ねば棺桶とともに灰にしろといったことがあった。名画を灰にするのは我利我利亡者である。群馬県上野村はわずか二千人にも満たない村ながら、村民が中学三年生全員に一人当たり五〇万円の費用を出してカナダにホームステイさせている。贅沢であるが、少年少女に世界を見聞させようという村民の志の高さは天にもとどく天晴れな善行である。例をあげればきりがない。金の使い方に美学が要求されているのである。

経済と美学とは結びつく。それを説明するのに二人の人物をあげよう。イギリス人のジョン・ラスキン（一八一九―一九〇〇）と柳宗悦（一八八九―一九六一）である。ラスキンは、前半生は『近代画家論』『建築の七灯』『ヴェニスの石』などの美術評論で名声をなしたが、後半生は一八六〇年に経済論『この最後の者にも』（『世界の名著・ラスキン／モリス』中央公論社、所収）を著したのをきっかけに経済学にのめりこんだ。河上肇に絶大な影響をあたえた。河上肇はラスキンについてこう述べている――「一方には、組織改造をなすものに社会主義の経済学あり。他方には、人心改造の論をなすものに人道主義の経済学あり。二者あいまって現代社会思潮をなす。ドイツにおける第十九世紀後半の一大思想家カール・マルクスはすなわち前者を代表する巨人にして、英国ヴィクトリア王朝時代の三大文星の一と称されるわがジョン・ラスキンはすなわち後者を代表するの第一人者なり」と。

ラスキンは、富は生なくしてはなく、生は人なくしてはなく、人はひとりひとりが個性であり、個性を高めることが生の増進であると考え、国民は「物をもって構成された、富の国民的資産」をもつのであり、国民的資産をみれば、おのずと国民の品位がわかるので、国民の品位を高めるために、物を活用する能力を養うことを重視した。富は物のもっている固有の価値とそれを活用できる人間の能力とからなる。富の利用とは消費のことだから、消費する人間の能力を開発する教育を重視し、オックスフォード大学で教鞭をとるだけでなく、みずから社会教育にも積極的に従事して国民を感化し、トインビーやウィリアム・モリスなどの人材を育てた。ヴィクトリア朝の建築、絵画、書物などが、内外の人々の審美観にも堪えるのは故なしとしないのである。

一方、柳宗悦は、民芸の研究者として知られるが、庶民の日常生活品が美をもつことを発見し、それをひろく世に知らしめた生活美学の樹立者である。ラスキンの眼は芸術にそそがれたが、柳の眼は床の間や部屋を飾るものではなく、日々の雑器「下手物」にむけられた。誰もが用いるがゆえに無頓着にかえりみられることのない日用品に美の存在を認めたのである。柳宗悦の民芸運動は商品化の波にのみこまれ、民芸品は各地の単なる土産品に変わったのが現状である。しかし、芸術に独占されていた美の領域を日常生活のなかへ開放した功績は特筆されるべきものである。

ラスキンは聖ロコ講堂のティントレットの天井画が破損しているのに心をいためｌ「ヴェネチアのティントレットの絵画こそ、まさにヨーロッパにおける富のうち最も貴重な品々であり、人間の勤労の現存最高の生産物である」といった。柳宗悦は日用の用具に美を見出す心構えをとき、美しい物とは「成仏した物」のことであり、成仏が作仏、行仏といわれることから、「仏が仏自らを作る行ないが、物に現れる時美しい物と呼ばれるのである」（『民藝四十年』岩波文庫）と言っている。物の美は、それを作る者の精神、それを使う者の精神の反映である。高等美術品の鑑賞眼をもつことの大切さを説いたラスキンと庶民生活の雑器に着目する柳宗悦との背景には、ラスキンが天上の神を信仰するキリスト教に親しみ、柳宗悦が一木一草に仏性が宿るとする仏教に親しんだという精神のちがいがある。

柳宗悦に『南無阿弥陀仏』（岩波文庫）という著作がある。日本における仏教の流れには自力本願と他力本願があるが、柳宗悦は、他力本願の完成過程を、法然に始まり、親鸞を経て一遍によって完成したと考えている。他力本願とは「仏に生かされている」という思想である。「生かされている」という言い方は受動態である。これを能動態に変えればどういう表現になるだろうか。「生きる」ではなく、「生かす」になるだろう。江戸時代に日本人は「勤勉革命」をとげたが、これは「物を生かす」という生活態度にほかならない（速水融他『江戸時代からの展望』同文舘）。『百姓伝記』（一六八〇年頃、岩波文庫）にしろ、宮崎安貞『農業全書』（一六九七、岩波文庫）にしろ、労働集約型の日本農法を示している。そこには人間が穀物・野菜・果物などを懸命に育て世話をするのが当たり前のように描かれている。生産主体は作物を育てる道具のごとき存在ですらある。生産する作物、生産に役立つ物を大切にするというのは自明であるという態度で貫かれているのである。

人であれ物であれ「生かす」働きには、生かされる対象を重んじるあまりに、自己を犠牲にしかねないという問題がはらまれている。その究極の形は、相手を生かすために自分が死ぬことである。「忠義」はその表現であろう。和辻哲郎は『日本倫理思想史』(岩波書店)で、他力本願の「慈悲の道徳」と武士の「献身の道徳」の関連を見いだし、弥陀への絶対帰依と武士の献身との共通性に着目した。主君と作物というちがいはあるが、「生かす」という姿勢は武士にも農民にも共通するのである。

明治期に個人主義が西洋からもたらされ、自我の確立という大問題を近代日本人はかかえこんだ。それは「人間とは人と物とを生かす存在だ」という思想にたいして、「自己が自立して生きるのが人間だ」という思想といえるだろう。「他を生かす」という思想と、自我を重んじて「私個人が生きる」という思想とは融合せず、正反対の価値として今日まで存在してきたように思われる。明治の北村透谷、大正の有島武郎、芥川龍之介、昭和の太宰治など自我にとらわれた文人の累々たる格闘と挫折の跡をみるならば、近代日本における「自我の確立」は失敗に終わったように思う。その遠因は、西洋の「個」「自我」の背景にあるキリスト教の「神」の不在にあるように思われる。

そうはいっても、近代日本における自我の確立史、いや、その挫折史として、日本近代思想史を総括するには及ぶまい。その総括の外に、例えば宮沢賢治がいる。賢治は西洋の文学・化学・地学・音楽を享受した。同時に、法華経に親しんだ。「生きとし生けるものは皆兄弟」という世界観をもっていた宮沢賢治は、自伝的な童話「グスコーブドリの伝記」で、身命をなげうって農村の凶作を救った青年技士の話を書いた。実生活においても賢治は「生かされている」自覚を能動に転じて、身のまわりの人や物をとことん「生かす」働きに専心した。一身をなげうち無方の空に散る覚悟をもって人も物も、生物・非生物を問わず、生かさんとした賢治の一生は、究極の主体性の発露ともいうことができようし、賢治の生き様は燦然と輝いてまばゆい。

賢治の生き方は示唆的である。現代世界は相互依存の重要性を認識し、「共生」という相手を生かすことが自分を生かすことになるという関係性について共通認識が生まれつつある。自然界ではすべてが関連しているという事実は「食物連鎖」や「生態系」という概念によって周知のものとなっている。同時に、資源の有限性が明確に認識されるようになって、「リサイクル」すなわち物を活かして使うことが大切だという認識も深まっている。「人と物を生かす」という近代以前の日本人の姿勢と、「自己が中心になって生きる」という日本人が近代西洋思想から学習した個人主義の姿勢とが、ようやく融合できるようになったともいえる。他者を生かすことによって、自己もよく生きられる。自己がよりよく生きるために他者を生かす。「生かされている」と自覚する者は「生かす」ことにおいて主体となる。「生かされている」というのは受動態であり、「生かす」とはそれを能動態に変えることであり、それは、仏教の慈悲や儒教の献身と通じている。始源にある過去の遺産をそのままの形ではなく、近代西洋の成果を媒介にして、新しい観点から掘り起こすことがこれからの鍵であろう。

政治・経済は文化の僕《しもべ》である

国家は力の体系、利益の体系、価値の体系の三つをバランスよく整えなければならないのである。力の体系を整えるのは政治の役割であり、利益の体系は経済がにない、価値の体系を充実させるのが文化である。日本社会には物があふれているが、政治は経済の下男になり、文化は経済の下女に甘んじている。政治や経済のリーダーに求められるのは徳であろう。政治家や企業家はその手腕はもとより人格もセンスも問われる。政治・経済を優先して、文化を従属させてきた社会のパラダイムを一新するときである。

価値とは、一般的にいうならば、真・善・美である。真・善・美のどれに重心をおくかは、民族によってことなる。柳宗悦はこう言っている――「物《ぶつ》と仏《ぶつ》は、文字は変わるが、同じ意味合いがあるのである。その物が美しい限りは」と。このように物に仏を観じ、美を重んじる日本人の価値観はどこに源があるのだろう。良寛の「なきあとの　形見ともがな　春は花　夏ほととぎす　秋はもみじば」とあるように、四季折々に表情を変える日本の国土の自然が美しいところに源がある。自然の織り成す様が美しく、筆舌につくされて和歌になり、自然に対して畏敬や慈悲を感じて神仏が宿るアニミズム的な汎神論的な思想が生まれでてくる。草木国土悉皆成仏《そうもくこくどしっかいじょうぶつ》はその集約的な表現である。

日本における価値の体系は自然の美に重心をおいたものである。そのシンボルは富士山であろう。

富士山は白雪におおわれた姿としてイメージされる。純白の雪とは清らかな水のシンボルである。富士山はまた、横山大観の絵に典型的なように、太陽とセットで描かれることが多い。雲海の波静まりて敷島の日の出寿《ことほ》ぐ富士の霊峰——と詠《うた》われ、太陽と水と富士山とは一体である。あるいは、敷島の大和《やまと》心をひと問はば朝日に匂ふ山桜花（本居宣長）——この歌にも陽光と花のある樹木と山岳とが一体の自然讃歎がある。多様を本質とする自然への素朴な信仰心は多元主義の基礎であろう。唯一の「真」、絶対の「善」をめぐって争うヨーロッパキリスト教圏や中東イスラム教圏とはことなり、日本には柳宗悦のように生活に美をみとめ、心の具象として物の命《いのち》をいつくしむ性向がある。「物」に「仏」が宿るとすれば「物産」は「仏産」である。日本の物産複合が見苦しいということは、神仏を生むほどに美しいこの国土に固有の美の文化の価値に反する。物産複合は仏産複合でなければならない。草木国土悉皆美であることが日本の始源にあるものであるとすれば、目標は目にも文《あや》にして明《あきら》かなる美の文明の郷土づくりであろう。

静かなる革命——働くものから見るものへ

森羅万象は過去のなかに消える。しかし、死せるものが生けるものを動かすのは千古の真実である。過去は伝統や古層として現代のなかに生きている。現在の自己にいたった経緯がわかって初めて、目標が立つ。「作られたもの」から「作るもの」へと変身するためには、自己を形づくってきた過去への熟視がいる。「作られたものから作るものへ」の運動は、「何処から何処へ」の運動である。それは現状を知るために始源から発想することであり、始源から目標を定めることである。「作るもの」という主体である前に、とらわれない自由な目で始源を「見るもの」でなければならない。始源を見る立場を媒介しなければ、真に「作るもの」にはなれないであろう。

始源を見るとはどういうことか。「国富は景観として現われる」といったが、外的な景観と区別して、人は内面に「原風景」をもっている。原風景のよってきたるところを見定めるのが、始源を見るということである。見るとは眼前の風景を何者かに映すことである。何に映すのか。自己という鏡にほかならない。自己は過去の集積であり、記憶として現存している「原風景」をもつ。見るとは、眼前の風景を映す鏡としての己れの「原風景」を見ることである。見るとは「原風景」を対自化する行為である。対自化することによって、物を知ることができる。知るとは単に見ることから、一歩ふみだし、心が働くことである。心の働きは心象をつくる。心象は観念となり、自己のものとなる。観念のなかで対象は、自在に働きかけられる。心象を再構成する作用は構想力とよばれる。構想力は力である。見ることによって、物を知り、知ることによって、作用することができる。この意味において、知ることは力であり、見ることとの極致は働くことである。

働くことによって何物かから何物かへと作られる。そこには始源と目標がある。始源と目標とには時間の差があるが、構想する者のイメージのなかでは同時に存在する。構想力が実践に移されれば、始源は理念となり、目標は理想となる。「働くものから見るものへ」の転回は非連続である。それは前方へ飛躍するための後方への回帰である。始源への回帰とは、始源から現在まで変わらないアイデンティティの確認にほかならない。アイデンティティとは自己存在の根拠である。自己の根拠こそ回帰すべき場所であり、目標をたてるべき始源の場所である。自己の根拠から出発する者は自己実現にむかう。革命とは始源からの回転（revolve）として定義されるが、それは二十世紀を支配した暴力革命のように騒々しくはない。静かな革命である。理論や討論は政治的・実践的活動の粉飾物ではない。討論の場で知的覚醒が革命につながる。マルクスは「哲学者はこれまで世界をさまざまに解釈してきたにすぎない。大切なことはそれを変えることである」というテーゼをたてた。その追随者の革命家は、世界を暴力によって変えられると夢想した。大切なのは現実を踏まえることであろう。無国籍《コスモポリタン》の共産主義の理想の高さは、二十世紀末の挫折の深さに比例する。旧共産圏における民族国家が新たに生まれたのは、無国籍では生きられないという自覚、民族同胞の社会と文化のなかで生きたいという祈念であろう。世界を一元化しようとした社会主義革命は壮大な失敗におわった。多様化への趨勢こそが潮流である。

再び、見る者から働く者へ

人は本来、個性的存在である。個性が存在の根拠であるとすれば、多様な個性の存在を容れることは世界の使命であろう。世界が多様化にむかっているとすれば、多様化の根拠としての人はひとりひとりが目的的存在である。人がひとりひとり目的的存在であるということは、自己は使命的存在であるということである。

世界認識と自己認識は、それが日本語で行なわれるならば、日本発見に導くはずのものである。発見されるべき日本とはアイデンティティの共有された始源の風景である。よく見る者の目は隠れた文化の形をみぬき、よく聞く者はかき消された自然の調べを聞き分ける。発見する者はよく見聞きし分かるがゆえに、現状変革の可能性が開かれている。自己が立脚する文化の古層を認識する知的行為に行動への指針がはらまれる。隠れた形を表現すればビジョンとなり、それを現実に実現する行為は自己実現の行為として、政治的・経済的実践にとどまらず、人格をかけた文化的、いや全人的実践となる。

2　自然観の復権

大地震、大津波、噴火、台風の大型化、温暖化にともなう集中豪雨・豪雪・大洪水・土砂災害などが頻発するようになり、日常生活に危機感がしのびこみ、地球環境問題を意識せざるを得ない。二十一世紀は「環境の世紀」である。「自然環境とどう向き合うのか」――これを最後に論じて本書を閉じることにする。

自然との共生が言われて久しい。「共生」の思想は日本人の独創である。建築家の故黒川紀章氏が「自分が創始者である」と豪語している（『共生の思想』徳間書店）。共生の思想は人間・植物・動物はもとより、鉱物のような無機質なものまですべてが生かし生かされている関係にあるとする。

だが、自然に対しては、共生というよりももっと敬虔で謙虚な態度が必要であり、畏敬の念があってよいように思う。人が謙虚に「生かされている」という姿勢をもつことの大切さはいうまでもない。事実、「もったいない」「おかげさまで」という日常の言葉には、そうした姿勢が凝縮されているように思われる。「もったいない」という言葉はノーベル平和賞を受賞されたアフリカの女性マータイさんのおかげで“mottainai”という世界共通語になった。だがまだそこには自然の恵みを感謝の気持ちを

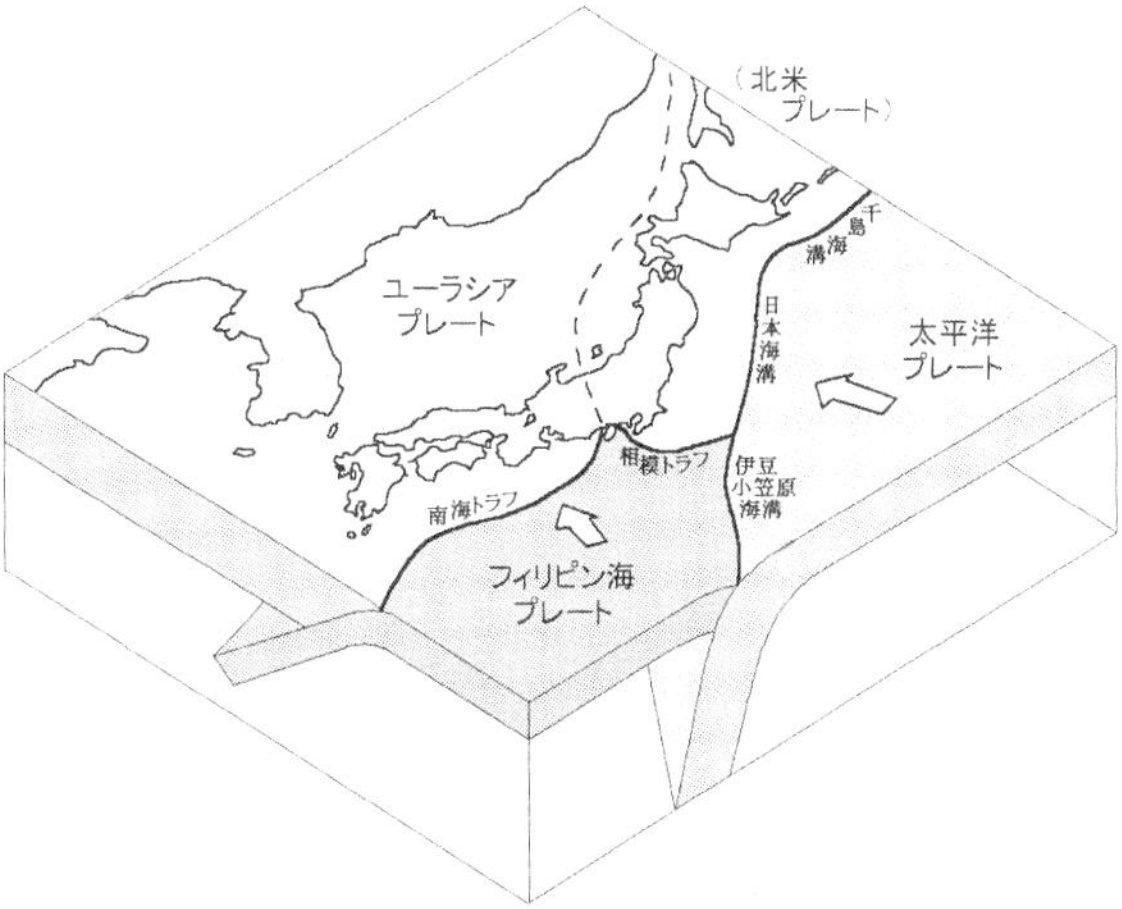

図7　日本列島付近のプレート境界

もちながらも人間中心の姿勢が垣間見《かいまみ》える。

そのような生半可《なまはんか》な姿勢では過酷な被害を引き起こしたマグニチュード9クラスの大地震や巨大津波に正面から向き合えないのではないか。想定外の大災害をひきおこす恐ろしい自然と、人間は共生できないであろう。自然の恵みに感謝する心と、自然の脅威に震撼《しんかん》する心と、その両方があるはずである。感謝と恐怖と、その両者を合わせた心の形とはどういうものであろうか。それは自然への「畏敬」の念ではないか。

二〇一一年三月十一日の東日本大震災は、自然の底知れない怖さと恐ろしさで、われわれの自然を見る目に覚醒《かくせい》をもたらした。自然が牙をむけば人間はひとたまりもない。弱い葦《あし》のように屈せざるをえない。「災害は忘れたころにやってくる」という寺田寅彦の言葉をかみしめたい。自然が制御し切れないものであるならば、「共生」という美辞だけで自然と向き合うのは適当ではないだろう。改めて人間と自然との関係を問い直し、われわれの自然観を問いたい。

日本列島は環太平洋地震帯、環太平洋火山帯の一郭に位置している。また、太平洋プレート、フィリピン海プレート、北米プレート、ユーラシアプレートという四つのプレートが日本列島とその周辺で境界を接しており、境界のずれをひきおこすプレート・テクトニクスといわわる地殻変動がある。(図7)

地球環境は、地表・大気圏のエネルギー循環だけでなく、地球内部のマントル循環も視野にいれなければならないであろう。地球が運動しており、その影響を日本列島はまぬかれない。日本列島はいわば災害の博物館である。そうであるからには、それに応じた自然観がいる。始源の回復とは日本列島に生きてきた日本人が受け継ぎ「文化的遺伝子」となっている自然観の復活でなければならない。

環境の世紀における日本の国家戦略

自然は実に様々なものからなる。多様性がその特色である。日本政府は戦略の立て直しをせまられ、「生物多様性についての日本の国家戦略について——地域における人と自然の関係の再構築を中心に」というテーマで、中央環境審議会の生物多様性国家戦略小委員会（武内和彦委員長）が開かれた（二〇一二年四月）。私に与えられた課題は——「生物多様性国家戦略の議論において人と自然の関係をどうとらえるかは重要な論点になっている。これまでは人と自然の「共生」という認識のもとで戦略を策定してきたが、東日本大震災を契機に人と自然の関係について考えるかが議論となりうる。四つの基本戦略の一つ「地域における人と自然の関係を再構築する」について今後審議していくに当たり、その基本となる理念や考え方について述べよ」というものであり、以下はその回答である。

まずなぜ、生物の多様性が重要なのか。日本政府のあげている理由は四つある。

第一に、生物の多様性はすべての生命の存立基盤である。

第二に、多様な生物のなかに将来を含む有用な価値が存在している。

第三に、多様性は豊かな文化の根源である。

第四に、多様性は暮らしの安全性を保証する。

いずれももっともな理由であり、これらを踏まえて日本の国家戦略も四つかかげられている。

一、地球規模の視点を持って行動する。

一、生物多様性を社会に浸透させる。

一、森・里・川・海のつながりを確保する。

一、地域における人と自然の関係を再構築する。

これらの戦略を具体化するにはどうすればよいのか。以下は、これらの論点についての私の回答である。

第一の地球的視点を持つための戦略としては、地球について基礎知識をもつことが不可欠だ。それには惑星物理学の知見が役立つだろう。たとえば惑星物理学者・松井孝典氏の文章はわかりやすいことで定評があるが、最近著『我関わる、ゆえに我あり――地球システム論と文明』(集英社新書、二〇一二年)を読めば、地球を俯瞰《ふかん》する視点がえられる。宇宙には一三七億年の歴史があり、太陽系の一部をなす地球は四六億年の歴史をもち、地球は火の玉であったものが冷えていくという歴史を刻んできた。地球の冷却過程で様々な物質が生まれ、生命が三七億年前に生まれ、その生命は単純な生物から人間のような複雑な高等生物を生みだしてきた。地球は分化してきたのである。分化とは多様化のことである。地球は多様化してきた。多様性が地球のアイデンティティである。そのことは、地球の歴史を知れば、確信できるのである。

第二の生物多様性を社会に浸透させる戦略としては、生物は「棲み分け」をしているという日本の独創的な生物学の卓見を共有したい。「棲み分け」とは生物学者・今西錦司《いまにしきんじ》がカゲロウの観察で発見し、その発見で博士となって、名著『生物の世界』（講談社文庫）で一般概念にしあげた。『生物の世界』は必読文献である。注意がいるのは『生物の世界』は人間以外の生物を論じたものであり、人間論ではないということである。人間は他の生物と棲み分けておらず、他の生物の「棲み分け」を蹂躙《じゅうりん》する存在である。棲み分けている「生物の世界」と、棲み分けを破壊する「人間の世界」とを、どう調和させるのか、今西錦司はついに解きえないまま世を去った。

第三の森・里・川・海のつながりの認識を深める戦略としては、「水の循環」を知ることが鍵であろう。地球は「水の惑星」である。水が循環する惑星である。山＝森に蓄えられた水が川となって里を洗い、海に注いで、太陽に温められて蒸発し、また雨となって森をつくりあげる。このように上流から下流までの流域圏を「水の循環」で一体的にとらえることが大切である。それを知るには大漁旗を掲げて山に植林をしている漁師・畠山重篤氏のベストセラー『森は海の恋人』（文春文庫）が具体的で役立つだろう。

第四の地域における人間と自然の関係を再構築するための戦略については、人間と自然の再構築にはなによりも日本人がこの風土で培ってきた自然観を回復することが求められる。もう少し詳しく論じてみよう。

日本人の自然観

日本人の自然観とはどういうものであろうか。それは自然信仰と芸術表現とが一体化したものである。どうして、そのように言えるのか。それを説明したい。

日本列島の文化は縄文時代にまでさかのぼれるが、縄文人もこの災害列島で地震・雷・噴火・津波・台風等を経験したであろう。そこから自然への畏れの念がはらまれ、それが宗教心の原型になったにちがいない。それはアニミズムの範疇《はんちゅう》で括《くく》られるものであろうが、いかんせん、論証のすべがない。

縄文時代には文字資料がない。ただ縄文の遺跡群は三内丸山、上の原、尖り石、鹿が窪など、いずれの土地も見晴らしがきく素晴らしい場所に立地している。見晴らしの良さは安全を考慮してのことにちがいないが、景色がよいので、おのずから風景への美意識がはぐくまれたであろう。そのことは残されている縄文土器の模様や造形が美しく、縄文のビーナスと形容される美の逸品が残っていることによって証されている。

文字が使われ始めてからの日本人の自然観は明らかである。そこには自然信仰と芸術表現が一体になっている。一例をあげよう。

天土《あめつち》の　分《わ》かれし時ゆ　神さびて　高く尊《とうと》き　駿河《するが》なる　富士の高嶺《たかね》は　天の原　ふりさけ見れば　渡る日の　影も隠ろひ　照る月の　光も見えず　白雲も　行ゆきはばかり　時じくぞ　雪は降りける　語り継ぎ　言い継ぎゆかむ　富士の高嶺は　（巻三）

右の長歌は万葉歌人・山部赤人《やまべのあかひと》のものである。その反歌が「田子の浦ゆ　うち出でてみれば　真白にそ　不二の高嶺に　雪は降りける」（巻三）という有名な和歌だ。赤人の長歌は、天地が誕生したときから神のように高く尊い富士の山が駿河に圧倒的な存在感をもってそびえており、その雪をかぶった気高い霊峰を後世に語り継いでいきたい、という内容である。注目したいのは、富士山を神と仰ぎみる宗教心が五・七調の和歌の調べで表現されていることである。自然信仰と芸術表現が一体化している。赤人にはほかにも富士山を神と崇めたつぎの二首の長歌がある――「……日《ひ》の本《もと》の　やまとの国の　鎮《しずめ》とも　います神かも　宝とも　なれる山かも　駿河なる　不尽の高嶺は　見れど飽かぬも」（巻三）。この長歌にも富士山を神霊の山として日本をしずめる神と仰ぎ大和の至宝と讃嘆する深く熱い宗教的感情が、和歌という日本の文化を代表する芸術によって表現されていることに注目したい。これは「美と宗教の一体性」の原型である。

信仰と美術の結合

なぜ、自然信仰と芸術表現とが結合したのであろうか。それには少なくとも三つばかりの理由があげられる。

第一に、大陸から伝来した高等宗教の仏教が美術品として舶来したことだ。日本に最初に入った高等宗教の仏教の伝来を伝える『日本書紀』の欽明天皇十三年（五五二年）の記事にはこうある――「百済の聖明王……釈迦仏の金銅像一躯《こんどうぞういっく》、幡蓋《ばんがい》若干、経論《きょうろん》若干数を献る《たてまつ》」と。舶来の仏像を見た欽明天皇は「仏《ほとけ》の相貌《かほ》端厳《きらぎら》し」と発したとある。すなわち、キラキラ輝く美しい仏像に天皇は驚嘆したのである。仏教が仏像という美術品として舶来したことは日本において信仰と芸術とが深く一体にとらえられることになった大きな原因である。

なお、釈尊《しゃくそん》（ゴータマ・シッダルタ）の始めた原始仏教は偶像崇拝を認めていない。日本に伝来したのは原始仏教ではない。日本に伝来した仏教は、いわばギリシア化した仏教である。ギリシア芸術の粋《すい》は彫刻にある。ギリシアの彫刻芸術がアレクサンダー大王の東遷《とうせん》でインド西北部に伝わり、それがガンダーラ（パキスタンの西北部のペシャワールとその周辺の地域）にアショーカ王の時代に伝わっていた仏教思想と合体し、ガンダーラ仏教美術が生まれた。仏像が最初に制作されたのはガンダーラであった。ギリシア彫刻の芸術の技で磨かれ、洗練の度を加えた仏像となり、それと一体となった仏教が中国から朝鮮半島を経由して日本に舶来した。それらの仏像について瞥見《べっけん》しておこう。

日本に現存する最古の仏像の一つは京都太秦《うずまさ》の広隆寺《こうりゅうじ》の弥勒菩薩《みろくぼさつ》の半跏思惟像《はんかしいぞう》である。それは六〇三年に聖徳太子が秦河勝《はたのかわかつ》に授けたとされる。その古さと比類のない美しさによって日本における国宝第一号になった。弥勒菩薩像を見たドイツの哲学者ヤスパースは「そのスマイルは、モナリザの微笑にも勝る」と評した。西洋美術で最上級の美という評価のあるのがイタリア・ルネサンスを代表するレオナルド・ダ・ヴィンチの傑作「モナリザ」である。それと比べられるほどの美しさを持つのが、仏教伝来当初の日本の仏像の姿である。はじめから美しかったのである。

もう少し補っておこう。奈良時代に聖武天皇は、光明皇后とともに仏教を敬い、仏教を国教にした。仏像は仏具・寺院で飾られた。全国に国分寺・国分尼寺が建立されて、仏教は国内に普及した。それは奈良の仏教が美術として普及したということでもある。

古都奈良への紀行文学として知られる和辻哲郎の名著『古寺巡礼』がある。和辻は古都奈良の新薬師寺、東大寺、唐招提寺、中宮寺、法隆寺などの建築や仏像の美しさをみずみずしい筆致でえがいている。そのエッセンスはこうだ――「われわれが巡礼しようとするのは〈美術〉に対してであって、衆生救済の御仏《みほとけ》に対してではないのである。たとえわれわれがある仏像の前で、心底《しんそこ》から頭を下げたい心持ちになったり、慈悲の光に打たれてしみじみと涙ぐんだりしたとしても、それは恐らく仏教の精神を生かした美術の力にまいったのであって、宗教的に仏に帰依したというものではなかろう」。

この文章にみられるように、仏像は「美術の力」をもっており、和辻にとって仏像は信仰を超えるほどに魅力的な鑑賞の対象であった。古仏はそのまま古美術であった。

奈良時代に先立って、天武天皇（在位六七二―六八六）が「諸国に、家ごとに、仏舎を作りて、すなわち仏像および経《きょう》を置きて、礼拝供養《らいはいくよう》せよ」（『日本書紀』天武十四年三月の記事）という命令を発した。民家の一軒一軒に仏壇を設けて仏像と経典を備えよ、という命令である。それがどれほど実行に移されたのかは不明であるが、今日の日本家屋に仏間・仏壇・仏像があるのは、七世紀末のこの発令以来、一三〇〇年以上の長きにわたっている。それぞれのご家庭の仏壇をご覧あれ。それは工芸品すなわち美術である。

和辻哲郎が奈良の古寺巡礼で最上位においた逸品は中宮寺の如意輪観音像である。彼はこう述べている――「ただうっとりとしてながめていた。心の奥でしめやかに静かにとめどもなく涙が流れるというような気持ちであった。ここには慈愛と悲哀との杯がなみなみと充たされている。まことに至純な美しさで、また美しいとのみでは言いつくせない神聖な美しさである。……慈悲の権化である。人間心奥の慈悲の願望が、その求むるところを人体の形に結晶せしめたものである。……この像を日本的特質の証左と見る」と。

『古寺巡礼』はこう締めくくられる――「これらの最初の文化的現象を生みだすに至った母胎は、我が国のやさしい自然であろう。愛らしい、親しみやすい、優雅な、そのくせいずこの自然とも同じく底知れぬ神秘を持ったわが島国の自然は、人体の姿に現わせばあの観音となるほかない。自然に酔う甘美なこころもちは日本文化を貫通して流れる著しい特徴であるが、その根はあの観音と共通に、この国土の自然自身から出ているのである。……母であるこの大地の特殊な美しさは、その胎より出た子孫に同じ美しさを賦与した。わが国の文化の考察は結局わが国の自然の考察に帰って行かなくてはならぬ」と。この和辻の総括をまつまでもなく、すべてのもとは自然である。日本の文化の基礎には日本の自然風土がある。信仰と結びつかないまま、自然を愛で、湧きあがる感動を日本人はまず、最初の芸術表現として和歌に託した。奈良朝に編集された最古の歌集『万葉集』は巻八で春・夏・秋・冬に分けて和歌を収録し、平安朝に編まれた『古今和歌集』（九〇五年）は最初の巻に春をおき、つづいて夏・秋・冬に分けて和歌を収録している。それぞれの最初の歌——古今和歌集の春の歌は春歌（下）の冒頭歌——を引いてみよう。

万葉集
（春）石《いわ》ばしる　垂水《たるみ》の上の　さわらびの　萌《も》え出《い》づる春に　なりにけるかも
（夏）ほととぎす　いたくな鳴きそ　汝《な》が声を　五月《さつき》の玉に　相貫《あへぬ》くまでに
（秋）夕されば　小倉《おぐら》の山に　鳴く鹿は　今夜《こよい》は鳴かず　寝宿《いね》にけらしも
（冬）大口の　真神《まがみ》の原に　ふる雪は　いたくなふりそ　家もあらなくに

古今和歌集
（春）春霞　たなびく山の　桜花　うつろはむとや　色かはりゆく

（夏）わが宿の　池の藤波　さきにけり　山郭公《ほととぎす》　いつか来なかむ
（秋）秋きぬと　目にはさやかに　見えねども　風の音にぞ　おどろかれぬる
（冬）竜田川　錦おりかく　神無月　しぐれの雨を　たてぬきにして

これらのどの歌にも宗教性はない。『古今和歌集』は最初の勅撰和歌集であるが、その仮名序には「花に鳴く鶯、水に住む蛙の声を聞けば、生きとし生けるもの、いづれか、歌を詠まざりける」とあるように、自然のいとなみに芸術性を認めたのである。この古今集の構成は、以後の勅撰集などの定型となって、春・夏・秋・冬の四季をわけて歌集を編むことが伝統になった。それが俳句になると「季語」が約束事にまでなった。このように日本では、自然のおりなす森羅万象を四季の美として詠いあげた。ここに日本の芸術の原点がある。それを宗教思想が支えた。それが美と宗教の一体化の第二の理由になる。

それと関連するが、仏教の教義が日本で発達し国風化する過程で、平安時代に「末法《まっぽう》」の思想が広まったことがすこぶる大きい。釈尊没後の五百年は「正法《しょうほう》」の世で釈尊の教えが完全に行なわれる時代であるが、つづく千年の「像法《ぞうほう》」の世となり、釈尊の教説は行なわれるが、悟りを欠く時代となる。平安時代の真っただ中の一〇五二年に「末法」の世が始まり、仏法が滅する時代に入ると本気で信じられたのである。世も末となり、生きとし生ける衆生は果たして救済されるのか。

この深刻な社会問題を解決した思想は一言でいえば「草木国土悉皆成仏《そうもくこくどしっかいじょうぶつ》」である。草木国土悉皆成仏とは、字義のとおり、草木や国土のように心をもたない無情・非情のものもことごとく仏になるという思想である。これは天台本覚論といわれる。天台宗の総本山・延暦寺の座主をつとめた十世紀の僧良源《りょうげん》が立てた。良源の弟子の源信《げんしん》（九四二―一〇一七）が『往生要集』（九八五年）をあらわすことによって広まった。源信は比叡山麓の横川の恵心院に住んだので恵心僧都《えしんそうず》や横川僧都《よこかわのそうず》の名で知られる。後者の名で『源氏物語』の宇治十帖に登場するので、紫式部も『往生要集』を愛読していたとみられる。生きとし生けるもの一切が阿弥陀仏によって救われて、浄土に迎えられると説く。それは万物が仏になれるという教えである。人間は、僧・非僧を問わず、また男・女を区別せず、そして貴人も賤人も、さらに、虫けらにいたるすべての動物、草木の植物から、塵芥《ちりあくた》の無機物をふくむ国土のすみずみまで存在するものはすべからく成仏する。「草木国土悉皆成仏」の思想は、万物はどれも仏性をもっているから粗末にあつかってはならず、大切にするという態度を日本人の間にはぐくんだ。針供養のほか、扇子供養、三味線・撥の供養などが今日に伝わっているのは、その思想が生きている証拠である。

第三の理由として、鎌倉時代に禅宗が武士層に普及したが、室町時代にそれが禅宗美術になって世に広まり、宗教と芸術の一体化を促進したことがあげられる。禅宗は自力本願であるから、仏像を拝むよりも、坐禅をする。奈良・平安時代の仏教は仏像を荘厳《しょうごん》した。すなわち飾り立てたが、禅宗は飾りを無駄として排除する。虚飾を排して簡素を旨とする。その思想を体現した庭、書、画（墨絵）、禅宗寺院建築・茶室などが発達し、結果的に禅宗もまた美術と一体化したのである。

禅僧であり宗教学者の鈴木大拙は『禅と日本文化』においてこう言っている――「芸術衝動は道徳衝動より原始的であり、生得のものである。芸術の訴える力は端的に人間性に食い込む。道徳は規範的だが、芸術は創造的である。一は外部からの挿入で、一は内部からの抑えがたい表現である。禅はどうしても芸術と結びついて、道徳とは結びつかぬ。禅は無道徳であっても、無芸術ではありえない」と。

禅宗の根本的立場は「不立文字《ふりゅうもんじ》」で示される。その意味は、文字を立てないこと、つまり経論の語句や文字言語に依拠しないで直覚的経験に基礎をおく。では何をもって表現するのか。芸術で表現したのである。

日本における宗教と美術との分かちがたい親縁性は、西洋と比較すればきわだつのであろう。キリスト教は、美術としてではなく、「初めにことばがあり、ことばは神とともにあり、ことばは神であった。ことばは初めに神とともにあった。」と『聖書』(「ヨハネによる福音書」)にあるように、神の言葉として広まり、神のことばを記す『聖書』を通して広まったのである。使徒ヨハネの口吻《こうふん》を借りて日本における仏教の流布についていうならば、「初めに仏像があった。仏像は仏とともにあった。仏像は仏であった。この仏像は初めに仏とともにあった」といえるだろう。日本に伝来した仏像は、仏の教えを体現しており、初めから美しかったのである。仏教は美を体現した仏像を通して広まった。こうして存在するすべてのものに美と宗教性とが賦与されることになったのである。

比較文明史的にいえば、ヨーロッパではキリスト教神学から自然についての科学への道が開かれたとすれば、日本では仏教から自然についての芸術への道が開かれたのである。ヨーロッパにおける自然科学の勃興が「科学革命」の名でよばれる。それとの対比でいえば、日本における自然芸術の興隆は「芸術革命」の名で呼ぶことができる。

「草木国土悉皆成仏」という信仰の芸術化の完成したのは江戸時代である。その完成の様は、江戸時代の松尾芭蕉の一文に要約されうる——「西行の和歌における、宗祇の連歌における、雪舟の絵における、利休が茶における、その貫道するものは一なり。しかも、風雅におけるもの、造化にしたがいて四時を友とす。見る処、花に非ずといふ事なし。おもふところ、月にあらずといふ事なし。像《かたち》、花にあらざるときは、夷狄にひとし」（松尾芭蕉『笈の小文』）。われわれは、芭蕉のいう「西行の和歌における……」の文章に加えて、彼自身が「芭蕉の俳句における」を加えうることはいうまでもない。さらに「夢想疎石の庭における、世阿弥の能における」を付け加えることもできるだろう。

世阿弥も芭蕉も「花」という言葉をキー・コンセプトにしたのは偶然であろうか。そうではあるまい。世阿弥は『風姿花伝』（岩波文庫ほか）において芸能における「誠の花《まことのはな》」について論じている。すなわち、若いころは、その若さゆえの花（「時分《じぶん》の花」）はあるが、それは枯れる。しかし精進と稽古を重ねれば誠の花を得て、「誠に得たりし花なるがゆえに、能は枝葉《えだは》もすくなく、老木になるまで、花は散らで残りし云々」というのである。日本における和歌、連歌、絵画、茶の湯、俳句、謡曲、庭園等、いずれの芸術分野をも貫いているのは「花」すなわち美であるということができる。

文化的景観

つぎに、日本の自然観を内外に発信するための戦略についてのべよう。人間と自然の関係を再構築するための戦略的なキーワードは「文化的景観（cultural landscape）」である。自然を文化的景観として見る姿勢は、ユネスコが一九九二年にはじめて打ち出した。この国際的潮流を奇貨として、日本古来の自然観をそこに入れ込むことができる。

具体的に述べよう。「文化的景観」を一九九二年にユネスコが世界遺産条約の作業指針で登録対象として盛り込んだとき、次のように規定した――「文化的景観は、文化的資産であって、条約第一条のいう『自然と人間との共同作業』に相当するものである」と。

世界遺産委員会が「文化的景観」をその年に最初に適用したのはニュージーランドのトンガリロ山（一九六八メートル）である。ニュージーランドにはイギリス人が植民する前からマオリ族が原住民として居住していた。トンガリロは山容が美しいことから一九九〇年に世界自然遺産に認定された。だがマオリ族にとってトンガリロは、美しい山というだけではすまされない聖なる山である。神体山なのだ。その文化性をユネスコが認めたのである。そのときに「文化的景観」という概念が発案された。そして適用されて、トンガリロ山は文化遺産の特色をあわせもつとして「複合遺産」となった。トンガリロ山が文化として認められた。それは山に精神を宿すマオリ族の文化が世界遺産とされたことと等しい。

トンガリロは山容が富士山と酷似している。富士山もまた日本人にとって神体山である。ところが、日本への「文化的景観」という概念の導入は遅れた。政府がその重要性に気づいたのは、二〇〇四年に「紀伊山地の霊場と参詣道」が「文化的景観」によって世界文化遺産になったときである。文化庁は遅まきながら「文化的景観」の重要性に気づき、国内版を立ち上げ、二〇〇六年に琵琶湖の「近江八幡の水郷」を重要文化的景観の第一号に選定した。重要文化的景観という、日本語としてこなれない言葉づかいは、重要文化財という用法にならったからである。

「文化的景観」を、平たくいえば、庭である。庭には種類がある。大きな分類では、幾何学式庭園と風景式庭園(landscape garden)に分けられる。幾何学式庭園は左右対称の人工的な庭園のことである。スペインのアルハンブラ宮殿や、フランスのヴェルサイユ宮殿の庭園がその典型である。アルハンブラ宮殿はイベリア半島をイスラム戦力が支配下においたときに造園された人工的な幾何学式庭園の傑作である。ヨーロッパの幾何学式庭園はイスラム文化に淵源がある。ヨーロッパの幾何学式庭園の最高傑作がヴェルサイユ宮殿の庭園である。

一方、自然の風景をとりこんだ景観式庭園はイギリスに十八世紀に突如として現れた。その突然の出現はなぞである。私の仮説ではあるが、その背景には日本の影響がある。ドイツ人ケンペルの日本訪問を記した『日本誌』の草稿が、ケンペルの母国でドイツ語で出版しようとして準備されたが、本人が死亡してしまい、原稿はイギリス人に買い取られた。ケンペルの『日本誌』は英語の本として最初に出版された。初版は一七二七年。たちまち人気を博し、版を重ね、その影響でイギリス人の庭づくりを風景式に一変させた。トルコのイスラム文化を真似たコーヒー・ハウスに男どもが入りびたる習慣から抜けて、コーヒーが生活から消え、その代りにお茶が生活にはいりこみ、日本の庭のように自然の山水を眼前に再現する景観式庭園が生まれた。イギリスに斬新な自然風景のような庭園が出現し、それが人気を博して、広まり、景観式庭園は別名をイギリス式庭園ともいわれるようになった。イギリス式の景観式庭園では、庭を飾る草花に関心が高まり、世界中に珍しい草花を探し求めてイギリス国内に移植するプラント・ハンターという専門家を生みだすことになったのである。

イギリスの景観式庭園の一例は、大学町オックスフォードの北の郊外ウッドストックにあるブレナム・パレス（ブレニム宮）の庭園である。そこはイギリスの首相となったチャーチルの生家である。そこは十七世紀にはヴェルサイユ宮殿の庭園を真似た幾何学式庭園であった。だが、それが突然に景観式庭園に作り替えられた。それを実行したのは十八世紀のイギリスの庭づくりの革命を一身に体現したケイパビリティ・ブラウンといわれた庭の設計士である。ケイパビリティ・ブラウンの作庭は今日もなおその美しさで群を抜いている。以後、景観式庭園はイギリスの専売特許になる。そして、日本の庭を形容するとき、イギリスと似た「景観式庭園」といわれるが、むしろその原型は日本にあるというのが私の長年来の見解である。

しかし、イギリスの景観式庭園と日本のそれとは決定的なちがいがある。「借景」の有無である。借景とは庭園の背景なり周囲にある山水の景観を庭園の一部に見立てる手法である。借景という着想がイギリスにはない。たとえば、ブレナム・パレスの庭園はまことに宏大であるが、端まで歩けば、そこに塀なりヘッジがある。庭は囲いこまれている。そこには土地を排他的に所有するという抜きがたいイギリス人の文化がある。イギリスの貴族が景観式庭園をつくるとき、それはあくまで自己の敷地内に対してだけで設計されたのである。

日本の庭園はいうまでもなく景観式庭園であるが、借景がとりこまれる。京都の金閣寺の庭園における衣笠山、天竜寺の庭園における嵐山など、その例は枚挙にいとまがない。周囲の山水が庭園の一部と見立てられている。ダイナミックな例では、薩摩の大名庭園「仙厳園（磯庭園）」では錦江湾（鹿児島湾）と桜島が借景にとりこまれている。とりこまれた借景は庭の一部であり、もはや単なる自然ではない。文化的景観なのである。

日本における最大の借景は何であろうか。富士山である。江戸の城下町は富士山を借景につくられた。江戸幕府を開いた徳川家康は幼少の満七歳から桶狭間の戦いの一五六〇年の十七歳まで駿河で人質の生活を送り、富士山は家康の少年期の原風景となった。江戸の町の建設を家康は一五九〇年からはじめたが、富士山が日本橋から正面に見えるようにとりこまれている。「宝井其角《たからいきかく》（芭蕉の高弟）は江戸名所のうち唯ひとつ無疵《むきず》の名作は快晴の富士ばかりだとなした。これは江戸の風景に対する最も公平なる批評だろう」とは、江戸っ子の作家・永井荷風の弁である（『日和下駄』）。東京に富士見坂や富士見丘の地名が残っているのは、そのような江戸の町全体の借景としての富士山の存在を物語っている。

富士山をことのほか愛でた徳川家康は「一国一城」を命じた。そのために全国各地で城下町の建設ラッシュがおこるが、城下町は借景の思想をとりこんでいる。城下に生きる人々にとって、周囲の風景は借景であり「文化的景観」なのである。たとえば弘前城は岩木山（津軽富士）を、金沢城は白山（加賀富士）を借景としている。家康は一六〇五年に将軍職を秀忠に譲り、一六一六年に他界するまで駿府で晩年を過ごしたが、駿府城は富士山の眺望を意識して建てられた。「春ゆふべ　富士白銀《しろがね》に　輝《かがや》うて　駿府《すんぷ》の城下《じょうか》　花《はな》の香淡《かあわ》し」と詠われるように、駿府城と富士山とは城下の人びとの意識においては一体であり、富士山は文化的景観になっているのである。

日本各地に富士山の見立てがなされ、それぞれの地域の名山が「ふるさと富士」「見立て富士」になっており、その数は北海道から沖縄にいたるまで三四〇余りもある。日本はまことに「富士の国」である。富士山に代表されるように、山岳をもって「借景」とすることは、日本列島全体に妥当する。日本は国土の三分の二が山岳であり、そのどれもが借景になりうる。「草木国土悉皆成仏」の思想がゆきわたり、国土は信仰の対象であり、芸術の源泉でもある。日本列島のどこもが借景になりうる。庭の一部になりうるのである。すなわち列島全体が「文化的景観」なのである。日本は大小七千近い島からなる国である。日本列島を「文化的景観」すなわち「借景を含む庭園」として表現するならば「ガーデン・アイランズ（garden islands）」ということになるだろう。ガーデン・アイランズは日本の風土を文化的景観で見たときの理想郷の姿である。

幕末開港まで鎖国をしていた日本にはじめて来航し、その景観を間近に見た外国人は、自然と調和した生活景観の美しさに魅せられ、それを歎賞した。日本は「美の文明」として国際社会の舞台に登場し、一挙にジャポニズム（日本趣味）を西洋社会に流行らせたのである。しかし、それは当の日本人の自覚するところではなかった。日本人は西洋の「力の文明」に魅せられ、みずからの風土の破壊に乗り出した。その変貌ぶりを訪日した西洋人は嘆いた。日本人が昔の面影を容赦なく捨てていくありさまの記録は渡辺京二『逝きし世の面影』（平凡社）に詳述されている（ちなみに同書のもとになった連続掲載論文のタイトルは「われら失いし世界」）。われわれはいまそれを反省の念をもって見直さなければならないであろう。

ガーデン・アイランズは多島海の日本列島の理想の姿というばかりではない。「水の惑星」地球の表面積の三分の二は海であり、残りの三分の一を大小様々な陸地が分有している。地球の景観を宇宙から俯瞰すれば多島海である。多島海の地球の理想はどの島も美しいガーデン・アイランドになることであろう。このような地球的視野にたって、それぞれの地域の美しい環境づくりにとりくむことは日本人にとっては、原点に立ち帰ることである。それは二十世紀末になってようやく文化的景観の重要性に気づいて環境重視をうちだした国際社会の新潮流に合致するのである。

西方に　浄土《じょうど》求めて　海ゆかば　巡《めぐ》り廻《めぐ》りて　敷島《しきしま》の洲《くに》

跋文・謝辞

本書は拙文を所収する雑誌・テレビ用テキスト・監修書・編著・共著等の中から「鎖国と資本主義」という比較経済史と比較文明史のテーマに関わる論文を選び、相当の加筆の上、編集して一書に仕上げたものです。相似たテーマで執筆した論文が元になっており重なるところがありますが、それぞれに起承転結があり、あえてそのままにしました。読者諸賢のご海容を乞います。これまで発表の機会を与えてくださった各位に改めて感謝の念を覚えます。初出を記して、御礼にかえます。

序——『逆転の日本史——江戸時代編』(洋泉社、一九九六年)より。

Ⅰ——川勝平太『ＮＨＫ人間講座——近代はアジアの海から』(日本放送出版協会、一九九九年)のほぼ全文。

Ⅱ——川勝平太監修『新しいアジアのドラマ』(筑摩書房、一九九四年)より、及び鈴木成高『ヨーロッパの成立・産業革命』(京都哲学叢書第六巻、燈影舎、二〇〇〇年)の解説。

Ⅲ——山田辰雄編『日中関係の一五〇年』(東方書店、一九九四年)より。角山榮『通商国家日本の情報戦略』(ＮＨＫブックス、一九八八年)の書評論文は『早稲田政治経済学雑誌』二九九号(一九八九年)。

Ⅳ——川勝平太編『アジア太平洋経済圏史』(藤原書店、二〇〇三年)より。Ａ・Ｇ・フランク・

山下範久訳『リオリエント』(藤原書店、二〇〇〇年)の批評論文は川勝平太編『グローバル・ヒストリーに向けて』(藤原書店、二〇〇二年)より。

V――本章の前半は、佐伯啓思氏との共著『静かなる革命――ポスト近代の志』(リブロポート、一九九三年)より。後半は「生物多様性についての日本の国家戦略について――地域における人と自然の関係の再構築を中心に」のテーマで二〇一二年四月十二日に中央環境審議会(環境省)の生物多様性国家戦略小委員会(武内和彦委員長)で行なった報告、ならびに同年五月二十四日に地球システム・倫理学会とNature Caféが共催した英国大使館での「現代文明の危機と人類の未来」をテーマにしたフォーラムで行なった報告を敷衍したものです。どちらの報告でも、十七世紀の日本の「芸術革命」と西洋の「科学革命」の相異を対照的に論じました。小生はヨーロッパの科学革命と日本の芸術革命のそれぞれの成果の融合が新しい文明的課題であると考えています。会議における報告では、与えられた時間に制約があり、そのことを併せて論じると、論旨が不明確になりかねなかったので、小生の主張の全体像を示すために、芸術と科学の融合の可能性の方向性をめぐって以下で補い、跋文とします。

科学と芸術はしばしば対極にあるとみなされ、科学は技術と結びついて「科学技術」と一括され、芸術は文化と結びついて「芸術文化」と一括されがちです。科学技術は理科系であり、芸術文化は文科系である、というように対立的にとらえられています。国の政策でも、科学技術政策と芸術文化政策とをめぐって、科学技術庁と文化庁との間で予算の取り合いの観を呈したこともあります。科学と芸術は水と油のように相容れない関係なのでしょうか。あるいは、両者の融合は可能なのでしょうか。以下に述べる理由で私は融合は可能であると考えています。

科学革命は西洋でおこりました。その背景には、西洋人の精神的バックボーンになっているキリスト教とギリシア文化があります。キリスト教の拠りどころは聖書です。『旧約聖書』の冒頭は「創世記」です。そこに世界の始まりの物語が書かれています。神はまず天地を創造し、つづいて光と闇を分け、空と海を分かち、海から陸を分かち、植物と動物をつくり、六日目に神の姿に似せて人間をかたどりました。そして人間を男と女にわけ、「生めよ、殖えよ、地に満てよ」と命じ、神はみずからが創造したすべてのものを人間に与え、人間に向かって万物を「治めよ、従わせよ」と宣言しました。神は六日間で創世の業を成し遂げ、七日目に安息に入ったとあります。

キリスト教は中東で起こった一神教ですが、西方のヨーロッパに広まり、まず古代ローマ帝国がキリスト教圏になり、ローマ帝国が支配するヨーロッパのすみずみに広まりました。キリスト教圏となったヨーロッパ世界に、十二世紀頃からイスラム世界で継承されていたギリシア哲学が持ちこまれました。それはアラビア語からラテン語への翻訳が大きな潮流をなすもので、それがいわゆる文芸復興（ルネサンス）です。ギリシア哲学の本質は「汝自身を知れ」というソクラテスの言葉にあるように、あるいはアリストテレスの哲学がそうであるように、理性による世界の把握です。ルネサンスとはギリシア哲学の柱をなす理性によってキリスト教の全知全能の神の真理を解明する運動でした。それは、ヨーロッパのキリスト教徒が、ギリシアの自然哲学の本質というべき理性を媒介にして神の真理を窮明《きゅうめい》する運動です。

「創世記」に記されているように、人間は創造主・神の似姿《にすがた》です。人間は神のいわば代理人（agent）であり、神は人間にこの世を治めよと命じています。自然環境に対して人間の科学の力の圧倒的優位を説く西洋の科学者の態度はこの「創世記」に由来します。

一方、科学の使命は真理の追求です。キリスト教とギリシア哲学は起源を異にしており、神の代理人である人間に向かって「汝自身を知れ」という懐疑の姿勢を突きつけるのですから、キリスト教徒にとって、ギリシア哲学は異分子でした。そのため当初は、両者のあいだに緊張関係がみられました。しかしやがて理性によって神の真理を証明しようという態度が生まれ、それが近代西洋の学問の根幹をかたちづくることになります。その画期は十七世紀でした。フランスに哲学者デカルト（一五九〇―一六五〇）が出て「我思う、ゆえに我あり」というテーゼを立てて主観の独立を宣言し、主観から区別される客観世界を理性で明らかにする近代的思惟が確立されました。客観世界についての理論は数学に求められます。イギリスに物理学者ニュートン（一六四二―一七二七）が出て『自然哲学の数学的諸原理』を著しました。数式が本当かどうか、それを実証・実験で確かめる自然科学が確立します。それが「科学革命」と呼ばれる出来事です。

真理の追求が求道的なのは、その根源に宗教的情念《パトス》があるからです。神の真理を信じる精神と、科学の真理を信じる精神と、その求道心の強さにおいては、差はありません。しかし、神学の真理と科学の真理には質の違いがあります。神学における真理は実証を必要としません。しかし、科学における真理は実証が生命線です。実験によって実証したり反証したりできること、それが科学の真理の条件です。実証できるだけでなく、反証もできるということは、この世に存在するものを対象にしているということです。

他方、日本に入った仏教は当初から美と一体になったものであり、それが日本の縄文時代以来の素朴な自然の美への畏敬の念と結びつきました。ヨーロッパがルネサンスを経験しはじめている頃、日本では末法思想がひろまり、魂の救済が上下を問わずのっぴきならない問題になりました。その悩みに対して、日本の学問の最高峰・比叡山の天台の知識が総動員されました。そのなかから生きとし生ける有情のものはもとより、非情・無情の存在も、ことごとく成仏できるという独自の天台本覚思想が生まれました。それは「草木国土悉皆成仏《そうもくこくどしっかいじょうぶつ》」「山川草木悉有仏性《さんせんそうもくしつうぶっしょう》」という思想に集約されます。この世のもの一切を差別しないのです。激越な平等の思想です。

存在するものすべてが人間と変わらぬ仏性を体現しているという信仰を、当時の日本人は信じ、それをこの世に表現したとき芸術になりました。能・狂言、茶の湯・生け花、数寄屋造り、庭づくり、書画・版画、連歌・俳諧、歌舞伎・浄瑠璃など、生活に花やかな彩りを添えたのです。私が本書で「芸術革命」と呼んでいる出来事です。どの分野にも道を究めるという求道的姿勢があります。

万物は平等です。ですから物は大切に扱われ、工産物は工芸品に、農産物は農芸品といわれる芸術性を帯びるものになりました。物を粗末にしない態度は今日の3R（リユース、リデュース、リサイクル）を先取りするものになりました。自然を愛で、立ち居ふる舞いから人為の工作物にいたるまで、自然を重んじ、無駄のない美しさで洗練される国柄になったのです。仏教における「色即是空」の「色」とは、いろ・かたちあるものであり、この世に現象しているものです。つまり物的な存在の総体です。芸術は「空」ではなく「色」です。この世にあるものです。比較文化学者の芳賀徹氏は、そのような日本の国柄を「芸術の国・日本」と形容しています（『芸術の国・日本——画文交響』角川学芸出版）。

こうして、ヨーロッパの科学革命も日本の芸術革命も、この世にあるもの、すなわち自然や環境など、地についたものにコミットしたのですが、ヨーロッパにおいては「真理を追求する」という姿勢、日本においては「道の奥義を究める」という姿勢がそれぞれの革命を支えました。イギリスにおいて典型的におこった科学革命も、日本におこった芸術革命も、この世のものにコミットするところが共通しています。

天上界から現世への関心の転換を、哲学者チャールズ・テイラーにならって「宗教の世俗化」といってよいかもしれません（Charles Taylor, *A Secular Age*, Harvard University Press, 2007）。宗教の世俗化の過程において、客観世界について、デカルトが「物とは延長のあるもの」と述べているように、ヨーロッパは「数量化」に向かいました。一方、日本は、芸術の道をきわめるなかで「型」を重んじるようになり、型を身につけるが日常の作法になり「形式化」に向かいました。量の極大化を重んじる方向に向かったヨーロッパに対して、形の質を高めて洗練化に向かった日本という対比もできます。量を増やすには技術が必要です。型を整えるには技能が必要です。ヨーロッパではキリスト教の世俗化した科学が技術を通して科学技術革命（産業革命）をおこしたのに対し、日本では仏教の世俗化した芸術が技能を通して生活環境の洗練度を高めました。

科学と芸術を融合するのは技術・技能です。科学的真理を表す数式を証明するには実験で確かめなければならず、そのためには技術が必要であり、また証明された科学的真理をこの世に実現するにも技術がいります。では、技術は芸術と無縁でしょうか。無縁ではありません。技術は時の経過とともに高度化していきます。その過程で無駄が省かれ洗練の度合が高まります。そうなると技術の形状が美しくなり芸術性を帯びます。技術が洗練の度合いを高めていくのは日常生活の一部である自動車、新幹線、様々な電化製品等々に見られるとおりです。

それにとどまらず、芸術と技術を一体にした領域が登場しています。「デザイン」です。芸術とデザインの違いは、芸術が美と個性を追求するのに対して、デザインは、美や芸術性だけではなく、有用性と汎用性を本質とします。心にひびく造形をするのが芸術ですが、人の感性に訴えるとともに、人々や社会のために役立つ建築・工芸・服飾などの分野で有用な造形がデザインです。

例をあげるなら、二〇一二年五月二十二日にオープンしたスカイツリーは世界一高い六三四メートルの電波塔ですが、日本の建築技術の粋を集めた構造物であり、最大瞬間風速毎秒一〇〇メートルの暴風にも耐え、震度七の地震にも耐えるように設計されています。その建設には科学的真理(数式)にのっとった高度な技術が不可欠です。同時にスカイツリーが人の心を打つのは「そり」「むくり」など寺社建築や日本刀の制作の匠の技=技能がとりこまれているからです。スカイツリーを貫いている円筒は世界文化遺産の法隆寺五重塔で使われている「心柱《しんばしら》」からヒントを得ています。スカイツリーの形を構想したのは澄川喜一氏(元・東京芸術大学学長、二〇一二年現在、八十一歳)です。澄川氏は彫刻家であり芸術家です。あるいは、それに先立って二〇一二年四月十四日に開通した新東名高速道路(ただし静岡県内のみ、東西一六二キロメートル)は、現東名高速道路の完成(一九六九年)から四三年の月日を経るうちに、鈍行列車が新幹線に変わったほど、あるいはプロペラ機がジェット機に変わったほど、道路・橋梁・トンネルなどいずれをとっても品質が高く、ハイ・ウェイというよりハイ・クウォリティ・ウェイといった方が適切であり、無数の技術者の土木技術の成果がとりこまれており、田中賞・土木学会賞など数々の賞に輝く芸術性を帯びた構造物であり、ドライヴァーに快適感を与える素晴らしい道になっています。

このように、科学と芸術は技術・技能を媒介にして融合できます。ヨーロッパにおける科学革命も、日本における芸術革命も、その運動の根源には、永遠なるものへの憧れがあり、人智を超える存在を畏敬する宗教的パトスがあります。心奥の領域ではロゴス的知性とパトス的感性とは未分です。「アポロンは　高みをめざし　バッカスは　深みをきわむ　神意のままに」といわれるように、ロゴス的知性はどこまでも知の高みをめざす精神の働きであり、パトス的情念は感性の底をきわめる精神の働きです。精神は知・情・意からなり、「知」の働きも「情」の働きも「意」という言わく言い難い、生きるものが生来的に備え持った、生きようとする意欲や意志の表れです。ヨーロッパの科学革命と同時期に日本は芸術革命を経験した後、前者では知は力となって技術と化し、後者では芸は技《わざ》となって技能と化しました。ともに世俗化したのです。世俗化には二つの道があり、ヨーロッパ人は、自然環境に対して、科学的知性を形にした技術を通して人間の強さを誇示し、日本人は芸術的感性をもって自然美を際立たせる技能を通して環境の美しさを高めました。キリスト教も仏教も、その宗教感情はともに技術や技能となってすっかり世俗化したのです。

科学革命の精華を非西洋圏で本場に勝るとも劣らないレベルにまで昇華した国が日本です。日本の近代の潮流は科学技術の洗練化です。洗練の度合いを高めることは、日本人の得意とするところです。日本人は「自然のまま、ありのまま」を好み、不自然であること、人工的であることを避けます。それが日本独自の美意識です。日本人の美意識の手本は自然です。その美意識は地球環境との調和づくりに適した特性です。自然の美をモデルとし、科学技術の芸術化を図ることが課題です。科学と芸術の間にデザインを介在させることによってその課題は達成できます。すでに日本では、科学技術と芸術文化を融合するデザインを重視し、デザイン学部をもつ大学（例えば静岡文化芸術大学）が出てきており、有為の人材が育っています。禅において「万法《ばんほう》　一《いっ》に帰《き》す」と喝破《かっぱ》され、また「美と真理　窮《きわ》める道は　多々あれど　萬《よろず》の道は　一元《いちげん》に帰《き》す」とも言われます。日本は伝統で磨き抜かれた芸術・技能に加えて非西洋圏において最も発達した科学・技術をもっています。日本の使命は、すぐれた技術・技能によって、東洋の芸術と西洋の科学とを調和させることであり、科学芸術という新領域の創造でしょう。

＊　＊　＊

研究室を後にし、静岡県知事となって丸三年が経ち、現場に学ぶ姿勢を深めており、一に勉強、二に勉強、三に勉強の常在道場の日々にあって、白隠禅師の「動中《どうちゅう》の工夫《くふう》、静中《せいちゅう》に勝《まさ》ること百千億倍」の言の正しさを実感しています。日本の理想郷を〝富国有徳のふじのくに〟と命名し、富士山から導き出されるビジョン（物と心の豊かさ、美の文明、多様性の和、四季の恵み、防災・危機管理、健康長寿）の実現に向けて邁進していますが、それは自らの学問を冷徹に見直し、日本の現状なかんずく足下の〝ふじのくに静岡県〟の現場を歴史的・学際的・総合的にとらえる鍛錬《たんれん》を伴っています。

知事職は激職であり、決断が多くの人々の生命・生活に大きく影響するだけに、従来にまさる厳しい自己省察が必要であり、理論と実践を一体化せざるをえない職分を凝視し、まず『日本の理想――ふじのくに』（二〇一〇年）をまとめたのを皮切りに、『近代文明の誕生』（二〇一一年）、『資本主義は海洋アジアから』（二〇一二年）の姉妹編二著を上梓し、知事になって四冊目のこの単書を偶々《たまたま》就任四年目の幕開けの日に擱筆《かくひつ》することに小さからぬ感慨を覚えます。

来年（二〇一三年）夏のユネスコの世界遺産委員会において「富士山」と「鎌倉武士の古都」がともに世界文化遺産に登録されることは日本にとって重要です。「山は富士　人は武士《サムライ》　敷島《しきしま》の大和《やまと》の国の　宝《たから》なりけり」と詠われるように、富士山は美しい国土の象徴であり、武士《サムライ》は品格のある日本人のシンボル名だからです。「富士」も「武士」も「鎖国」の江戸時代に価値が確立しました。富士講の隆盛、武士道の普及がそれを物語っています。「富士」と「武士」とが持つ美質の価値には、資本主義が金融本位の欲得の怪物と化した現代社会の弊害と閉塞感を突き破る潜在力《ポテンシャル》があります。「日本は海に囲まれている」とよくいわれますが、その表現は受け身です。歴史的に見ればむしろ「日本は海に開かれた国柄である」といえます。四方を海に鎖じこめられた「鎖国」的な日本観をかなぐり捨て、海外に開かれ、東は太平洋に陽が昇り、西は日本海に日が沈む「多島海の敷島＝ヤポネシア」こそが、太陽と水に恵まれた日《ひ》の本《もと》の洲《くに》の形であり、ヤポネシアの美質を地球世界《グローバル》に発信するときです。

本書のタイトルは藤原書店社主の藤原良雄氏の示唆によります。編集に当たられた同社の刈屋琢氏に対してとともに、末筆ながら記して、深甚の謝意を表します。

平成二十四年七月七日

著者識

ナ　行

ハ　行

ラ・ワ　行

サ 行

タ 行

事項索引

著者紹介

川勝平太（かわかつ・へいた）

1948年京都生まれ。静岡県知事。専攻・比較経済史。早稲田大学大学院で日本経済史，オックスフォード大学大学院で英国経済史を修学。D.Phil.（オックスフォード大学）。早稲田大学教授，国際日本文化研究センター教授，静岡文化芸術大学学長などを歴任し，2009年7月より現職。著書に『日本文明と近代西洋――「鎖国」再考』（NHKブックス）『富国有徳論』（中公文庫）『文明の海洋史観』（中央公論新社）『海から見た歴史』『アジア太平洋経済圏史1500-2000』（編著）『「東北」共同体からの再生』（共著，以上藤原書店）など多数。

「鎖国《さこく》」と資本主義《しほんしゅぎ》

2012年11月30日　初版第1刷発行©

著　者　川　勝　平　太

発行者　藤　原　良　雄

発行所　株式会社　藤　原　書　店

〒162-0041　東京都新宿区早稲田鶴巻町523

電　話　03（5272）0301

FAX　03（5272）0450

振　替　00160-4-17013

info@fujiwara-shoten.co.jp

印刷・製本　中央精版印刷

落丁本・乱丁本はお取替えいたします　　Printed in Japan

定価はカバーに表示してあります　　ISBN978-4-89434-885-1